Capitaine X***

« Je suis heureux de voir que votre séjour parmi nous crée un nouveau lien entre nos deux nations amies et alliées, également résolues à contribuer par toute leur puissance au maintien de la paix du monde dans un esprit de droit et d'équité. »

Empereur NICOLAS II.

BRIEY

—

E. BRANCHARD, Éditeur.

1897

REPRODUCTION ET TRADUCTION RÉSERVÉES

VIVE LA FRANCE!

VIVE LA FRANCE !

CAPITAINE X***

« Je suis heureux de voir que votre séjour parmi nous crée un nouveau lien entre nos deux nations amies et alliées, également résolues à contribuer par toute leur puissance au maintien de la paix du monde dans un esprit de droit et d'équité. »

EMPEREUR NICOLAS II.

BRIEY
—
E. BRANCHARD, ÉDITEUR.
1897

AVANT-PROPOS

Un livre vient de paraître, la *future débacle*, c'est une œuvre malsaine qui appelle une réponse.

Cette réponse je la fais.

Capitaine X***

1ᵉʳ Novembre 1896.

PRÉFACE

Autant il serait utile, autant il serait méritoire de jeter un cri d'alarme, si l'on découvrait soit dans l'organisation de notre armée, soit dans les qualités de l'armement ou dans les approvisionnements de toutes sortes, nécessaires à cette armée, soit dans les travaux de défense exécutés ou en cours d'exécution, de l'incurie, de l'imprévoyance, de l'insouciance ou des fautes.

Autant ce serait faire œuvre patriotique de signaler ces faits au grand jour, avec preuves à l'appui, afin que toutes les tendances funestes disparaissent immédiatement, autant c'est faire œuvre antipatriotique, autant c'est faire œuvre coupable, de chercher à porter le trouble, le doute, et avec le doute d'affaiblir la force de résistance de la nation, en jetant en pâture au public, public qui en grande partie constitue l'armée nationale, des insinuations malveillantes, des appréciations fausses, dont le résultat ne peut être que démoralisateur.

C'est bien là le caractère de cette œuvre néfaste et malsaine, œuvre mensongère et sans cohésion, qui s'appelle la FUTURE DÉBACLE. *Œuvre de rancune, écrite avec du fiel, produit d'un cerveau malade et d'un cœur déprimé.*

Si ce livre de la FUTURE DÉBACLE *n'avait dû être lu que*

par des officiers, qu'ils soient de l'armée française ou de toute autre armée, si encore il n'avait dû être lu que par le petit nombre de personnes qui, en dehors de l'armée, sont bien au courant des choses de la défense nationale et suivent, avec un esprit toujours en éveil et éclairé, tous les progrès qui s'accomplissent de jour en jour; savent, soit par leurs études, soit par leurs fréquentations, où en est réellement la France, je n'aurais pas songé à répondre.

La réponse eût été inutile, parce que l'attaque n'aurait pas porté.

Mais ce livre de la FUTURE DÉBACLE *a été surtout lu et sera surtout lu par ceux qui, ayant au cœur le patriotisme, cherchent, par les moyens en leur pouvoir, à juger la situation du pays, à suivre son évolution vers la force et la puissance, par ceux qui, dès longtemps, ont applaudi aux efforts persévérants, au travail accompli pour le relèvement de notre pays, et ne connaissent les faits que par les écrits qui deviennent pour eux articles de foi.*

C'est le plus grand nombre.

Ce sont ceux-là surtout qui seront douloureusement frappés par ces élucubrations funestes; c'est pour eux que j'écris, c'est pour eux que je crie de toute la force de mes convictions, de toute la force de mon expérience, que tout ce qui est accumulé dans ce livre de la FUTURE DÉBACLE *n'est qu'un rêve maladif, douloureux peut-être, mais qu'en tout cas ce n'est qu'un cauchemar.*

Qu'y trouve-t-on?

Des affirmations ne reposant sur aucuns faits et sans preuves; un chaos de citations plus ou moins bien choisies, plus ou moins bien appropriées et, de ce fait, ne portant en elles aucun enseignement; des diatribes et des chansons.

Ce n'est pas ainsi qu'on écrit une œuvre utile et sérieuse.

Je ne suivrai pas l'auteur de la FUTURE DÉBACLE *dans cette voie ; je tâcherai de faire une œuvre claire, basée sur la connaissance exacte des faits et des choses, je tâcherai de faire passer dans l'esprit de mes lecteurs les convictions qui m'animent, convictions qui sont le fruit d'une expérience déjà longue, qui sont le produit de réflexions et de méditations, qui sont le produit du travail.*

Nous ne reverrons plus les jours sombres, et si, en 1870, nos aînés n'ont pu, par suite des causes que je dirai plus loin, obtenir les succès de leurs pères, les soldats de notre nouvelle armée, songeant à leurs aïeux, sont pourtant en droit de s'approprier encore le vers de Musset :

Où le père a passé passera bien l'enfant.

OUVRAGES CONSULTÉS

Commandant Heumann — *L'Armée allemande*.
       Id.   — *L'Armée suisse*.
       X.   — *L'Armée italienne*.
       X.   — *Notice sur l'armée belge*.
Capitaine Lauth — *Etat militaire des principales puissances étrangères*.
Commandant J. — *Conférence*.
Capitaine L. K. — *La Frontière française du nord et l'Invasion allemande*.
Général Pierron — *La Défense des frontières de la France*.
Général X. — *Etude de la frontière nord-est*.
Capitaine Gélinet — *La Frontière menacée*.
Capitaine Pinget — *Lignes de concentration des armées de la triple alliance*.
Capitaine Pinget — *Les Italiens devant Belfort*.
Commandant B. — *Conférence*.
Capitaine de Margon — *La Fortification et la Défense de la frontière allemande-française* (traduction de l'allemand).
Capitaine L. K. — *La Concentration française et la Traversée de Paris*.
Major X*** — *Les Chemins de fer allemands et les Chemins de fer français au point de vue de la concentration des armées*.

Journal des Sciences Militaires — *Nancy et les Ouvrages de défense de la Meuse.*

Commandant Bruté de Rémur — *La Défense des Vosges et la Guerre de montagnes.*

Journal des Sciences Militaires — *Déploiement stratégique probable des forces allemandes sur la frontière française.*

A. G. — *La Perte des Etats et les Camps retranchés.*

Ire PARTIE

1870

L'ARMÉE AVANT 1870

Il est inexact de dire que nous devons nos défaites de 1870 aux campagnes d'Afrique, qui auraient donné à nos généraux et à nos officiers une fausse préparation à la grande guerre.

En 1870, ce bruit a été lancé et a fait son chemin; il fallait bien trouver une cause à de tels désastres, et, dans l'affolement du moment, c'est la seule explication que l'on avait trouvée.

Pourtant, si on avait mieux réfléchi, ou plutôt, si on avait eu le temps de réfléchir à la valeur de cette assertion, on se serait bien vite aperçu que là n'était pas la vraie cause de nos revers.

L'occupation de l'Algérie, si elle ne pouvait, ni par les combats de la conquête, ni par ceux qui ont marqué les périodes de révolte, être bien utile à nos officiers et à nos généraux pour leur apprendre la stratégie et la grande tactique, celles employées vis-à-vis d'armées européennes, portait pourtant en elle un enseignement.

Les luttes contre un ennemi rusé, entreprenant, qui savait paraître tout à coup là où il n'était pas attendu, pour disparaître aussitôt le coup fait ou l'opération manquée, ces luttes auraient dû apprendre aux chefs à se garder, à se renseigner, à se couvrir au loin par la cavalerie et de près par les avant-postes d'infanterie.

Si donc la guerre d'Afrique ne pouvait rien apprendre à personne au point de vue du combat moderne, elle aurait dû, tout au moins, être une excellente école au point de vue de l'exploration et du service des avant-postes.

Si les renseignements qu'elle a procurés n'ont pas été utilisés, cela tient à ce que, avant 1870, l'armée vivait sur un vieux fonds de gloire, qui pour elle tenait lieu de tout.

C'est que du haut en bas de l'échelle du commandement on ne travaillait plus; on se croyait suffisamment fort, on comptait sur la victoire, sachant bien qu'elle serait acquise au prix du sang, mais avec la conviction qu'il n'était pas nécessaire de se préparer bien sérieusement à la guerre.

On croyait n'avoir qu'à se montrer, qu'à se lancer en avant, et, au prix du seul courage et de la seule vaillance, briser tous les obstacles et ajouter un laurier de plus au drapeau de la France.

Toutes les armes, animées de ce chauvinisme qui nous fut si fatal, raisonnaient de même.

La cavalerie escomptait les charges brillantes qui devaient tout balayer.

L'artillerie était persuadée qu'avec son vieux matériel démodé, dont pourtant elle a su tirer tout le parti possible, elle était à hauteur de tous les évènements.

L'infanterie, fière de son nouvel armement, ne doutait plus de rien.

Et de cette confiance superbe, il résultait qu'on s'endormait en pleine illusion pour se réveiller un jour en plein désastre.

On ne travaillait plus ; à quoi bon !

L'armée française n'était-elle pas la première armée du monde ? Ce que jusqu'alors elle avait fait ne serait-elle plus capable de le faire encore ? On pouvait la lancer en avant, et l'on verrait !

Et voilà pourquoi, dans les garnisons, officiers et soldats n'ayant rien à faire, en dehors du service de place, tuaient le temps comme ils pouvaient.

Quelques heures d'exercices par semaine, quelques théories, du maniement d'arme soigné, l'école de bataillon à rangs serrés exécutée avec une correction parfaite, les évolutions de ligne, toujours du rangs serrés, exécutées avec la même correction, voilà le bilan de l'instruction militaire avant 1870.

Pourtant si, on tirait un peu à la cible, mais si peu.

Le fusil était tellement supérieur que l'on en était arrivé à négliger toute étude du tir ; il semblait vraiment qu'en raison des qualités de l'arme les balles devaient aller d'elles-mêmes au but.

De l'ordre dispersé, l'école de tirailleurs comme on disait alors, on en faisait si peu que ce n'est pas la peine d'en parler.

Voilà tout le travail, bien peu productif en enseignements, qui se faisait dans les régiments d'infanterie.

Dans les autres armes les méthodes d'instruction valaient celles de l'infanterie.

Que voulez-vous ? Un colonel qui se serait permis de faire davantage aurait été rabroué en haut lieu, on l'aurait accusé de ne pas connaître son affaire puisqu'il lui aurait fallu une plus grande somme de travail pour arriver à un résultat.

Et s'il avait voulu s'expliquer on lui aurait reproché de sortir, sans en avoir reçu l'ordre, du programme imposé. Peut-être même l'aurait-on qualifié de trembleur.

L'initiative, l'émulation étaient proscrites. Le programme était chose admirable qu'il ne fallait pas outrepasser, et celui qui eût voulu se départir de la sainte routine, eût voulu améliorer la préparation à la guerre, eût été certainement désavoué.

Voilà où était tombée l'armée française avant 1870.

Au fond était-ce bien sa faute, n'était-ce pas plutôt celle des dirigeants qui n'avaient pas voulu comprendre les leçons de l'histoire, leçons qui pourtant venaient de se manifester d'une manière bien claire et bien précise en 1864 et en 1866.

De tout son bagage militaire il ne restait à l'armée que le courage. C'est par là qu'elle s'est rachetée de son ignorance, et bien peu s'en est fallu que, quand même, elle n'obtint la victoire.

Mais, dira-t-on, les généraux auraient dû réagir ; il aurait dû s'en trouver pour le moins quelques-uns qui, plus clairvoyants, auraient mis leurs brigades, leurs divisions, sur un meilleur pied et les auraient amenées à une préparation plus rationnelle des choses de la guerre.

Et le moyen, s'il vous plaît ?

Les généraux n'avaient pas de commandement.

Les régiments formaient la grande unité du temps de paix ; ils n'étaient accolés ni par brigade, ni par division.

C'est à la déclaration de guerre seulement que l'on formait les brigades et les divisions. On prenait un régiment à Bayonne, un autre à Dunkerque, voilà la brigade formée, on lui donnait pour chef un général qui habitait n'importe où, qui n'avait jamais vu les unités dont il avait le commandement et à qui on disait : maintenant débrouillez-vous.

Et, quand même, le général se débrouillait, tout le monde, du grand au petit, se débrouillait, il fallait bien.

Mais ce que ce débrouillage mutuel a fait de mal à la France !

Pour la division c'était la même chose, on accouplait au hasard deux brigades nouvellement formées et prises n'importe où. De même pour le corps d'armée.

Tout cela faisait des groupes sans cohésion, il était entendu qu'elle se ferait au feu. Mais en attendant, quelle cause de faiblesse ce manque de cohésion apportait dans l'exécution des premiers engagements.

Les généraux n'avaient donc, en temps de paix, aucune action directe sur les troupes ; que l'on ne vienne pas m'opposer les inspections générales, ce ne sont pas elles qui peuvent opérer la fusion complète dans un esprit commun des deux régiments d'une brigade et des deux brigades d'une division. Il faut pour cela qu'en permanence la main et la volonté du chef, qui commande effectivement la brigade ou la division, se fassent sentir, soit pour l'impulsion à donner à la marche de l'instruction, soit même par la modération à imprimer à l'ardeur, qui parfois peut pousser quelques chefs de corps à dépasser trop rapidement le but indiqué.

Dans toute armée il faut une unité de méthode, et cette unité on l'obtient par le pouvoir régulateur des grands chefs.

On ne saurait donc reprocher à nos généraux de n'avoir pas su remplir une mission qui ne leur incombait pas, et dont ils ne possédaient pas les moyens de s'acquitter.

Est-ce à dire qu'alors aucun de nos généraux n'ait travaillé.

Non, certainement, et on serait mal venu à leur faire ce reproche. Un certain nombre, beaucoup peut-être, ont, dès cette époque néfaste, lu les grands écrivains militaires, étudié les campagnes fameuses par leurs enseignements, cherché à s'assimiler les préceptes de la stratégie et de la grande tactique.

Oui, certainement, il y a eu de ces généraux, car sans cela ils n'auraient même pas pu faire le peu qu'ils ont fait en 1870.

Mais, pour ces choses, le travail du cabinet demande à être complété sur le terrain avec des troupes dans la main.

L'étude seule ne suffit pas.

Il faut aussi la pratique.

Il faut savoir manier une troupe, il faut savoir utiliser le terrain.

Il faut savoir ordonner les formations nécessaires, parer aux nombreuses éventualités qui se produisent coup sur coup dans le combat, savoir profiter des fautes de l'ennemi et au besoin réparer les siennes. Il faut savoir faire vivre sa troupe et savoir la faire reposer autant qu'il est possible.

Voilà ce qu'il faut savoir.

La plus complète érudition, sans cela, est insuffisante.

Et voilà ce que nos généraux ne savaient pas.

Et s'ils ne le savaient pas, ce n'était pas leur faute, c'était la faute du régime qui, leur donnant le grade, ne leur donnait pas l'emploi, ne leur donnait pas de commandement.

Ce n'est pas tout de lire, et même de lire avec fruit, les grands écrivains militaires, qu'ils s'appellent Jules César ou Napoléon, Jomini ou von der Goltz, ce n'est pas tout de pâlir sur les cartes et de reconstituer les opérations des grandes guerres. Ce n'est pas tout de discerner les causes qui ont produit les résultats.

Il faut pouvoir appliquer soi-même, sur le terrain, les principes que l'on s'est assimilés, il faut pouvoir expérimenter les méthodes que l'on a reconnues bonnes. Il faut en un mot, se former le jugement et la main ; il faut apprendre à concevoir vite et bien, à juger rapidement la valeur de l'opération que l'on vient d'ordonner et celle des procédés employés par l'ennemi.

Mais c'est un travail, c'est une étude qui ne peuvent être faits, sans danger, qu'en temps de paix.

Malheureusement, ce travail, cette étude sur le terrain, nos généraux n'ont pu les faire qu'en temps de guerre, c'est pourquoi beaucoup ont été inférieurs à eux-mêmes.

Et voilà pourquoi, avec une armée essentiellement brave, avec des généraux qui, personnellement, valaient la plupart des généraux allemands, nous avons sombré d'échec en échec, ne sauvant qu'une chose, la seule du reste qu'il nous était encore possible de sauver : l'honneur !

L'ARMEMENT

Des campagnes de 1864 et de 1866 on n'avait retenu qu'une chose, c'est que le fusil se chargeant par la culasse avait donné de tels résultats qu'il fallait désormais compter avec lui.

On avait reconnu que notre fusil ne pouvant fournir un tir suffisamment rapide mettait nos soldats dans un état de flagrante infériorité.

Des études furent faites qui aboutirent à l'adoption du fusil chassepot.

C'était une arme excellente pour l'époque, qui distançait de bien loin le fusil à aiguille allemand.

Nos troupes d'infanterie furent dès lors dotées d'une arme qui leur assurait la suprématie du feu.

Mais on ne prit pas la précaution, pourtant bien naturelle, de chercher à tirer tout le parti possible du nouvel armement.

On négligea l'étude du tir, on se contenta de résultats passables, alors qu'on pouvait exiger et obtenir des résultats bien supérieurs.

On forma quelques tireurs hors ligne, mais la masse ne fut pas entraînée au delà d'une adresse moyenne, insuffisante étant données les qualités de l'arme.

On ne sut donc pas tirer tout le parti que l'on pouvait du nouvel armement. Pourtant, le soldat avait confiance dans son fusil et par là acquérait une plus grande force morale.

La suprématie acquise, grâce à la valeur intrinsèque de l'arme, fut malheureusement perdue par suite des procédés tactiques qui furent recommandés, comme étant la conséquence du nouvel armement.

On enseigna qu'étant donné la justesse et la rapidité du tir, la rasance déjà grande des feux, il convenait, avec l'arme nouvelle, de conduire la plus grande partie du combat dans la forme défensive.

On devait, suivant les nouveaux préceptes, attendre

l'ennemi dans de bonnes positions et le détruire par le feu au fur et à mesure de son approche.

On ne devait passer à l'offensive que lorsque le terrain aurait été déjà largement déblayé.

En somme, l'enseignement était celui-ci :

Produire un résultat sérieux par le feu, continuer le feu sur place aussi longtemps qu'il le faudrait, afin de ne pas perdre la prépondérance.

Cette théorie funeste fut trop écoutée et trop suivie ; elle a été loin de produire les résultats attendus.

Elle convenait peu au tempérament français, elle faisait trop souvent oublier le moment psychologique où l'on aurait dû se jeter en avant, profitant de la plus légère hésitation de l'ennemi.

Mais on attendait un meilleur résultat encore, et quand, trop tardivement, on se décidait à marcher, on n'avait plus devant soi la troupe que l'on venait d'ébranler, mais des réserves toutes fraîches.

Tel est malheureusement le résultat que l'on a obtenu, presque partout, grâce à cette fâcheuse théorie.

Certes, il y a des cas où il est de bonne tactique de rester un temps plus ou moins long dans la défensive absolue, il y a des cas où cette tactique, qui est presque toujours forcée, produit d'excellents résultats, mais à la condition que cette défensive pèse au chef, mais à la condition que ce chef ronge ses poings de ne pouvoir en sortir, car alors il profitera de toutes les occasions favorables pour jeter sa troupe en avant.

Il profitera d'une faute ou des pertes de l'ennemi, d'un désordre chez son adversaire, preuve d'un affaissement momentané soit des forces, soit du courage ; il profitera de l'arrivée d'un renfort, en un mot de tout évènement qui, momentanément augmentera sa force, soit matérielle, soit morale, pour passer hardiment à l'offensive.

Hors de là, il n'y a aucun résultat à attendre de la défensive.

Le fusil chassepot incompris fut la cause de cette théorie funeste qui a brisé si souvent notre élan et voué notre armée à la défensive.

Ceux qui ont lancé dans notre armée cette théorie grosse d'erreurs ont encouru de ce fait une terrible responsabilité.

Voilà pour l'armement de l'infanterie.

Le fusil était parfait pour l'époque, mais à cause de lui on a adopté une théorie fausse et désastreuse qui a compensé dans une bien large mesure les bons effets de l'arme.

Il faut ajouter encore qu'au moment de la déclaration de guerre, les quantités de fusils chassepot, disponibles dans les arsenaux, étaient de beaucoup inférieures aux quantités nécessaires pour armer les combattants.

Il fallut suppléer à cette insuffisance en donnant aux mobiles et aux mobilisés des armes sans valeur, telles le fusil à tabatière et même l'ancien fusil se chargeant par la bouche.

L'approvisionnement en munitions était lui-même fort incomplet.

De son côté, l'artillerie n'avait à sa disposition qu'un vieux matériel ne répondant plus aux besoins de l'époque.

Pourtant, à l'exposition de 1867, tout le monde avait pu voir et admirer les canons en acier et se chargeant par la culasse, exposés par la maison Krupp, et dont, on le savait, était entièrement pourvue l'armée prussienne.

On s'émut cependant, dans les milieux compétents, de cette exhibition et l'on se demanda ce que valait cette nouvelle artillerie et quelle révolution elle pouvait amener dans l'armement.

Des études furent faites, car, il faut bien qu'on le sache, il y a dans notre armée de nombreux travailleurs, aussi bien parmi les grands chefs que parmi les humbles. Ces études aboutirent à un projet de canons nouveaux se chargeant aussi par la culasse.

En haut lieu il ne fut pas donné suite à l'idée sous le fallacieux prétexte que notre artillerie était excellente et qu'elle avait fait ses preuves à Solférino et à Magenta !

Toujours les vieux errements, toujours le chauvinisme, toujours la somnolence dans la gloire acquise.

Mais de combien alors nous trouvions-nous distancés, comme valeur des pièces, comme calibre et même comme nombre.

Ce qui fit qu'en 1870 notre artillerie était inférieure de toute façon à celle de l'armée allemande.

Et nos artilleurs ont dû faire des prodiges de courage et d'énergie pour tirer parti de ce vieux matériel.

Si l'artillerie de campagne avait des pièces démodées, l'artillerie des places fortes était plus mal outillée encore.

Les pièces de nos places fortes étaient pour la plupart de très ancien modèle, non rayées, n'ayant qu'une justesse et une portée insuffisantes.

Si dans l'artillerie de campagne nos canonniers pouvaient encore lutter contre les pièces ennemies c'était en se rapprochant des batteries, autant qu'il était possible de le faire, pour compenser ainsi la portée plus faible de leurs pièces.

Mais dans les places fortes, les canons, immobilisés sur les remparts, ne pouvaient se déplacer, et l'ennemi, le plus souvent hors de la portée de nos projectiles, avait toute facilité pour bombarder, sans risques, les points qu'il attaquait.

Rien, moins que rien, n'avait été fait pour augmenter la puissance de l'artillerie. On n'avait songé qu'au fusil, le reste importait peu.

Aussi, au lieu d'améliorer l'artillerie, soit en modifiant le canon de l'époque pour le faire charger par la culasse, soit, ce qui eût mieux valu, en créant de toutes pièces un canon nouveau, on arriva à trouver un type, ni canon, ni fusil, qui fut appelé mitrailleuse.

Fusil par le projectile, canon par la manœuvre et par le poids, le nouvel engin était un type bâtard.

On construisit un certain nombre de ces mitrailleuses, on fit quelques expériences qui parurent concluantes et, au lieu de livrer ce nouveau matériel à l'artillerie, pour qu'au moins elle en apprît la manœuvre, pour qu'au moins elle en connût la valeur au combat, pour qu'en un mot elle en fît l'apprentissage au point de vue du tir et des résultats, on n'eut rien de plus pressé que de mettre les mitrailleuses sous clef dans les arsenaux, afin qu'aucune indiscrétion ne pût être commise.

C'est pourquoi, la seule arme nouvelle, dont on avait doté l'artillerie, ne rendit pas sur les champs de bataille la dixième partie de ce que l'on aurait pu en attendre, si elle avait été précédemment expérimentée.

Est-ce donc la faute de nos artilleurs s'ils ont été mis dans la nécessité de se servir de vieux débris des guerres passées et d'un joujou terrible, mais qu'ils ne connaissaient pas, parce qu'on n'avait pas voulu le leur faire connaître !

LES PLACES FORTES

La fortification a existé dans tous les temps et dans tous les lieux. Elle existera dans tous les temps et dans tous les lieux.

De même que dans le passé elle s'est modifiée suivant le besoin des temps et des lieux, de même, dans le présent et dans l'avenir, la fortification subit et subira le contre-coup des progrès de l'armement et devra se transformer soit dans la forme, soit dans le relief, soit dans les matériaux employés.

Mais la fortification sera toujours une force pour qui saura la mettre à hauteur des progrès et pour qui saura l'employer d'une façon normale.

L'origine de la fortification remonte aux temps les plus reculés.

L'homme primitif, pour se défendre, lui et sa petite famille, contre les attaques des bêtes féroces, inventa la fortification.

L'homme vivait alors dans des grottes, ou dans des cavités rocheuses, qu'il avait conquises sur les bêtes féroces. Pour se défendre contre le retour des premiers occupants, il trouva moyen de rouler, à grands efforts, des quartiers de rocs pour défendre l'entrée de sa demeure.

C'est là l'origine de la fortification.

Puis, quand des groupes d'êtres humains commencèrent à se former, les huttes succédant comme habitations aux cavernes, on imagina les palissades, les fossés, pour assurer la sécurité, tant contre les attaques des bêtes féroces que contre celles des autres groupes d'êtres humains.

Car, de même que la fortification a été de tous les temps et de tous les lieux, de même la guerre a existé en tous temps et en tous lieux; et, malgré la civilisation, elle sera toujours pour l'humanité une menace perpétuelle, contre laquelle il faudra toujours prendre des mesures préventives afin de pouvoir répondre à toute attaque, même imprévue.

A l'époque de la féodalité, nous voyons les seigneurs, souverains d'une parcelle de territoire, se créer des repaires fortifiés.

En lutte perpétuelle avec leurs voisins, ils avaient besoin, en effet, d'un refuge dans lequel il leur fut possible de braver les représailles.

La fortification se compose alors d'un château-fort, généralement situé sur une hauteur, hauteur parfois inaccessible, et dans lequel le seigneur et sa suite peuvent braver toutes les attaques.

Puis la population environnante, par besoin de protection, vient s'établir autour du château et bâtit un village ou une petite ville, que l'on entoure d'ouvrages fortifiés ; le château devient le réduit de la fortification, et la ville prise et saccagée, les habitants réfugiés dans le château qu'ils défendent, ont la plupart du temps la vie sauve, grâce à la valeur défensive du réduit.

Le canon vient à son tour bouleverser tout cela.

Alors la fortification se transforme ; le château-fort n'ayant plus par lui-même une force de résistance suffisante, on l'entoure de courtines, de redans, d'ouvrages en terre, qui offrent une somme plus grande de résistance au nouvel armement ; on renforce également l'enceinte de la petite ville, le château-fort demeurant un réduit et ne valant plus, comme défense, que par sa fortification extérieure.

Jusqu'alors, la fortification ne répondait qu'à un seul but : augmenter la somme de résistance d'un groupe d'habitants. On lui demandait une valeur tactique, mais non pas une valeur stratégique dont on n'avait généralement nul besoin.

Il faut pourtant excepter de cette théorie les grands conquérants, comme Jules César, qui marquaient les étapes de leurs conquêtes en établissant des postes fortifiés, leur permettant de tenir le pays conquis dans la soumission et servant de points d'appui à leurs colonnes.

Rien n'est nouveau sous le soleil.

C'est encore là le système dont, en Afrique, se servent les conquérants européens.

Mais le temps marche ; les Etats, petits ou grands, se constituent dans leur unité.

En même temps que ces Etats se centralisent, ils éprouvent le besoin d'une défense commune pour tout le groupe soumis à la même autorité.

Nous voyons alors la fortification perdre son caractère de défense personnelle et ne plus valoir que par le but stratégique qu'elle peut remplir.

La plupart des châteaux élevés au hasard sur les sommets, dans un but personnel, vont tomber en ruines, et au contraire, les fortifications élevées dans les vallées, sur les cours d'eau, navigables pour la batellerie de l'époque, sur les routes qui, par un pont, franchissent ces cours d'eau, vont recevoir un surcroît de force par le développement des ouvrages ou par l'adjonction de fortifications nouvelles.

Dans ces mêmes conditions, d'autres points d'appui vont eux-mêmes être créés de toutes pièces.

Ces fortifications répondant à un besoin nouveau sont organisées en raison directe des progrès de l'armement de l'époque et du but qu'on en attend : défendre les passages et aussi servir de points d'appui pour les armées qui vont rayonner dans leur zone d'action.

Depuis, comme utilité stratégique des forteresses, il n'y a rien eu de changé, ce sont principalement les voies de communication qui font leur valeur, mais comme utilisation tactique on a dû les transformer progressivement suivant les progrès de l'armement et de l'art de l'attaque.

C'est pourquoi des places qui, il y a seulement cent ans, avaient un véritable rôle stratégique n'avaient plus de nos jours aucune valeur. Par la même raison de nouvelles places furent créées de toutes pièces pour répondre aux besoins stratégiques des temps modernes.

C'est ce qui explique les déclassements et les constructions nouvelles.

L'auteur de la *future débacle* ayant exprimé l'opinion que la fortification était inutile et même nuisible, j'ai cru devoir, avant de pénétrer plus avant dans l'étude de la fortification, tant en 1870 que de nos jours, faire ce retour en arrière afin de montrer que de tous temps la fortification avait eu une valeur intrinsèque qui valait ce que valaient la position, l'organisation, l'armement et les défenseurs.

J'arrive enfin à 1870.

A cette époque nos places fortes répondaient-elles à un besoin stratégique ? pour la plupart, oui ! Etaient-elles organisées et armées de façon à répondre au but que l'on en attendait ! non, mille fois non !

Aucune de nos places fortes n'avait la valeur tactique nécessaire pour se défendre contre le nouvel armement et contre les procédés perfectionnés de l'attaque.

Nos places fortes étaient, pour la plus grande partie, placées dans de bonnes situations au point de vue stratégique, elles défendaient des points de passages, cours d'eau, routes, chemins de fer, dont l'ennemi avait besoin tant pour ses opérations que pour ses réapprovisionnements en munitions. Ces places sur ses derrières auraient été, en outre, une forte cause d'ennuis en cas de revers.

Mais elles étaient dans les conditions les plus défectueuses pour la défense.

Dès, avant 1870, une place forte, noyau central, réduit de la défense, devait pour faire une résistance vigoureuse, posséder autour d'elle une ceinture d'ouvrages, occupant les positions favorables à l'artillerie de l'assaillant, et capable de soutenir, pendant un temps assez long, les attaques de l'ennemi.

Ce n'est qu'après avoir enlevé un ou plusieurs de ces ouvrages, largement avancés, que l'ennemi eût pu seulement menacer la place forte, noyau central, encore intact, et capable encore d'opérer une vigoureuse résistance.

Il n'y avait pas alors en France une seule place forte, à part Paris, qui se trouvât dans ces conditions.

A Métz même, la plus grande et la plus solide de nos places fortes, ces conditions n'existaient pas. On avait bien commencé, il est vrai, la construction de cinq forts suffisamment éloignés du noyau central, mais aucun de ces forts n'était terminé, aucun n'était armé, tout restait à faire pour les mettre en état de défense.

C'était une grande cause de faiblesse.

C'était la certitude de voir tomber aux mains de l'ennemi, dès qu'il en aurait besoin, ces places fortes que notre règlement appelle avec juste raison « les boulevards de la patrie et les points d'appui des armées ».

Non-seulement la fortification ne répondait pas aux besoins des temps présents, mais, en outre, l'armement n'avait aucune valeur, ni comme nombre, ni comme qualité, de plus, les garnisons n'existaient qu'à l'état rudimentaire et étaient mal armées.

De même que notre armée était destinée à sombrer, presque fatalement, dans cette lutte de 1870, de même, fatalement, nos places fortes devaient tomber rapidement aux mains de l'ennemi, car le courage seul ne pouvait remplacer ni la valeur de la fortification, ni l'armement, ni le nombre des défenseurs.

Voilà pourquoi le désastre qui s'est abattu sur nos armées n'a pas épargné davantage nos places fortes.

L'auteur de la *future débacle* a voulu, je le répète, nier l'utilité de la fortification.

Oserait-il affirmer que les places de Toul, de Verdun et de Montmédy, qui défendaient trois lignes de chemin de fer se dirigeant sur Paris, n'avaient aucune utilité stratégique.

Oserait-il affirmer que si ces places avaient été renforcées par des travaux de fortification extérieure, si elles avaient été bien armées, si elles avaient eu le nombre de défenseurs nécessaire, oserait-il affirmer que, dans ce cas, ces places fortes n'auraient pas modifié considérablement la marche des évènements.

Il ne lui serait pas possible de le faire, car alors il devrait avouer que toutes ses lectures, toutes ses études des grands maîtres de la guerre, ne lui ont servi à rien ; il devrait avouer qu'il n'a pas compris les grands écrivains militaires.

Il devrait avouer que s'il a beaucoup absorbé de connaissances militaires, il ne s'en est assimilé aucune.

La plupart de nos places fortes nous aurait donné en 1870 un surcroît de force, si ces places avaient été renforcées et armées et si elles avaient eu une garnison suffisante.

Elle n'ont rien pu dans nos désastres parce qu'alors tout craquait dans notre organisation militaire, parce que nous n'étions prêts en aucune façon, et aussi, il faut bien le dire, parce que trop de commandants de ces places, vieux et fatigués, n'avaient plus l'énergie nécessaire pour mener à bien la défense à outrance.

LES OPÉRATIONS

Bismarck voulait la guerre, il savait que le moment psychologique, où la Prusse pourrait enfin prendre la revanche d'Iéna, était arrivé.

Il savait que ni l'armée, ni les places fortes, n'étaient en état de résister à une vigoureuse offensive.

La Prusse avait mis 64 ans à préparer sa revanche, sans se laisser distraire un seul jour du but qu'elle poursuivait.

Plus tôt, la Prusse eût échoué ; la France n'était pas encore tombée assez bas.

Plus tard, elle n'eût pas réussi, car il n'était pas possible, qu'enfin, nos gouvernants ne se soient pas aperçus de notre faiblesse militaire.

Du reste, la Prusse avait dû craindre de voir s'échapper à jamais l'heure de cette revanche, quand le maréchal Niel, ministre de la guerre, avait arraché au parlement le vote qui lui permettait de constituer une armée de réserve ; quand le nouvel armement de l'infanterie fut adopté ; quand l'artillerie entreprit des études en vue d'un matériel nouveau ; quand, enfin, on en vint à couronner Metz d'une ceinture de forts.

Il était grand temps pour la Prusse d'agir, si elle ne voulait pas perdre bénévolement le bénéfice de 64 ans de travail, depuis Iéna.

Pour le malheur de la France, la destinée se mit de la partie.

Le maréchal Niel qui travaillait, avec une ardeur éclairée et patriotique, à l'organisation de notre armée de seconde ligne, le maréchal Niel qui encourageait l'étude du nouveau matériel d'artillerie, qui se préparait à renforcer les places fortes, le maréchal Niel vint tout à à coup à manquer.

La mort l'avait fauché au milieu de son travail de reconstitution de nos forces militaires.

Ce fut une perte irréparable.

Toute idée de rénovation et de renforcement fut abandonnée.

On peut dire que de ce jour la guerre fut décidée en principe par Bismarck, qui n'eut plus qu'un objectif: trouver une occasion de la faire naître.

C'est ce qui explique pourquoi, lorsque, l'empereur acceptant la déclaration du roi de Prusse, la paix semblait assurée, Bismarck n'hésita pas à falsifier la fameuse dépêche d'Ems, ce qui rendait la guerre inévitable et permettait à la Prusse d'entrer en ligne à son jour et à son heure contre la France désarmée.

En Prusse et en Allemagne, tout était prêt; en France, il fallut tout constituer.

Après avoir désiré la guerre on était surpris par elle.

Pas de plan de campagne, pas d'état-major pour en élaborer un, pas d'organisation militaire des chemins de fer pour les transports des troupes, du matériel, des munitions et des vivres.

Il fallut organiser tout, tant bien que mal, au prix de nombreux à coups et de nombreuses pertes de temps.

Le flottement, les ordres, les contre-ordres, le désordre, la pénurie, furent le résultat de cette imprévoyance.

Débrouillez-vous, disait-on.

Eh ! oui, on se débrouillait, mais se débrouiller n'a jamais valu l'organisation absente; se débrouiller, c'est bon pour des questions de détail, mais cela ne remplace pas la préparation à la guerre, ni la direction.

Nos corps d'armée formés au hasard, manquaient de la plupart des choses nécessaires, il fallait aussi leur donner un rôle à remplir.

Il manquait une idée stratégique, un plan d'ensemble, on ne sut rien trouver parce qu'on était affolé.

L'auteur de la *future débâcle* fulmine avec raison contre l'ordre en cordon qui fut alors adopté.

Il eût mieux fait, cependant, d'appeler de son vrai nom la conception qui présida à l'éparpillement de nos forces sur la frontière. C'est le système des paquets isolés qui fut adopté.

Mais, où l'auteur de *la future débâcle* a grandement tort, c'est quand il accuse nos généraux d'avoir adopté ce système.

Il ne faut pas déplacer les responsabilités.

Nos généraux n'ont pas à porter le poids de cette

conception funeste, parce qu'ils n'en sont pas les auteurs; ils sont allés là où on les a envoyés.

Et le moyen de faire autrement ?

L'auteur de la *future débacle* pourrait-il me dire ce qu'il penserait d'un général qui ferait le contraire de ce qui lui aurait été commandé ?

Pourrait-il me dire ce qu'une armée deviendrait par suite de la désobéissance des grands chefs ?

Pourrait-il espérer quelques résultats d'une anarchie qui se produirait dans les rangs d'une armée, surtout devant l'ennemi.

Car, si le général ne sait pas obéir aux ordres reçus, pourquoi voulez-vous qu'à son tour un colonel se conforme aux ordres de ce général, au lieu d'agir à sa guise ? Pourquoi voulez-vous qu'un capitaine ne refuse pas à son tour l'obéissance ?

Soyez certain que le soldat suivra alors cet exemple et que ce capitaine, qui manquerait ainsi à tous ses devoirs, ne serait pas lui-même obéi par sa troupe.

Je demande aussi à l'auteur de la *future débacle*, ce qu'il fait de cette prescription, peut-être la plus vraie de nos règlements militaires : « La discipline faisant la principale force des armées, il importe que tout supérieur obtienne de ses subordonnés une obéissance entière et une soumission de tous les instants ; que les ordres soient exécutés littéralement, sans hésitation, ni murmure... ».

Nos généraux ont obéi à un ordre, ils n'avaient que cela à faire.

Cet ordre les a placés dans des situations absurdes, épouvantables par les résultats, c'est vrai, mais qui pourrait dire que, s'ils avaient voulu s'affranchir des ordres reçus, les résultats n'auraient pas été aussi funestes.

La conception manquait, la direction manquait, mais en voulant concevoir eux-mêmes, en voulant diriger eux-mêmes, en voulant se substituer au commandement supérieur, nos généraux n'auraient échappé à un péril que pour tomber dans un péril plus grand peut-être.

L'initiative si nécessaire, non-seulement aux généraux, mais encore aux officiers de tous grades, n'implique pas une idée de désobéissance, l'initiative consiste surtout à savoir régler les questions de détail, suivant les besoins du moment, en se renfermant dans les prescriptions générales des ordres. L'initiative consiste aussi, quelquefois, à prendre soi-même une décision grave, parce que les évènements forcent à prendre cette décision, parce qu'il faut profiter d'un incident imprévu, parce que l'on n'a pas le temps d'attendre des ordres qui arriveraient trop tard.

L'initiative doit être prudente, et l'on doit rendre compte, au moment même où l'on prend cette initiative, afin que le général, qui a la direction, n'ignore rien de ce qui se passe sur le champ de bataille et agisse suivant les besoins et en toute connaissance de cause.

Mais, l'initiative n'est pas la désobéissance.

Si nous ne pouvions espérer de cette guerre aucun résultat certain, nous aurions du moins pu essayer de frapper un grand coup.

Il était possible, au lieu de les disperser, de rassembler les corps d'armée sur la frontière ; il était possible de faire une seule armée composée des 2e, 3e, 4e et 5e corps et d'entrer rapidement en Allemagne avec cette armée, que l'on aurait pu flanquer à droite par le 1er corps, à gauche par le 6e corps, afin de garder les flancs, avec la garde en réserve pour parer à toutes éventualités.

On aurait pu ainsi, au moment opportun, frapper un grand coup.

On y eût gagné une ou deux victoires ; l'Allemagne du Sud aurait probablement refusé ses contingents, les alliances, sur lesquelles l'empereur comptait, se seraient déclarées devant nos victoires, et la Prusse battue dès le début, se sentant isolée, aurait été la première à demander la paix.

Et nous aurions bien fait de la lui accorder cette paix, car il n'est pas prouvé, qu'avec notre mauvaise organisation, nous serions allés bien loin dans la voie du succès.

Si cela n'a pas été fait, il ne faut en accuser aucun de nos généraux. Ils ont reçu des ordres, ils ont obéi ; ils n'avaient que cela à faire.

L'auteur de la *future débacle* refuse à nos généraux toute science militaire.

Pourtant, si on leur avait donné des ordres exécutables, répondant à un plan de campagne ayant une valeur stratégique, ils auraient obtenu des résultats au lieu de se faire battre en détail, ce qui je le répète, n'est pas leur faute personnelle.

Si nous étions entrés en Allemagne, en un groupe compact, que nous ayions eu des succès, tout le monde, l'auteur de la *future débacle* le premier, n'aurait pas eu assez de louanges pour élever au pinacle nos généraux d'alors. Ils auraient été les premiers généraux du monde.

Il ne faut jamais s'emballer sur une idée, ni en bien, ni en mal.

Nos généraux avaient leurs qualités, aussi bien que leurs défauts. Leurs défauts n'étaient pas tous de leur faute ; ils ont fait ce que les circonstances déplorables, dans lesquelles on les avait placés, leur ont permis de faire. Il ne faut pas leur reprocher ce qui ne dépendait pas d'eux.

Ce qui ne veut pas dire qu'il n'y ait pas eu de fautes commises, et même de grosses fautes ; mais les généraux allemands en ont commis d'aussi grandes.

Je l'ai déjà dit, si les généraux allemands s'étaient trouvés dans les mêmes conditions que les généraux français, ils n'auraient pas fait mieux, peut-être même n'auraient-ils pas fait autant.

Je n'ai pas l'intention d'écrire l'histoire de la campagne de 1870, ni même une partie de cette histoire. Cependant je suis amené à relever quelques-unes des grosses fautes commises alors ; ceci à titre d'instruction et aussi à titre d'indication, pour pouvoir établir un parallèle entre le passé et l'avenir, dans une des parties de cet ouvrage.

Je n'entrerai en aucune façon dans la description des combats, ce qui dépasserait le cadre de ce travail.

Si le général de Failly AVAIT OBÉI à son chef, le maréchal de Mac-Mahon, qui dès le 5 août lui avait envoyé l'ordre de le rejoindre sans retard à Wœrth, avec tout son corps d'armée, le maréchal de Mac-Mahon n'aurait pas subi le désastre de Frœschviller.

S'il n'avait pas obtenu la victoire, du moins il eût pu se replier sur les Vosges, défendre les points de passage de la chaîne des Vosges et empêcher la IIIe armée allemande d'entrer en Lorraine et de se porter vers Nancy, pour, de là, menacer Metz et le flanc de l'autre armée française aux prises avec les Ire et IIe armées allemandes.

L'armée française réunie sous Metz, débarassée de cette menace sur son flanc eût été en bien meilleure posture pour combattre ; et qui sait quels auraient été les résultats.

On peut reprocher au maréchal de Mac-Mahon de n'avoir pas rompu le combat à temps pour se dégager et sauver ainsi son armée, encore intacte.

Mais le maréchal de Mac-Mahon est excusable de cette faute. Il ne pouvait se douter que le général de Failly n'exécuterait pas ses ordres formels, il ne pouvait supposer que ce général, au lieu de marcher au canon, comme c'était son devoir, au lieu de hâter la marche dont il avait reçu l'ordre, au lieu de se précipiter, puisqu'il savait son chef engagé avec l'ennemi, le maréchal de Mac-Mahon ne pouvait penser que le général de Failly s'arrêterait en route et ferait tout le nécessaire pour ne pas arriver, laissant ainsi écraser le 1ᵉʳ corps d'armée.

L'auteur de la *future débacle* veut des responsabilités, en voilà une, je lui abandonne et tout le monde avec moi lui abandonnera le général de Failly qui, ce jour-là, a fait plus que manquer à son devoir.

Mais qu'on n'accuse ni le maréchal de Mac-Mahon, ni ses généraux, ni ses officiers supérieurs ou subalternes; s'ils ont été écrasés ce n'est pas leur faute, ce n'est pas faute de science militaire. Il y a un coupable, un seul, le général de Failly.

Qui sait de quel poids eût pesé dans la balance l'arrivée en temps voulu du 5ᵉ corps; non pas à temps pour soutenir la retraite, mais à temps pour gagner la bataille. Et le général de Failly pouvait et devait arriver à temps.

Cette bataille de Frœschviller comporte deux engagements bien distincts; il n'est pas douteux qu'au moins la première partie de la bataille, celle qui s'est terminée vers midi, aurait pu être pour nos armes une victoire, si le 5ᵉ corps avait pu prendre part à la lutte.

Qui sait si le Prince Royal eût alors tenté une nouvelle attaque, lorsque toutes ses forces auraient été réunies, et s'il ne se serait pas contenté de prendre ses dispositions pour le lendemain.

Nous ne pouvions guère espérer bousculer la IIIᵉ armée allemande, trop nombreuse pour les effectifs de nos deux corps d'armée, mais nous pouvions espérer en détacher, par une victoire, les contingents bavarois, qui, tout au moins au début de la guerre, n'auraient pas mieux demandé de rentrer chez eux.

De même à Spickeren, alors que le 2ᵉ corps, commandé par le général Frossard, se trouve engagé depuis 11 heures du matin contre les troupes du général Steinmetz, le maréchal Bazaine, commandant alors le 3ᵉ corps, qui est à proximité du champ de bataille, qui entend le canon, ne se porte pas au secours du 2ᵉ corps, se désintéresse absolument de la lutte, tandis que du côté de l'ennemi les renforts arrivent continuellement, marchant au canon.

Si, le 6 août, le général Frossard a subi un échec, la plus grande part de responsabilité revient au maréchal Bazaine, qui préludait par l'oubli du devoir à la trahison qu'il allait commettre peu après.

Et c'est précisément ce maréchal qui, comme récompense de cette faute grave, va recevoir le commandement suprême de l'armée réunie sous Metz !

L'auteur de la *future débacle* veut bien convenir que Bazaine fut un traître, mais il le proclame le plus capable des généraux de l'armée réunie sous Metz.

Je n'insisterai pas sur la trahison, elle est flagrante, et tout le monde est d'accord sur ce point.

Mais, ce que je n'accorderai à personne, et surtout à l'auteur de la *future débacle*, c'est que Bazaine ait fait preuve de capacité au cours de son commandement.

Dès le 13 août, il donne des ordres pour la retraite vers la Meuse, mais il a soin d'envoyer directement ses ordres aux commandants de corps d'armée, en passant par dessus la tête de son état-major. Ce qui fit que cet état-major ne put indiquer à chaque corps d'armée les routes à suivre, ni prendre les mesures de détail nécessaires ; ce qui fit que le passage de la Moselle, qui aurait dû être complétement terminé, était à peine commencé à l'heure où les Allemands se sont aperçu du mouvement de retraite et nous ont attaqués pour le retarder.

Si des troupes se sont entassées sur les mêmes routes, si d'autres se sont croisées et ont perdu ainsi un temps précieux, à qui la faute ?

Aux commandants des corps ? non, puisqu'ils n'avaient pas de routes désignées et qu'ils devaient forcément marcher au hasard.

A l'état-major général ? non, puisqu'il ignorait l'ordre de mouvement et qu'il ne pouvait prescrire les mesures nécessaires.

La faute incombe au seul maréchal Bazaine.

C'est déjà joli comme preuve de science militaire.

Pendant ce temps, un général allemand, von der Goltz, avisé de ce mouvement de retraite, qui contrecarre les projets de l'état-major allemand, prend sur lui d'attaquer celles des troupes françaises qui n'avaient pas encore quitté leurs cantonnements. Preuve d'initiative intelligente.

Il n'y avait, pour le chef de l'armée française, que deux partis à prendre :

Refuser le combat et continuer la marche, ce qui était rationnel, et repousser cette attaque, trop osée, en jetant momentanément dans les forts et sur les remparts l'artillerie de corps.

Ou bien faire franchement tête à l'ennemi et l'écraser une bonne fois, ce qui était facile.

Mais il eût fallu des ordres.

En fait d'ordres voici tout ce qui fut fait : « Prévenu immédiatement de ce qui se passait, je prescrivis au général Decaen de prendre ses dispositions de combat pour repousser vigoureusement l'attaque. » *(Rapport du Maréchal Bazaine).*

C'est tout.

Il faut convenir que c'est un peu maigre, et qu'il n'est pas besoin d'avoir de bien grandes connaissances militaires pour donner un pareil ordre.

Et les autres chefs de corps ?

Bazaine les laisse sans ordres.

Le général de Ladmirault fait faire demi-tour à son corps d'armée et court au canon ; les autres corps, sauf le 6ᵉ qui a déjà passé la Moselle, prennent une part plus ou moins grande à la lutte.

Cette bataille fut le produit de combats successifs, sans liaison entre eux, sans idée maîtresse ni directrice, par suite de l'indécision du maréchal Bazaine, qui ne sut ni concevoir un plan tactique, ni seulement donner les ordres nécessaires pour souder entre eux ces combats partiels.

Du côté des Allemands, la direction se fit sentir immédiatement, les ordres furent donnés de suite et l'action, centralisée par le général en chef, eut dès lors une unité d'impulsion. Ce qui nous faisait défaut.

Pourtant, le maréchal Bazaine, quand la bataille est en

bonne voie, quand les efforts successifs des corps d'armée commencent à refouler l'ennemi, le maréchal Bazaine vient, en amateur, sur le champ de bataille, voit tomber le général Decaen, et se retire sans plus s'inquiéter de ce qui se passe.

Est-ce là ce que l'auteur de la *future débacle* appelle la capacité militaire ? Est-ce là ce qu'il veut donner en exemple à nos généraux ?

Je n'insiste pas et j'arrive au 16 août.

On a déjà trop perdu de temps pour exécuter dans de bonnes conditions la marche en retraite vers la Meuse; on trouve moyen d'en perdre encore.

Les Allemands ont atteint leur but, leurs colonnes arrivent à marches forcées pour nous barrer la route. Et pourtant le commandant en chef de notre armée ne se décide pas à quitter le plateau de Rezonville. On dirait qu'il est déjà d'accord avec eux pour se faire refouler sous Metz.

Ce sont ces retards inqualifiables qui ont permis à l'ennemi de nous attaquer le 16 et c'est la volonté du maréchal qui leur a permis de tirer parti, quand même, du grave échec qu'ils ont subi ce jour-là.

La bataille de Rezonville engagée par surprise, le maréchal Bazaine va-t-il donner des ordres et se préparer à battre enfin les Allemands peu nombreux ?

Non, rien ! notre armée semble décapitée.

Chacun se débrouille comme il peut ; pas d'idée d'ensemble, pas d'idée tactique ; il faudrait du reste que cette idée soit indiquée par le général en chef, qui s'en soucie peu. Chacun agit devant soi, pour le mieux : comme à Borny, il n'y a pas d'opérations coordonnées.

Le maréchal vient encore faire une apparition, toujours en amateur, sur le champ de bataille et risque de se faire prendre par une charge de la cavalerie ennemie.

Je n'hésite pas à dire que, si la cavalerie ennemie s'était emparée à ce moment du maréchal Bazaine, elle aurait rendu, à lui, et aussi à l'armée française le plus signalé des services.

Le commandement revenant alors au maréchal Canrobert, les choses auraient changé de face, et, le soir, les Allemands bousculés auraient été jetés dans la Moselle.

Celui seul qui, le 16 août, a empêché ce résultat de se produire est précisément Bazaine, ne donnant aucun ordre pour combattre, mais trouvant le moyen d'arrêter au cours de la bataille les mouvements en avant et ordonnant en dernier lieu l'évacuation du champ de bataille !

Bel exemple à donner comme preuve de science militaire ! Qu'en pense l'auteur de la *future débacle*?

Et le 18, ce même auteur est-il satisfait de l'ordre en cordon adopté par le maréchal Bazaine? Que pense-t-il encore de ce soin qu'il prit de placer à l'aile droite, au point le plus faible et le plus menacé de la ligne de bataille, le corps d'armée le moins nombreux et le moins bien outillé, sans réserve derrière lui. Que pense-t-il de la négligence de Bazaine qui ne fit pas occuper solidement les points d'appui de Roncourt et de Montois que, faute de troupes et faute d'une artillerie suffisante, Canrobert ne pouvait garnir.

Il faut aussi montrer Bazaine se désintéressant de la bataille, ne donnant aucun ordre et refusant, malgré les demandes désespérées de Canrobert, de faire marcher la garde qui eût sauvé la situation.

Il est inutile n'est-ce pas de parler du blocus de Metz. Tout le monde est fixé sur ce point.

Si je me suis tant étendu sur le cas du maréchal Bazaine, c'est précisément parce que l'auteur de la *future débacle* le donne comme le général le plus capable de l'armée réunie sous Metz.

J'ai voulu montrer le peu de solidité de ce jugement, j'ai voulu montrer la fausseté des appréciations et le peu de cas qu'il faut faire des affirmations réitérées de cet auteur, tant sur la valeur de nos généraux que sur les études mal digérées, mal assimilées et incomprises sur lesquelles il se base pour nous crier à chaque instant : vous serez battus.

J'arrive à Sedan.

Là encore, le désastre n'est pas dû à l'incapacité de nos généraux. Il est le produit de la lutte entre les nécessités politiques et dynastiques et les nécessités stratégiques.

Le maréchal de Mac-Mahon voulait se replier sur Paris et couvrir la capitale. Idée stratégique.

L'impératrice régente, sachant que le retour de l'empereur à Paris, non précédé d'une victoire, serait le signal de la chute de la dynastie, voulait envoyer l'armée de Châlons au secours de Bazaine qui, s'il eût voulu, pouvait se passer de ce secours. Idée politique et dynastique.

Pourtant si Bazaine avait voulu s'entendre avec Mac-Mahon pour écraser entre leurs deux armées les Ire et IIe armées allemandes, qui se trouvaient sous Metz, s'il avait exécuté sa marche sur Montmédy, ainsi qu'il en avait manifesté la volonté dans une dépêche qui fut la cause déterminante du mouvement de l'armée de Châlons, l'idée stratégique aurait reparue.

Le grand tort du maréchal de Mac-Mahon fut de parlementer et de se ranger successivement aux deux idées. Il fallait aller vite, il perdit du temps. Ce qui permit aux Allemands de joindre enfin l'armée de Châlons, désorientée, précisément au moment où elle occupait les plus mauvaises positions tactiques.

Par son manque de volonté, le maréchal de Mac-Mahon a assumé une effroyable responsabilité.

Car, s'il n'est pas permis à un officier, qu'il soit capitaine ou qu'il soit général, de discuter des ordres, il n'en est pas de même du chef suprême d'une armée, qui a toujours le droit de se défendre contre une conception qu'il juge funeste, et s'il ne peut faire prévaloir son opinion, il a toujours la ressource de se démettre de son commandement, plutôt que de courir à un désastre qu'il peut prévoir.

Pour répondre aux critiques acerbes de l'auteur de la *future débacle*, j'ai recherché les principales responsabilités; sans doute il y en a d'autres encore, mais moins graves, qu'il est inutile de relever ici.

De tout ceci il résulte que, si, à Frœschviller, le maréchal de Mac-Mahon a commis la faute de soutenir la lutte jusqu'à extinction de ses forces, c'est qu'il attendait de minute en minute de Failly qui n'est pas arrivé.

Si, à Spickeren, Frossard n'a pas été victorieux, c'est surtout parce que Bazaine ne s'est pas dérangé pour lui porter secours.

Voilà deux généraux que j'abandonne bien volontiers aux foudres de l'auteur de la *future débacle* et que j'aurais abandonnés, tout aussi volontiers, aux pelotons d'exécution que la première république n'eût pas manqué de leur servir, comme récompense méritée.

Cela eût du reste empêché de Failly de recommencer devant Sedan et Bazaine de trahir à Metz.

Je ne vois pas la nécessité de pousser plus loin cette étude; après Sedan, après Metz, nous n'avions plus ni armée, ni matériel, il a fallu créer tout de toutes pièces, former des régiments, dont les soldats, mal armés, ne savaient rien, et qui, comme la plupart de leurs officiers du reste, n'avaient pour tout bagage militaire que leur courage et leur patriotisme.

C'est avec cela que nos généraux ont tenu en échec, pendant plusieurs mois, les armées allemandes plus nombreuses, mieux outillées, bien aguerries et victorieuses.

Je le répète, nos généraux valaient personnellement les généraux allemands.

Ce qui a manqué : c'est la mobilisation, c'est la conception, c'est la direction, c'est l'outillage (armement et places fortes), c'est aussi le nombre.

Il manquait trop de choses pour vaincre, et pourtant, sans la désobéissance de de Failly, sans l'indifférence coupable de Bazaine, et surtout sans sa trahison, la France aurait pu, malgré tout, se tirer d'affaire dans cette guerre funeste de 1870.

RÉSULTATS

Malgré le courage de ses soldats, malgré des prodiges de valeur, malgré des efforts surhumains, la France était tombée épuisée.

La capitulation de Paris lui avait donné le coup de grâce : c'était fini.

Et pourtant Paris s'était bien défendu ; les défenseurs de Paris n'avaient marchandé ni leur bonne volonté, ni leur courage, ni leur sang.

Pourquoi donc, là aussi, malgré tout, aboutissait-on à la défaite.

C'est que le chef de cette armée de Paris, le gouverneur de la capitale, n'avait pas su se servir de ses troupes, c'est qu'il n'avait pas été à la hauteur de la situation, c'est qu'il n'avait pas été choisi avec discernement.

Ceux qui lui avaient confié ce commandement suprême, ne connaissaient sans doute pas ces paroles du cardinal de Richelieu :

« Choisir pour commander une armée un chef incapable, ou pour défendre une place forte un homme de guerre qui ait l'âme moins dure que les pierres du château dont il a la charge, c'est pour un chef d'Etat un crime de lèse-nation, puisque de la perte de la bataille ou de la chute de la place peut dépendre le salut du pays tout entier. »

Le général Trochu n'était pas destiné à commander en chef, il n'en avait pas les capacités, et il était moins capable encore de soutenir un siège comme celui de Paris, son âme n'était pas assez ferme.

Pourtant le général Trochu était connu comme un brillant écrivain militaire, c'est peut-être là ce qui lui a valu, pour son malheur et pour le nôtre, d'être appelé à ce grand commandement.

Ce qui prouve une fois de plus que l'étude seule est insuffisante et qu'il faut joindre, à la science acquise dans le cabinet, la pratique qui ne s'acquiert que sur le terrain.

La guerre était terminée. La France vaincue, ruinée, affaiblie, amoindrie était laissée pour morte par le vainqueur.

La Prusse après 64 ans de travail et de patience, avait enfin pris la revanche d'Iéna.

Je ne parlerai pas de la commune.

Ni de près, ni de loin, je ne veux faire entrer dans le cadre de cet ouvrage une seule pensée politique.

Une seule idée me conduit : prouver que, malgré tout, nous sommes toujours dignes de nos aïeux ; montrer pourquoi nous sommes tombés, comment nous nous sommes relevés, et protester énergiquement contre ce cri démoralisateur, qu'à chaque page de son œuvre, l'auteur de la *future débacle* nous jette à la face : vous serez vaincus !

Et bien non ! nous ne serons pas vaincus !

IIᵉ PARTIE

1896

RÉORGANISATION

Les conditions de la paix, imposées en 1871 par le vainqueur, sans qu'en Europe aucune voix vint s'interposer en faveur de la France, avaient un double but.

D'une part, enrichir l'Allemagne par l'énormité de la rançon, l'agrandir par le territoire conquis, la renforcer par la possession de places fortes de la valeur stratégique de Metz et de Strasbourg.

Si la place de Belfort n'a pas été comprise dans le lot exigé par le vainqueur, c'est à sa belle défense qu'elle le doit.

D'autre part, ruiner la France financièrement, ainsi qu'elle l'était déjà militairement, la rendre plus vulnérable par la perte de ses meilleures forteresses, l'affaiblir par l'annexion d'une population dévouée et essentiellement militaire.

Le coup de talon de la botte germanique n'avait d'autre but que de rendre la France incapable d'un relèvement.

La clause d'occupation du territoire, jusqu'au paiement intégral de la rançon, mettait la Prusse en position de s'opposer d'une façon efficace à la réorganisation du pays, et, étant donnée la bonne foi allemande, on pouvait craindre : soit une occupation indéfinie, telle celle des Anglais en Égypte, soit même une déclaration pure et simple d'annexion des forteresses et du territoire occupés.

Avant de rien entreprendre, il fallait se débarasser de cette menace, il fallait obtenir la libération du territoire par le paiement de l'indemnité de guerre, dans le plus bref délai possible.

La France put se libérer avec une rapidité étonnante, qui permit d'augurer déjà que la triste victime de cette guerre avait plus de forces matérielles et financières, plus de forces vitales que l'implacable vainqueur ne l'avait supposé.

En même temps la loi de 1872 réorganisait l'armée, créait la réserve de l'armée active, l'armée territoriale et jetait les premières bases de ce régime militaire qui, remanié et amélioré, subsiste encore.

La loi de 1873 organisait le territoire, les corps d'armée, les magasins, en un mot, préparait dès le temps de paix le passage aux formations de guerre.

L'Allemagne constatait, avec une pénible surprise, qu'avant peu il faudrait encore compter avec la France.

C'est pourquoi, en 1875, elle manifestait l'intention d'enrayer notre réorganisation militaire.

Querelle d'Allemand, au bout de laquelle était fatalement la guerre, pour laquelle nous n'étions pas encore prêts.

C'eût été pour la France un nouveau désastre, peut-être cette fois irréparable.

Mais la Russie s'interposa et couvrit la France, encore faible, de sa puissante protection. Elle ne permit pas à l'Allemagne d'abuser de sa force, et, si de ce jour l'alliance franco-russe n'a pas encore existée, du moins de ce jour la reconnaissance de la France a été acquise pleine et entière à la Russie, et, peut-être, l'alliance actuelle a-t-elle été amenée, au moins en partie, par ce sentiment de reconnaissance.

La conséquence des lois qui réorganisaient l'armée et qui soumettaient au service militaire, jusqu'à l'âge de 40 ans, tous les français aptes au service militaire, fut l'augmentation du nombre des régiments de toutes armes et la création de notre armée de seconde ligne, l'armée territoriale.

Nous obtenions enfin le nombre, dont il n'est pas permis de médire.

Les gros bataillons et les nombreux bataillons ont toujours été une force, force qui est décuplée par l'instruction militaire.

En réponse à nos efforts, l'Allemagne fut contrainte d'augmenter ses effectifs.

C'était nous pousser nous-mêmes dans cette voie.

C'est ce qui fit qu'en France le service militaire fut porté à 25 ans (de 20 à 45 ans). Service qui se décompose ainsi :

   3 ans dans l'armée active,
  10 ans dans la réserve de l'armée active,
   6 ans dans l'armée territoriale,
   6 ans dans la réserve de l'armée territoriale.

Cette prolongation de la durée du service, augmentant le nombre de nos soldats, avait permis de créer de nouvelles unités : les régiments de réserve.

Aujourd'hui les forces de la France se composent de :

ARMÉE ACTIVE

145 régiments d'infanterie subdivisionnaires à 3 bataillons.
18 régiments régionaux à 4 bataillons.
30 bataillons de chasseurs à pied.
40 régiments d'artillerie.
16 bataillons d'artillerie à pied.
7 régiments du génie.
79 régiments de cavalerie.
20 escadrons du train des équipages.

Sans compter les troupes d'Algérie qui forment un corps d'armée constitué. Sans compter non plus les services accessoires.

RÉSERVE

La plupart des unités de l'armée active sont **doublées** d'une unité de réserve correspondante. Il en est de même des services accessoires.

Ce sont donc deux armées actives que possède la France ; l'une sous les drapeaux, dont les réservistes peuvent être réunis dans les 24 heures de l'ordre d'appel et qui sera prête à être envoyée à l'ennemi dès le 4e jour de la mobilisation ; l'autre dans ses foyers, mais parfaitement constituée, qui pourra suivre l'armée active 3 ou 4 jours après.

ARMÉE TERRITORIALE

145 régiments d'infanterie.
8 bataillons de chasseurs à pied.
19 régiments d'artillerie.
18 bataillons du génie.
18 régiments de cavalerie.
18 escadrons du train des équipages.

Sans compter les troupes territoriales d'Afrique et les services accessoires.

TROUPES D'ALGÉRIE

Le corps d'armée d'Algérie est composé de :
4 régiments de zouaves.

4 régiments de tirailleurs.
2 régiments de la légion étrangère.
5 bataillons d'infanterie légère.
16 batteries d'artillerie.
7 compagnies du génie.
6 régiments de chasseurs d'Afrique.
4 régiments de spahis.
12 compagnies du train des équipages.

Ce corps d'armée est destiné, sauf complications imprévues du côté de l'Algérie, à opérer, en tout ou en partie, avec les troupes des 18 autres corps d'armée.

La sécurité de l'Algérie serait assurée dans ce cas par les unités de réserve de ces corps et aussi par les contingents territoriaux qui sont :
10 bataillons de zouaves.
10 batteries d'artillerie.
6 escadrons de cavalerie.
Et les services accessoires.

Telles sont les forces dont la France peut disposer. Ces forces sont organisées et sont mobilisables dès la première heure.

Il faudrait encore ajouter à ces effectifs les troupes de la marine, mais je crois n'en devoir pas parler, une partie plus ou moins considérable de ces troupes pouvant, au moment d'une conflagration, être employée dans nos colonies.

Nous sommes loin des effectifs de 1870.

L'Allemagne, de son côté, s'est renforcée depuis cette époque. Mais, malgré tout ce qu'elle a pu faire, il ne lui était pas possible de maintenir l'écart qui existait en 1870 entre les forces de la France et les siennes.

Aujourd'hui, comme nos ennemis, nous avons le nombre.

Avons-nous aussi la qualité, c'est ce que nous verrons dans un prochain chapitre.

Si par le groupement des différentes unités en brigades, divisions, corps d'armée, possédant dès le temps de paix tous les services nécessaires, ainsi que le matériel, les lots de munitions et de vivres, si par ces groupements la France a pu former des armées homogènes, bien constituées, possédant tout ce qui leur est nécessaire pour entrer en campagne rapidement, doublant ainsi la valeur des différentes unités par le coefficient : vitesse de mobilisation, elle a accompli également de grandes améliorations dans les divers services.

C'est ainsi que l'intendance, dont on a peut-être trop médit à la suite de la campagne de 1870, est désormais soumise au commandement, au lieu d'être un corps autonome. L'intendance recevra des ordres de l'état-major et, tout comme les corps de troupe et les autres services, elle n'aura qu'à les exécuter.

Il en est de même du service sanitaire qui dépend du commandement et non plus de l'intendance.

Il faut reconnaître cependant que, si en 1870, l'intendance a donné prise à tant de reproches au point de vue des approvisionnements, c'est en partie parce que l'organisation des convois était mauvaise, que l'échelonnement de ces convois était mal compris et que ce gros et lourd service des approvisionnements fonctionnait trop à proximité des champs de bataille.

C'est aussi parce que nous n'avons pas eu la victoire ; car les ravitaillements faciles à exécuter pour une armée marchant en avant, deviennent un problème difficile à résoudre quand il s'agit de troupes qui sont obligées de se replier après un échec, et pour lesquelles on ne peut préciser des points de concentration.

Soyons justes, ne crions pas inutilement, et surtout tâchons par notre travail, par notre énergie, d'empêcher le retour des heures sombres qui entraînent avec elles des difficultés sans nombre et parfois insurmontables.

Quoiqu'il en soit, nos règlements ont prévu ces difficultés.

Car, même dans la victoire, il peut se faire que : soit par suite d'une marche plus rapide, l'ennemi ayant subi un désastre ; soit parce que, du fait du combat, une aile de l'ennemi ayant plié, les troupes après la bataille se trouvent dans des situations tout à fait imprévues ; soit pour tout autre motif, il peut arriver que, même dans la victoire, il soit impossible de ravitailler à temps les troupes.

Cela n'était pas prévu en 1870.

A cette époque nos soldats avaient bien comme aujourd'hui les vivres du sac, mais on ne tenait pas la main à ce que cette réserve suprême pour les jours sans pain ne soit pas gaspillée.

Aujourd'hui il n'en est pas de même, et l'un des premiers devoirs des commandants de compagnie ou d'escadron est de veiller à ce que ces vivres restent toujours intacts et à ce qu'ils ne soient consommés que par ordre.

Sage mesure qui permettra de profiter de tous les avantages, sans le souci des besoins matériels.

Généralement, pour ne pas dire toujours, les vivres seront fournis par les trains régimentaires qui, eux-mêmes, seront ravitaillés par les convois ou par les réquisitions.

Il en est de même des munitions.

Le soldat porte sur lui son approvisionnement de cartouches, les voitures de compagnie en portent le complément, puis viennent les sections de parcs, etc.

Pour l'artillerie, les munitions sont renfermées dans les coffres des batteries, elles sont complétées par les sections de parcs, etc.

Toutes les voitures portant des munitions, ainsi que les ambulances, font partie de ce que l'on appelle le train de combat, qui se tient toujours à proximité des troupes, les suit sur le champ de bataille, afin de remplir son rôle de réapprovisionnement en munitions ou de secours aux blessés.

Toutes les autres voitures, vivres, bagages, etc., font partie des trains régimentaires et se tiennent à des distances plus grandes des troupes afin de ne gêner en rien les mouvements et d'être à l'abri des attaques.

Le matériel, le personnel, tout est préparé, tout est organisé.

Quant aux voitures de réquisitions et aux conducteurs auxiliaires, qui seront eux-mêmes conduits militairement, ils sont destinés aux convois qui, sans arrêt, de l'arrière à l'avant, viendront fournir aux premiers échelons les compléments, les remplacements de vivres, de munitions, de matériel, etc., pour ensuite être répartis entre les trains de combat et les trains régimentaires.

Tout est prévu, et nous ne reverrons plus, Dieu merci, le désarroi qui a régné en maître absolu en 1870, lors de la mobilisation, de la concentration et des opérations.

Aujourd'hui chaque chose est à sa place ; chaque service est organisé et possède son personnel et ses chefs ; chacun sait ce qu'il a à faire, et, ce qui vaut mieux, chacun sait remplir la fonction qui lui incombe, chaque chef est responsable du fonctionnement de son service.

Nous avons le nombre, nous avons l'organisation, chacun connaît son devoir et est prêt à le faire.

Est-ce donc là une cause de faiblesse ?

Est-ce donc là que l'auteur de la *future débacle* trouve sa conviction ? Est-ce donc cela qui lui permet de nous jeter à la face cette éternelle phrase : vous serez battus !

Allons donc, quand la France sans armée, sans organisation, sans armement, après Sedan et Metz, a pu tenir pendant quatre mois en échec les troupes allemandes, vous venez nous dire que tout ce qui a été fait depuis cette époque néfaste n'aura servi à rien !

Nous avons conscience de notre travail et de notre force.

Non, nous ne serons pas battus !

Nous saurons gagner la victoire ; s'il faut la payer cher nous saurons y mettre le prix, mais nous ne serons pas battus.

L'ARMEMENT

La guerre terminée, il ne restait à la France en fait d'armement qu'un matériel disparate et de peu de valeur intrinsèque.

Fusils de toutes provenances et de tous systèmes, dont une partie était hors d'usage ou fortement détériorée.

Canons de tous systèmes, en bronze, en acier, se chargeant par la bouche, se chargeant par la culasse, de calibres multiples, en grande partie usés par le tir.

Matériel complétement disparu ou brisé.

En somme il ne restait rien de bon.

En même temps que l'on reconstituait l'armée, il fallait créer de toutes pièces un matériel nouveau.

Le fusil chassepot, malgré ses qualités, avait montré à l'usage quelques graves défauts : la fragilité de l'aiguille, l'imperfection de l'obturateur, le défaut de rigidité de la cartouche et la combustion souvent incomplète de son enveloppe de soie.

Un nouveau fusil fut mis à l'étude et l'on aboutit à une modification du chassepot, qui en supprimait les défauts et en faisait une arme de très grande valeur. C'était le fusil Gras.

Grâce à la rapidité de la fabrication, l'armée toute entière en fut bientôt pourvue.

Par mesure d'économie on transforma aussi en fusil Gras ce qui restait de chassepots en bon état, et on en arma l'armée territoriale. Cette arme, de même calibre, avait les qualités du nouveau fusil ; dès lors toute l'infanterie avait un armement uniforme.

Quant à l'artillerie, il ne lui restait absolument rien.

On commença, pour aller au plus vite, par transformer un certain nombre de canons de bronze, se chargeant par la bouche, en pièces se chargeant par la culasse.

En même temps on étudiait de nouveaux types de bouches à feu et d'affûts.

Le résultat de ces études fut un canon en acier, se chargeant par la culasse et possédant de très bonnes qualités de justesse et de portée.

Le matériel fut aussi refait entièrement à neuf, de même les harnachements, de même tout ce qui de près ou de loin touchait aux approvisionnements de guerre, car il ne restait rien.

Cette réfection complète entraîna des dépenses formidables, mais au moins, cette fois, nos troupes étaient bien armées et pourvues de tout ce qui est nécessaire au cours d'une campagne.

A l'étranger on ne s'endormait pas non plus.

L'Allemagne, entre autres, refit à neuf tout son matériel de guerre.

Peu après une révolution nouvelle se fit dans l'armement de l'infanterie par l'adoption des fusils de petits calibres.

Le principal avantage cherché était de réduire le poids de la cartouche, afin de pouvoir donner au fantassin une provision de munitions plus considérable sous un même poids, augmentation reconnue nécessaire pour l'usage des fusils à tir rapide.

Les premiers essais ne furent pas très heureux, mais on arriva assez rapidement à l'étranger à trouver une poudre nouvelle, indispensable pour la réduction du calibre du fusil.

Là ne devait pas s'arrêter l'amélioration de l'arme et l'on s'aperçut tout aussitôt, par les expériences faites, que la trajectoire était beaucoup plus tendue qu'avec l'ancien fusil et que, par conséquent, la zone dangereuse des feux était beaucoup plus considérable que par le passé.

Rester en arrière aurait été un péril pour la France, car le fusil Gras, très bon pour l'époque où il avait été adopté, devenait inférieur aux armes nouvelles.

En France aussi on se mit à l'étude, on bénéficia des découvertes faites à l'étranger, ce qui permit de faire mieux.

Chez nos voisins on avait cherché le fusil d'abord, puis la poudre nécessaire à ce fusil. En France on s'occupa de la poudre d'abord, et après de patientes recherches, quand on l'eût trouvée, on s'occupa de construire l'arme, avec des données scientifiques qui permettaient d'utiliser toutes les qualités de la poudre nouvelle.

La supériorité du fusil français n'a pas d'autre cause.

Ce fusil, communément connu sous le nom de Lebel, est une arme excellente, supérieure à tous les fusils en usage dans les armées européennes ; la poudre elle-même a des qualités supérieures à celles employées chez les autres nations de l'Europe ; la principale est la durée presqu'illimitée de sa conservation, sans qu'elle subisse de ce fait une diminution de ses qualités ; ce n'est pas le cas des poudres étrangères.

L'artillerie de son côté modifia ses bouches à feu, soit comme calibres, soit comme détails de fermeture de culasse, soit même comme projectiles et fusées.

Je ne crois pas devoir entrer dans la description et dans le détail de toutes ces transformations.

Il suffit de savoir que de même que notre infanterie possède un fusil dont les qualités ne sont dépassées par aucun autre, de même notre artillerie tient le premier rang comme bouches à feu.

C'est ici qu'apparaissent les nouveaux explosifs, qui, par leurs effets destructeurs, ont paru, dès le début, devoir réduire à néant les qualités de la fortification.

Je reviendrai sur ces explosifs au moment où je parlerai de la fortification.

Cependant, il y a lieu de dire dès à présent que l'explosif français, la mélinite, tient le premier rang entre tous, parce que ce produit est de conservation indéfinie, parce que surtout il est d'une manipulation facile et qu'il est sans danger dans son emploi.

C'est là le point faible des explosifs étrangers, car, s'ils produisent eux aussi des effets foudroyants, ils sont d'un maniement délicat et dangereux.

Détail à noter : les nouvelles poudres employées pour le fusil et pour le canon, ne produisant pas de fumée, ont conduit à rechercher de nouvelles formations tactiques pour le combat.

Autre détail : la fumée des nouveaux explosifs est asphyxiante, se dissipe lentement, et rend intenable pour un certain moment, par danger d'asphyxie, le lieu où un projectile à explosif nouveau a éclaté.

Depuis un certain temps on parle en Allemagne de la réfection prochaine du matériel d'artillerie, en ce moment même on prévoit que ce nouveau matériel va être rapidement exécuté. Ceci ressort d'indiscrétions commises en Allemagne et peut-être aussi de renseignements puisés à sources sûres.

Dans tous les cas nous ne savons qu'une chose, c'est

que ce matériel en projet aura une valeur plus grande que l'ancien. Mais l'on sait en haut lieu, on sait au comité d'artillerie, et déjà depuis longtemps, car ce projet de renouvellement ne date pas d'hier, quelles sont les modifications, quelles sont les données du nouveau canon allemand, on sait à quoi s'en tenir à ce sujet.

Et l'on est prêt aussi en France, car on n'a pas cessé de travailler. Nous aussi, nous avons des types nouveaux de bouches à feu, bien supérieurs à ce qui existe, qui sont là sur le papier sous forme d'épures, avec, à côté, les données mathématiques et la définition scientifique des pièces en projet.

Et nous avons aussi quelques pièces types, fabriquées en secret dans nos fonderies de canons, et expérimentées aussi en secret sur nos polygones.

Que l'on soit rassuré, le comité d'artillerie a suivi de près toutes les études, tous les travaux faits à l'étranger. Il sait à quoi s'en tenir sur la valeur du nouveau matériel de l'ennemi. Il ne restera pas en arrière.

Dès que l'Allemagne commencera la construction de son artillerie, la France suivra de près, après avoir, si c'est possible, par les données nouvelles qu'elle aura pu se procurer, amélioré encore le type du nouveau canon, pour la construction duquel il y a simplement à donner l'ordre de fabrication.

Nous ne sommes plus à l'époque où, dans notre armée, on sommeillait doucement.

J'ai passé une revue rapide de notre armement. Je ne suis entré dans aucun détail, il faudrait un gros livre pour le faire, et ce n'est pas utile.

Les détails sont l'affaire des spécialistes.

Pour nous, il nous suffit de savoir ce qui a été fait, de savoir que cela a été bien fait, de savoir que lorsqu'il le faudra on saura faire mieux encore.

Ah! si, en 1870, notre armement avait été, relativement à l'époque, aussi complet et aussi perfectionné qu'aujourd'hui, malgré le manque d'organisation, malgré la faiblesse de nos effectifs, malgré les fautes commises, nous serions venus à bout, quand même, de repousser l'ennemi et de conserver nos chères provinces.

Notre armement, notre organisation, nous permettent d'espérer la victoire et, certainement, quoiqu'il arrive nous ne serons pas battus.

LES FORTERESSES

La fortification a été de tous les temps et de tous les lieux, parce que de tous temps et en tous lieux, elle a été utile pour accroître la force défensive d'une région; parce qu'elle donne aux armées engagées en rase campagne la sécurité nécessaire aux opérations actives, sécurité produite par l'assurance que les positions stratégiques, ainsi que les points d'appui parfois nécessaires aux armées, sont défendus et ne peuvent tomber aux mains de l'ennemi qu'après des opérations de guerre plus ou moins longues.

Si, en 1870, nos places fortes avaient été en état de se défendre, cette vérité se serait affirmée une fois de plus, et cette résistance aurait eu un effet considérable sur la défense du pays, lors même que la seule utilité de leur conservation n'eût produit que l'impossibilité pour l'ennemi de se servir des chemins de fer pour le transport de ses réapprovisionnements en munitions de guerre.

En même temps que la France refaisait son armée et son armement, il lui fallait de toute nécessité renforcer ses places fortes, pour les mettre en état de résister à l'avenir mieux qu'elles n'avaient pu le faire dans le passé.

Si nos places fortes avaient encore, pour la plupart, une valeur stratégique, à cause de leur position, aucune ne possédait la moindre valeur tactique.

En outre, certaines positions stratégiques se trouvaient dépourvues des fortifications qui leur étaient nécessaires pour remplir leur rôle.

On se mit à l'œuvre.

Tandis qu'on déclassait les places qui avaient perdu leur valeur stratégique, on renforçait celles que l'on voulait conserver et on en créait de nouvelles.

La fortification actuelle peut se classer en deux groupes bien distincts :

I. les camps retranchés, qui se subdivisent :

1° camps retranchés à noyau central,

2° camps retranchés sans noyau central;

II. Les forts d'arrêt, qui se subdivisent :

1° anciennes places fortes, renforcées, ayant une garnison relativement importante,

2° les forts d'arrêt nouveaux, ne demandant qu'une faible garnison.

Dans les camps retranchés à noyau central, on a conservé l'enceinte fortifiée existante, en l'améliorant chaque fois que cela a paru utile.

Cette enceinte ne joue qu'un rôle très secondaire dans la défense, mais elle est très utile dans les places qui renferment de grands magasins de vivres et de munitions, pour empêcher les incursions rapides de la cavalerie ennemie, qui, quelquefois pourrait réussir, en sacrifiant quelques escadrons, à incendier ou à faire sauter ces magasins.

Un simple fossé avec parapets en terre rendrait les mêmes services; mais la fortification existait et il coûtait moins de la conserver telle quelle.

Si sur certains points de cette enceinte on a fait des améliorations, c'est parce que de ces points l'artillerie du corps de place peut battre la gorge des nouveaux forts et par là peut empêcher, pour un certain temps, l'occupation des ouvrages que l'ennemi aurait pu réussir à enlever, soit de vive force, soit par surprise.

Cette protection donnée par le corps de place est d'une grande valeur puisqu'elle peut permettre de réoccuper des ouvrages que le défenseur aurait été contraint d'évacuer momentanément.

Autour de ce noyau central, et à des distances qui varient avec la valeur tactique des positions environnantes, on a construit des forts, des redoutes, des batteries, assez éloignés du corps de place pour le préserver d'un bombardement, mais assez rapprochés entre eux pour se prêter un appui mutuel.

Les camps retranchés sans noyau central sont de construction entièrement nouvelle. La position centrale n'étant pas alors pourvue d'une enceinte, on n'a pas jugé nécessaire d'en établir une. C'est la seule différence qui existe entre ces deux sortes de fortifications.

Les anciennes places fortes, dont on n'a pas jugé à propos de faire des camps retranchés, ont été améliorées soit au moyen d'ouvrages extérieurs, plus ou moins éloignés de l'enceinte, soit simplement par des modifications à la fortification, principalement par la création d'abris casematés pour les défenseurs, pour les munitions et les vivres.

Ces places fortes peuvent être considérées comme de grands forts d'arrêt, à garnisons relativement importantes.

Enfin, on a créé sur des positions stratégiques, que l'on voulait défendre d'une façon permanente, des forts d'arrêt auxquels on a donné toute la force de résistance possible pour l'époque de leur construction.

Nous possédons donc quatre types de fortification :
1° Camps retranchés à noyau central,
2° Camps retranchés sans noyau,
    Demandant tous deux d'importantes garnisons.
3° Places fortes (ou grands forts d'arrêt)
    Demandant des garnisons de force moyenne.
4° Forts d'arrêt, avec de faibles garnisons.

L'idée qui présida à la reconstitution de nos forteresses fut une idée stratégique.

Les chemins de fer étant devenus les grandes voies de circulation des armées et surtout des approvisionnements de tous genres : munitions, vivres ; de l'évacuation des blessés, du transport des troupes, il fallait de toute nécessité défendre, en des points plus ou moins rapprochés de la frontière, les lignes ferrées pénétrant dans notre pays, pour s'en assurer la possession en temps voulu et pour en interdire l'usage à l'ennemi.

Il le fallait pour la sécurité des armées et du pays, il le fallait afin que les chefs d'armées puissent ne s'occuper que du rôle qu'ils pouvaient être appelés à remplir, sans se laisser distraire par des préoccupations d'un autre ordre, qui, parce que très importantes, auraient pu les troubler et les amener à modifier les conditions du plan de campagne élaboré.

Ces préoccupations ne peuvent exister avec le réseau actuel de fortification.

Camps retranchés et forts d'arrêt doivent se suffire à eux-mêmes. Ils ont un but à remplir, ils doivent le remplir eux-mêmes, sans compter sur des secours d'aucune sorte.

On connaît la durée possible de leur résistance, c'est aux défenseurs à tenir ferme, par tous les moyens, non-seulement pendant le temps assigné à leur défense, mais encore à chercher à prolonger ce temps.

Je discuterai plus loin le problème de la défense à

outrance. Ce que je tiens à dire dès maintenant, c'est que nos fortifications pourront tenir le temps qui leur est assigné par le plan de défense du territoire.

Quoiqu'en dise l'auteur de la *future débacle*, le plan de défense existe, de même qu'il existe, non pas un, mais plusieurs plans d'opérations pour les armées appelées à se battre en rase campagne, répondant aux différents problèmes qui peuvent se poser dès le début de la guerre.

Je reviens à la fortification.

L'auteur de la *future débacle* se moque agréablement de l'ordre en cordon adopté pour la construction de nos forteresses; ce qu'il appelle la muraille de Chine.

Rire un peu moins et montrer plus de savoir aurait sans doute mieux valu.

Que voulez-vous, malgré toutes ses citations, malgré ses lectures mal digérées, malgré l'affirmation qu'il fait, à chaque page de son ouvrage, de sa science militaire, cet auteur ne me paraît pas posséder la notion exacte des choses et des faits.

Dans le plan d'ensemble des fortifications nouvelles, on n'a pas cherché à établir un cordon défensif. On a fortifié des points stratégiques, ce qui n'est pas la même chose.

Comme la frontière elle-même est un cordon sinueux, il a bien fallu échelonner en arrière de ce cordon, aux endroits indispensables, les groupes fortifiés formés par les camps retranchés, de même qu'on a dû placer les forts d'arrêt aux points qu'ils devaient défendre.

Il n'y a là rien qui ressemble à un cordon, à une muraille de Chine; on a défendu des points stratégiques, voilà tout.

Je n'ai pas l'intention de passer en revue toutes les frontières de la France, je me bornerai à étudier la zone la plus menacée, c'est-à-dire la frontière de l'Est, me contentant d'ajouter que les principes qui ont présidé à la fortification sur cette frontière ont été suivis également pour l'édification des ouvrages fortifiés sur les autres frontières de la France.

Frontière française :

1° Givet, fort d'arrêt, qui commande la ligne belge de Namur.

2° Mézières (fort des Ayvelles), fort d'arrêt, qui commande les lignes suivantes : Namur-Givet-Charleville ; Thionville-Montmédy-Paris, et les croisements de voies ferrées : Reims-Charleville-Givet ; Verdun-Charleville-Hirson ; Thionville-Charleville-Paris.

3° MONTMÉDY, fort d'arrêt, qui commande les lignes suivantes : Thionville à Paris, Namur à Montmédy, Liège à Montmédy.

4° LONGWY, fort d'arrêt, qui commande les lignes de Trèves-Luxembourg-Longwy ; Liège-Longwy ; Namur-Arlon-Longwy.

5° VERDUN, camp retranché, qui commande la ligne de Metz-Verdun-Paris, et le croisement des voies ferrées : Metz à Paris et Lérouville à Sedan.

6° Les forts d'arrêt de GENICOURT, TROYON, LES PAROCHES, SAINT-MIHIEL, LIOUVILLE, GIRONVILLE, JOUY, qui défendent les collines de Meuse (5e crête), le passage de la Meuse et assurent en outre la liaison entre les camps retranchés de Verdun et de Toul, distants l'un de l'autre de 60 kilomètres environ, augmentant ainsi leur force de résistance.

7° TOUL, camp retranché, commande les lignes de Metz-Frouard-Paris ; Nancy-Frouard-Paris.

8° FROUARD, fort d'arrêt, commande les lignes de Metz à Nancy ; de Metz à Paris et de Nancy à Paris.

Ce fort défend également le flanc gauche de la position de Nancy.

9° PONT-SAINT-VINCENT, fort d'arrêt, commande la ligne de Mirecourt à Nancy.

Ce fort défend également le flanc droit de la position de Nancy.

10° MANONVILLERS, fort d'arrêt, commande la ligne de Strasbourg-Avricourt-Lunéville-Nancy.

11° PAGNY-LA-BLANCHE-CÔTE, fort d'arrêt, commande la ligne de Neufchâteau à Pagny-sur-Meuse.

12° BOURLEMONT, fort d'arrêt, commande les croisements de voies ferrées de Neufchâteau. Langres-Neufchâteau-Toul ; Mirecourt-Neufchâteau-Bar-le-Duc ; Chaumont-Neufchâteau-Toul ; Neufchâteau-Pagny-sur-Meuse.

13° EPINAL, camp retranché, commande la ligne de Vesoul à Nancy et les points de jonction des lignes des Vosges se dirigeant vers Neufchâteau.

Est en outre un des points stratégiques de la défense des Vosges.

14° Les forts d'arrêt d'Arches, Parmont, Rupt, Chateau-Lambert, Ballon de Servance, Giromagny, défendant les points de passage des Vosges.

15° Belfort, camp retranché, commande la ligne de Strasbourg-Mulhouse-Belfort-Vesoul, commande également la trouée de Belfort et les routes d'Alsace.

16° Montbéliard, groupe de forts d'arrêt, commande la ligne de Bâle à Besançon et couvre le flanc droit de la position de Belfort.

En arrière les camps retranchés de Laon, Reims, Langres, commandent des nœuds de voies ferrées et peuvent servir de points d'appui tactiques à des armées refoulées.

L'auteur de la *future débacle* aurait-il voulu qu'on laissât à la disposition de l'ennemi toutes ces voies de pénétration ?

Niera-t-il le surcroît de force que donnent à la France ces forteresses qui, bien défendues, arrêteront l'ennemi dans ses projets et procureront à nos généraux la liberté d'esprit nécessaire pour accomplir leur œuvre sur les champs de bataille.

S'il reconnaît l'utilité de la défense de ces voies ferrées, qui toutes ont une grande importance stratégique, il devra avouer également que la fortification a été construite là où elle était nécessaire, là où les besoins stratégiques l'imposaient.

Qu'il cesse donc alors de nous parler de cordon et de muraille de Chine.

Si, au contraire, il nie l'utilité de cette fortification, je lui répondrai que l'Allemagne, dont il loue constamment l'esprit pratique, n'a pas agi en cette matière autrement que la France.

En effet, du côté de l'Allemagne, nous trouvons :

Frontière allemande :

1° Thionville, fort d'arrêt, commande les lignes de Luxembourg ; Trèves ; Sarrelouis ; Sarrebruck.

2° Metz, camp retranché, commande les lignes de Thionville ; Sarrelouis ; Sarrebruck ; Sarreguemines ; Strasbourg.

Est en outre l'un des points stratégiques de la défense de la Lorraine.

3° SARRELOUIS, fort d'arrêt, commande la ligne de Trèves à Sarrebruck et le passage de la Sarre.

4° BITCHE, fort d'arrêt, commande la ligne de Metz à Strasbourg et les routes de Wissembourg et de Haguenau.

5° STRASBOURG, camp retranché, commande les chemins de fer et les routes venant de l'Allemagne, défend en outre le passage du Rhin.

6° NEUF-BRISACH, fort d'arrêt, commande les chemins de fer et les routes venant d'Allemagne, défend en outre le passage du Rhin.

En arrière :

7° WESEL, camp retranché.
8° RHEINHAUSEN, tête de pont.
9° DUSSELDORF, tête de pont.
10° COLOGNE, camp retranché.
11° COBLENTZ, camp retranché.
12° MAYENCE, camp retranché.
13° GERMEISHEIM, camp retranché.
14° RASTADT, camp retranché.
15° MOLSHEIM, fort d'arrêt.
16° NEUENBOURG, têtes de ponts.

Tous ces camps retranchés, situés sur le Rhin, commandent les chemins de fer et les routes venant d'Allemagne et défendent le passage du fleuve.

On voit que l'Allemagne n'a pas dédaigné la fortification.

Si elle a eu raison, la France ne peut donc avoir eu tort.

On ne peut non plus lui faire un reproche d'avoir construit de petits forts d'arrêt, sous le prétexte qu'il ne s'en trouve pas (à part Bitche et quelques têtes de ponts), dans la liste des fortifications que je viens d'énumérer.

C'est encore la question stratégique qui en est cause. Tandis que la ligne principale de défense de la France est la chaîne des Vosges et les collines de l'Argonne, la ligne principale de défense de l'Allemagne est le Rhin.

Tandis qu'en France on était obligé de barrer les routes d'invasion, à travers les montagnes, par de petits ouvrages, centres de résistance et points d'appui de la défense mobile, en Allemagne les camps retranchés, échelonnés sur le Rhin, remplissaient le même but, avec le renfort pourtant de petits ouvrages et tourelles maîtrisant les points de passage.

La fortification doit être adaptée au terrain à défendre, en voilà une preuve nouvelle.

L'Allemagne s'est renforcée de son côté, la France s'est renforcée du sien, c'eût été une faute grave de dédaigner un surcroît de force.

Mais, dira-t-on, avec les nouveaux explosifs la fortification a perdu toute valeur, elle ne pourra résister à un bombardement, et tous les millions dépensés dans ces travaux sont perdus, sans que la force de la France en soit accrue.

Il faut se rappeler d'abord que, lorsqu'on a construit les nouveaux ouvrages de défense, les explosifs violents, de nouvelle invention, n'existaient pas, que même on ne pouvait encore en soupçonner la découverte.

Il ne faut donc pas se servir de cet argument pour critiquer les travaux accomplis. Ils répondaient aux besoins de l'époque de leur construction, et, évidemment, depuis les nouveaux explosifs, il a fallu les modifier et les améliorer, pour leur conserver leurs qualités défensives.

Cela aussi bien en Allemagne qu'en France, puisque la plupart des ouvrages de défense, chez les deux nations, sont de la même époque.

En France, comme en Allemagne, on a renforcé les ouvrages par des bétonnements, par l'emploi de tourelles cuirassées, par des batteries avancées, etc., et l'on a rendu à la fortification une grande partie de sa valeur.

On s'empare des expériences de destruction, qui ont été faites en Allemagne aussi bien qu'en France, pour en tirer des conclusions fausses.

De ce qu'un massif, solidement construit en vue des expériences, n'a pu résister à trois ou quatre projectiles à explosifs violents, on croit que tout d'un coup un fort va être détruit par un nombre restreint de ces projectiles.

Mais on oublie toujours une chose, bien importante pourtant, c'est que le massif d'expériences ne se défend pas, c'est que les artilleurs qui lancent ces projectiles le font bien tranquillement, sans danger, sans qu'à un moment ils reçoivent à leur tour des obus qui briseront leurs canons, qui détruiront leurs épaulements, qui tueront les servants et empêcheront leurs batteries de commencer ou de continuer l'œuvre de destruction.

Est-ce qu'on se figure par exemple que les défenseurs

ne chercheront pas par tous les moyens, tir de l'artillerie, attaques de l'infanterie, à détruire les batteries ennemies, est-ce que la puissance de destruction des projectiles n'est pas la même pour tous, qu'ils soient lancés par l'assaillant ou par le défenseur ?

On dira aussi que la masse de la fortification est un point facile à repérer, ce qui donne l'avantage à l'assaillant; que cette masse ne peut se déplacer et que par conséquent le tir est facile à régler sur elle; c'est très vrai.

Mais il faut songer aussi que le terrain susceptible d'être battu par l'artillerie de la défense est également repéré, et que, n'importe où l'ennemi vienne établir ses batteries, il sera de suite en butte au tir de l'artillerie de la défense.

Les avantages comme les dangers s'équilibrent.

Et puis, il ne faut pas oublier qu'aujourd'hui la fortification permanente n'est plus considérée que comme le réduit de la défense.

Avant d'attaquer une place il faudra d'abord briser la défense éloignée, il faudra refouler pied à pied les défenseurs, attaquer ensuite les ouvrages avancés; cela prendra bien du temps.

Car on recommencera partout, cette fois, la défense de Belfort. Il n'y a que cela de vrai. Si le colonel Denfert s'était borné à défendre son enceinte et ses ouvrages avancés, peut-être n'en aurait-il pas eu pour plus de 15 jours avant d'arriver à une catastrophe inévitable.

Le colonel Denfert a montré la voie, il n'y a qu'à le prendre pour exemple et c'est ce que l'on fera.

Du reste, je reviendrai sur cette question.

Une autre objection, c'est la quantité de défenseurs qu'il faudra pour garder tous ces points fortifiés.

Il faudra certainement du monde, beaucoup de monde, mais ce n'est pas à l'armée active qu'incombera cette défense, elle fournira seulement le noyau, la garnison de sûreté.

Ce sont des régiments de réserve, des régiments territoriaux et surtout les réserves territoriales qui seront chargés de cette défense.

Mais tout ce monde ne sera pas cependant perdu pour les opérations actives.

Au début, quand la guerre sera sur la frontière même, alors que de part et d'autre la concentration ne sera pas terminée, les défenseurs de nos forteresses empêcheront l'ennemi d'essayer des tentatives sur les flancs de nos armées en formation. Du côté de l'ennemi, ce sera la même chose, il y aura équilibre dans les forces immobilisées par la défense.

Mais que l'armée ennemie vienne à être refoulée, de suite une grande partie des garnisons des forteresses devient disponible, soit pour des opérations secondaires, soit pour l'observation, l'investissement ou le siège des places fortes de l'ennemi.

Si, au contraire, l'ennemi se présente devant nos remparts dès le début des opérations, ce sont des forces qu'il distrait de ses armées, qui sont d'autant affaiblies; s'il le fait, c'est que la fortification le gêne et qu'il cherche à s'en emparer pour la retourner contre nous.

Si, lors de la bataille de Saint-Quentin, la place de Péronne n'avait pas été rendue à l'ennemi, ce que le général Faidherbe ignorait encore au début de la bataille, les évènements de la journée auraient sans doute été bien modifiés.

Pour terminer avec la fortification, je dirai simplement:

Nos places fortes remplissent un rôle stratégique, dont on ne peut nier l'utilité. Elles seront en état de se défendre, car elles ont un armement puissant, elles auront de nombreux et vaillants défenseurs qui sauront recommencer, lorsqu'il sera nécessaire, la belle défense de Belfort.

Dans ces conditions, nos forteresses ne sont pas un boulet à notre pied, ce n'est pas par elles que nous succomberons, car leurs défenseurs sauront lutter jusqu'au bout, remplissant avec héroïsme la mission qui leur aura été confiée.

Ce n'est pas encore de ce côté là que nous serons battus.

L'INSTRUCTION ET LES MANŒUVRES

Nos anciens règlements militaires étaient surannés, il fallait les modifier pour mettre la nouvelle armée à hauteur des évènements qui pouvaient survenir.

Nos premiers règlements, trop timides, portaient en eux l'empreinte de la défaite éprouvée.

La défensive régnait en maîtresse absolue et l'idée de l'offensive, si elle n'était pas proscrite, se montrait à peine en germe.

Peut-être, au fond, les rédacteurs de ces règlements avaient-ils raison, peut-être étions-nous alors condamnés, si des évènements survenaient, à employer une défensive désespérée, n'ayant pas eu le temps encore de refaire nos forces.

Si on ne nous apprenait pas encore à attaquer, du moins nous apprenait-on à défendre pied à pied le sol de la patrie et, pour les troupes destinées à la défense des places fortes, à mourir glorieusement sur les ruines de nos forteresses, non encore reconstruites.

La menace d'une attaque était dans l'air que l'on respirait : on n'était pas sûr du lendemain, car l'Allemagne ne se résignait pas au relèvement de la France, et tous, dans l'armée comme dans la nation, sentaient qu'une heure terrible pour le pays était à la veille de sonner.

Mais, tout le monde, du général au soldat, se préparait, et, si à ce moment on n'espérait pas la victoire et ses conséquences, du moins toute l'armée, et avec elle toute la nation française, était bien décidée à faire vaillamment son devoir jusqu'au bout et à faire payer cher à l'ennemi l'attaque que l'on prévoyait.

C'est à ce moment que l'intervention de la Russie vint sauver la France, et c'est certainement de ce moment que le sentiment d'estime mutuelle des deux armées, française et russe, qui avait été le plus clair résultat des luttes de la Crimée, commença à faire place à un sentiment mutuel d'amitié des deux nations, que rien ne devait plus venir ébranler.

La France, rassurée dans le présent, continua à préparer l'avenir avec la plus grande activité.

Nos règlements, légèrement modifiés, commencèrent à donner une place plus large à l'offensive.

Et, d'année en année, cette idée de l'offensive fit lentement mais sûrement son chemin. Jusqu'au jour où, sous le ministère du général Boulanger, elle fut hautement affirmée.

Peut-être même, à ce moment, le nouveau règlement dépassait-il parfois la mesure dans certaines affirmations qui n'étaient rien moins que prouvées, mais l'essentiel était qu'enfin nous avions un règlement qui, abandonnant toutes les timidités, disait hardiment : l'offensive seule peut produire des résultats.

Je ne suivrai pas l'auteur de la *future débacle* dans ses appréciations sur le général Boulanger. Que d'autres s'occupent de son rôle politique, pour moi, je ne veux retenir qu'une seule chose : c'est qu'il a préconisé l'offensive sans restriction, et que, ce jour-là, il a fait œuvre vraiment utile.

Depuis, les modifications de nos règlements n'ont porté que sur les perfectionnements apportés aux méthodes, perfectionnements issus de l'expérience, des modifications des règlements étrangers et aussi des progrès de l'armement.

Mais ils sont restés fidèles à la théorie de l'offensive, théorie qui est seule bonne et seule vraie.

L'étude du tir fut également poussée au plus haut degré. On se rappelait que l'on n'avait pas su utiliser, en 1870, toutes les qualités du fusil chassepot.

Outre le tir à la cible, dont le seul but est de créer l'habileté personnelle des tireurs, on commença à expérimenter les tirs collectifs : tir indirect, feux de guerre, qui sont l'application rationnelle du tir d'ensemble aux terrains les plus variés et aux situations les plus diverses de la guerre.

Ces études, continuées d'année en année, ont amené la réglementation des méthodes, que l'on s'applique continuellement à perfectionner; elles donneront, dans une future campagne, les meilleurs résultats.

De son côté, l'artillerie travaillait avec ardeur.

Elle ne se bornait plus à former d'excellents pointeurs, pouvant vite et bien envoyer un projectile au but, elle s'appliquait aussi à faire des mises en batterie rapides, si nécessaires en présence de l'ennemi, et à exécuter des manœuvres de masse qui lui permettront, au jour du danger, d'amener, sans à-coups et avec une extrême promptitude, des groupes de batteries sur un point donné, d'où elles pourront, à peine en place, foudroyer les positions de l'ennemi.

Notre artillerie acquit ainsi, tant par la valeur de ses pièces, par son habileté de manœuvre, que par la précision de son tir, la réputation méritée d'être la première artillerie de l'Europe.

Entre temps, on créait les bataillons d'artillerie de forteresse, appelés aujourd'hui artillerie à pied, destinés d'une part, au début des opérations, à défendre nos forteresses, et plus tard, au cours d'une campagne heureuse, à attaquer les forteresses de l'ennemi.

Dès lors, ces deux services de l'artillerie, bien scindés, débarrassés complètement de ce qui ne leur incombe pas personnellement, l'artillerie de campagne et l'artillerie de forteresse purent amener leur instruction à un niveau qui permet d'espérer des résultats foudroyants, tant par la sûreté des méthodes, les moyens d'application et la célérité acquise que par la perfection des manœuvres et la précision du tir.

De son côté, la cavalerie, bien remontée en chevaux vigoureux et résistants, était instruite en vue du rôle que, désormais, elle doit principalement remplir à la guerre : l'exploration et la sûreté.

C'est qu'en effet, la cavalerie est l'œil et l'oreille d'une armée, c'est elle qui doit voir, qui doit entendre et qui doit rendre compte rapidement de ce qu'elle a vu, de ce qu'elle a entendu.

C'est grâce à elle que le général en chef peut savoir ce qui se passe chez l'ennemi à 30 ou 40 kilomètres de lui, c'est par elle qu'il peut savoir ce qui se passe sur les flancs à 60 ou 80 kilomètres, c'est par elle qu'il peut savoir ce qui se passe sur les derrières de cet ennemi, à 100 ou 150 kilomètres.

Les armées qui ne disposent pas d'une bonne cavalerie, bien entraînée au service de la découverte, sont toujours dans une situation inférieure à l'ennemi, si cet ennemi possède lui-même cette cavalerie.

C'est ce que l'on peut vérifier facilement en étudiant

la campagne de 1870 et surtout celle de l'armée du Nord qui, privée de cavalerie, ne pouvait recueillir que trop tard les renseignements nécessaires et, par conséquent, ne pouvait éventer en temps utile les projets de l'ennemi.

Si le général Faidherbe avait eu sous la main une ou deux brigades de cavalerie, il est bien probable que l'armée du Nord aurait tiré un parti plus utile de ses victoires. Il est bien probable aussi que la bataille de Saint-Quentin aurait pris une tout autre tournure. Il aurait suffi, en effet, qu'un groupe de cavalerie fasse sauter la voie ferrée à 40 ou 50 kilomètres en arrière de l'ennemi pour que les renforts, qui arrivaient à chaque instant par chemin de fer, jusque sur le champ de bataille, se trouvent obligés de rester en route. Ce qui eut bien modifié la situation.

Tout en s'entraînant au service d'exploration, qui est désormais son rôle, où elle rendra les plus signalés services à l'armée, la cavalerie est malheureusement encore hypnotisée par les souvenirs d'autrefois. Elle ne rêve que charges et se croit diminuée si on ne lui demande plus que rarement de charger.

Nos cavaliers ne peuvent s'habituer à leur rôle normal d'être les yeux et les oreilles de l'armée et l'on peut dire qu'ils sont toujours prêts à aller se faire massacrer vaillamment, mais inutilement, sur des lignes d'infanterie.

Ils ne peuvent s'habituer à leur rôle actuel, si utile, si nécessaire.

Et pourtant, quelles belles chevauchées, quelles belles randonnées il y aura à faire, pour notre cavalerie, sur les flancs et sur les derrières de l'ennemi ; quelles surprises, quelles rencontres, quels combats ! car elle pourra trouver toutes les situations de la guerre et même ces fameuses charges qu'elle regrette tant.

Pourtant, je suis bien rassuré du côté de la cavalerie, ce qu'elle ne fera pas par plaisir elle le fera par devoir.

Nous ne reverrons plus, ce que nous rappelle l'auteur de la *future débâcle*, les escadrons envoyés en reconnaissances s'en aller tranquillement sur la route, par quatre, et rentrer sans avoir rien découvert, quand dans les bois, à 500 mètres de la route, il y avait l'ennemi.

Non, nous ne reverrons plus cela.

La cavalerie a beau regretter le temps où on lui demandait couramment de charger, il faut qu'elle en prenne son parti. Mais avant tout, comme les autres armes, elle fera son devoir. Elle doit éclairer, elle éclairera et éclairera bien.

Et, au jour du danger, non-seulement elle fournira vite et bien les renseignements utiles, mais encore elle prendra certainement goût à ce service, dont je m'étonne qu'elle n'ait pas encore compris la grandeur, ni subi l'attraction.

Le mot d'ordre, dans l'armée française, est depuis 25 ans : devoir, travail et endurance.

Il n'y a qu'à persévérer, qu'à perfectionner chaque jour, car chaque jour amène des besoins nouveaux auxquels il faut atteindre.

Si les règlements ont été largement modifiés et améliorés, l'organisation et l'instruction des troupes ont été également dirigées dans le sens rationnel de la préparation à la guerre.

Nous ne reverrons plus les régiments partir en campagne sans emporter tout ce qui leur est nécessaire, car tout est prêt, tout est en magasin.

Les effets et les chaussures, ajustés au corps et au pied de l'homme qui doit les porter, mis en usage seulement pour faire disparaître la raideur du neuf, mais en ayant toutes les qualités de solidité ; le matériel de campement, les lots de vivres et de munitions, les équipages régimentaires, tout est là, tout est prêt.

On tient la main à ce que tout soit en ordre, à ce que rien ne manque, du petit au grand, à ce que la mobilisation soit rapide et sans à-coups ; c'est ce qui explique les revues de mobilisation et les alertes.

Certes oui, cela a son utilité, et l'auteur de la *future débacle* me renverse quand il fulmine contre ces revues, sans lesquelles on ne serait pas certain que tout ce qui doit exister existe réellement.

L'exemple qu'il cite de la campagne d'Italie, où les troupes du général Bonaparte, sans souliers et sans pain, ont cependant remporté de brillantes victoires et mené à bien la tâche qui leur était confiée, ne prouve absolument qu'une chose, c'est que ces troupes étaient merveilleuses d'endurance, de courage, de volonté et de patriotisme.

Cet exemple prouve simplement qu'avec le patriotisme, l'idée du devoir et la ferme volonté de l'accomplir malgré tout, une troupe peut se tirer de bien mauvais pas et faire encore de grandes choses ; mais voilà tout ce que cela prouve.

Certainement le général Bonaparte se serait trouvé en bien meilleure posture si ses troupes avaient été bien équipées, bien outillées et bien approvisionnées.

Décidément, l'auteur de la *future débacle* a le jugement faux et ne sait pas déduire les enseignements qui découlent de l'étude des grands faits de l'histoire militaire.

Les leçons de la guerre ne lui ont pas été, non plus, bien profitables, et, s'il n'a rien appris alors, il a sans doute oublié aussi ce qui sautait aux yeux de tous.

Rien n'était prêt, tout manquait ; est-ce donc là ce qu'il voudrait revoir.

Ce serait du propre !

Pauvre France, que deviendrais-tu alors ?

Et combien l'on aurait raison dans ce cas de te prédire la défaite, car, malgré leur vaillance, tes soldats seraient sûrement battus.

Mais nous n'en sommes pas là, Dieu merci, et nous pouvons avoir confiance.

Quant à l'instruction militaire nous avons également progressé. Ce n'est plus 6 heures par semaine qu'aujourd'hui on manœuvre, mais 6 heures par jour, sans compter les théories dans lesquelles on explique au soldat les différents services et son rôle dans toutes les circonstances de guerre.

Exercices et théories, tout est combiné pour entraîner rapidement le soldat vers le but qu'il doit atteindre.

Du maniement d'armes, de l'ordre serré, oui certes on en fait, car il faut savoir manier son arme, il faut de la cohésion, il faut de la régularité dans les mouvements et dans les diverses formations nécessaires.

Il faut qu'une troupe puisse évoluer en ordre et ne ressemble pas un troupeau.

Du reste, en campagne, une armée a besoin tous les jours, au cantonnement, en marche, à proximité de l'ennemi, sur le champ de bataille même, une armée a besoin d'évoluer, de passer d'une formation à une autre, de quitter l'ordre en colonne, qui est celui de la marche, pour passer à l'ordre en ligne qui est celui du combat.

Et comment une armée pourrait-elle se mouvoir dans tous ces cas, si les exercices à rangs serrés n'existaient pas.

On dit souvent que le rangs serrés est du temps perdu ; ce serait vrai si l'on faisait du rangs serrés dans un but de parade, mais ce n'est pas le cas. Le rangs serrés, tel qu'on le pratique aujourd'hui est simplement l'instruction donnée à la troupe en vue de passer des formations de rassemblement aux formations de marche, des formations de marche aux formations de combat et inversement.

Or cela est nécessaire.

Du reste que l'on prenne la peine de suivre pendant quelques jours les exercices d'un régiment, d'un bataillon ou d'une compagnie, que verra-t-on : presque toujours les exercices en vue du combat ; qu'ils soient faits sur le terrain d'exercice ou en pleine campagne, c'est toujours la préparation à la guerre.

Sur le terrain d'exercice, c'est le mécanisme des mouvements que l'on enseigne ; en plein champ, c'est l'application de ces mouvements aux formations de guerre que l'on recherche.

Puis, les compagnies étant dressées, on répète ces mouvements par bataillon et par régiment, en prenant un problème tactique pour exemple.

C'est l'application des principes aux grandes unités : c'est la préparation aux grandes manœuvres.

Les grandes manœuvres sont elles-mêmes la préparation à la guerre ; elles n'en sont pas l'image.

Et je m'étonne que l'auteur de la *future débacle* s'élève contre ces manœuvres, comme si elles ne devaient rien apprendre.

Elles apprennent au contraire beaucoup et sont une excellente école préparatoire de la guerre.

Si on veut y trouver une image de la guerre on a tort ; il y manque trop de choses pour cela.

D'abord les effectifs sont trop réduits, ensuite les convois n'existent qu'à l'état rudimentaire. Car on ne peut mobiliser chevaux, voitures, conducteurs auxiliaires, ambulances, etc., en un mot mettre sens dessus dessous toute une région, dépenser inutilement des millions, car lors même que l'on se déciderait à recommencer une expérience faite une fois déjà, précisément pour se rendre compte du fonctionnement de ces services, on n'aboutirait encore qu'à une parodie de la guerre.

Pour que les grandes manœuvres soient réellement, non pas la guerre, mais l'image de la guerre, il faudrait une chose, une seule, mais cette chose personne ne la demandera, personne ne la désirera et tout le monde en repoussera même l'idée.

Et cela avec juste raison.

Pour que les grandes manœuvres soient l'image de la guerre, pour qu'elles perdent ce qu'elles ont parfois d'invraisemblable, pour que l'on puisse juger à coup sûr des fautes commises, pour que l'on puisse rectifier ces fautes d'une façon rationnelle, il faudrait une chose, une seule : un fusil chargé par compagnie et un canon chargé par groupe de batteries.

Ce n'est pas admissible, n'est-ce pas, tout le monde sera d'accord sur ce point.

Alors il ne faut pas demander aux grandes manœuvres d'être l'image de la guerre. Il faut leur demander ce qu'elles peuvent donner, il faut leur demander d'être une école préparatoire de la guerre ; c'est précisément ce qu'elles sont, c'est leur seul but, c'est leur seule utilité.

Un des premiers enseignements de ces manœuvres c'est, pour la troupe, d'abord de s'habituer à la fatigue des longues marches, en s'entourant des mesures de sécurité ordonnées par les règlements ; de s'installer rapidement au cantonnement ou au bivouac, en se couvrant par des avant-postes ; d'apprendre à vivre en campagne ; de se former rapidement pour la marche ou pour le combat.

C'est d'appliquer d'une façon réelle, comme à la guerre, dans toutes les positions et sur tous les terrains, les prescriptions des règlements. C'est en un mot de s'aguerrir.

Pour les officiers de troupe, c'est de savoir diriger leurs unités dans toutes les situations similaires de celles de la guerre ; c'est de veiller à la nourriture et au repos de leurs soldats ; c'est de s'assurer que les prescriptions des règlements sont bien appliquées et de remédier à ce qui serait ou mal exécuté ou mal compris. C'est encore de se faire l'œil et la main dans la conduite des troupes et dans l'appréciation des faits du combat.

Pour les services accessoires, c'est d'arriver à remplir à temps la mission qui leur est confiée.

Enfin, pour les généraux, c'est d'appliquer sur le terrain ce qu'ils ont appris, ce qu'ils savent ; c'est d'apprécier rapidement la valeur tactique de ce terrain ; c'est de passer de la théorie à la pratique, aussi bien pour l'ensemble des services administratifs que pour la conduite des troupes, aussi bien pour la direction normale du combat que pour l'initiative qui leur incombe.

Voilà le but, le seul but des grandes manœuvres, ces

manœuvres sont la grande école de l'armée, pas autre chose.

On prétend que par suite des invraisemblances qui se produisent parfois, le jugement peut être faussé.

Je ne le crois pas.

Si des invraisemblances se produisent, c'est généralement parce qu'il n'est pas toujours possible, aux manœuvres, de se rendre un compte exact de la situation de l'adversaire, non pas de sa situation sur le terrain, mais de sa situation au point de vue du combat.

La cause : c'est qu'il n'y a pas de balles dans les fusils ni d'obus dans les canons.

En effet, telle troupe qui, loin encore de l'ennemi, ne s'est pas encore déployée, peut recevoir des feux de salve d'un ennemi invisible, soit qu'il soit masqué par des haies ou des cultures, soit qu'il se trouve en arrière d'une crête ; elle peut aussi être en butte au tir de l'artillerie.

Evidemment cette troupe est en mauvaise position ; pourtant ce tir ne lui fera pas modifier sa formation, parce qu'il manque l'indication de l'objectif du tir.

A la critique le général aura beau relever le fait, signaler cette troupe comme ayant dû être détruite, constater les erreurs de la marche et des formations, il ne pourra rien changer à l'invraisemblance commise, ni l'empêcher de se renouveler une autre fois, parce qu'il manque à cette troupe l'indication, sous forme de projectiles, que c'est bien sur elle que l'on tire.

Telle autre troupe déployée, marchant contre les positions de l'adversaire, se croit assurée de l'efficacité de son feu, se figure avoir la force, morale et matérielle, nécessaire pour donner l'assaut ; elle se base pour cela sur l'arrivée régulière de ses renforts, puis de sa troupe de choc.

Tandis qu'en réalité ces renforts, qui ont été en butte au tir de l'artillerie, auraient été détruits et la marche en avant aurait, de ce fait, été enrayée.

C'est toujours l'indication matérielle du projectile qui fait défaut.

Je pourrais multiplier les cas, mais ce n'est pas, je crois, nécessaire. Il suffit de se rappeler que ces invraisemblances ne se reproduiront pas devant l'ennemi, précisément à cause des indications du feu.

Est-ce donc à dire que les grandes manœuvres soient inutiles ?

Si on veut en faire l'image de la guerre, certainement elles ne servent pas à grand'chose ; mais si l'on veut, et c'est ce qui existe, en faire la grande école préparatoire de la guerre, il est impossible d'en nier la grande utilité.

Nous avons vu la marche ascendante et rationnelle de l'instruction au point de vue du combat.

D'abord l'étude du mécanisme par les petits groupes, escouades et sections, sur le terrain de manœuvre ; puis l'application de ces mouvements par la plus petite unité tactique, la compagnie ; enfin le développement de cette instruction par les unités plus fortes du bataillon et du régiment, avec l'adjonction d'une idée tactique.

Le couronnement de cette instruction, la liaison entre les grandes unités, la concordance vers un but commun sont le résultat des grandes manœuvres.

Et c'est là tout ce que l'on peut apprendre dès le temps de paix.

Le reste est l'enseignement du champ de bataille et ne peut s'apprendre que sur le champ de bataille.

Ce reste, c'est : la bravoure, l'abnégation, la résistance aux fatigues et à la maladie, le sang-froid ; c'est l'obéissance absolue au milieu des plus grands dangers ; c'est la volonté de vaincre et le mépris de la mort.

Certes tout cela on l'apprend au soldat dès le temps de paix, mais il faut les rudes épreuves du champ de bataille pour tremper les cœurs et les âmes, pour aviver la valeur et le dévouement.

Nous avons de qui tenir ; nous n'avons qu'à prendre pour modèles nos aînés, nous n'avons qu'à prendre pour exemples ceux qui, en 1870, nous ont indiqué le chemin du devoir et montré comment, sans espérance, on doit espérer encore, comment on doit défendre jusqu'au bout le drapeau.

Plus heureux que nos aînés nous possédons tout ce qu'il faut pour vaincre, et c'est ce moment qu'on choisit pour nous crier : vous serez battus !

Ce n'est pas sérieux, et, prophète de mauvais augure, l'auteur de la *future débacle* verra ses prédictions valoir ce que valent toutes les sottes prophéties, car nous ne serons certainement pas battus.

LES RÉSERVES

Nous venons de voir comment est poussée l'instruction de l'armée active ; en dehors de cette armée nous avons de nombreuses et puissantes réserves qui, au jour de la mobilisation, formeront la partie la plus considérable de nos forces militaires.

Qu'a-t-on fait pour l'instruction de ces réserves ?

La durée du service actif est de 3 ans, sauf pour quelques catégories qui ne font qu'un an. Ceux des soldats qui ne font qu'un an comptent, après leur départ du régiment, dans la disponibilité de l'armée active qu'ils doivent rejoindre immédiatement, au titre actif, en cas de mobilisation. Ils passent dans la réserve en même temps que les hommes de leur classe.

La durée du service dans la réserve de l'armée active est de 10 ans ; ce qui mène les hommes jusqu'à l'âge de 33 ans, époque où ils passent dans l'armée territoriale, partie active, pour une durée de 6 ans, c'est-à-dire jusqu'à 39 ans, et enfin dans la réserve de l'armée territoriale pour une nouvelle période de 6 ans, jusqu'à 45 ans.

En passant dans la réserve de l'armée active, les soldats sont partagés en deux groupes. Le premier est celui des réservistes affectés aux régiments actifs, qu'ils doivent compléter à l'effectif de guerre, et qui conserveront cette affectation jusqu'à leur passage dans l'armée territoriale.

Le second groupe ira former en entier les régiments de réserve et ces réservistes conserveront également cette affectation jusqu'à leur passage dans l'armée territoriale.

Tous ces hommes ont servi ; il n'y a qu'à les remettre en main, ce qui est l'affaire de quelques jours.

Un petit noyau de cadres inférieurs, comprenant un comptable et quelques sous-officiers et caporaux, est fourni à chaque compagnie des régiments de réserve par le régiment actif correspondant, de façon à parer au flottement possible des premiers jours et à entraîner vigoureusement une rapide organisation.

Les cadres officiers sont assurés partie par des officiers de l'armée active, partie par des officiers de réserve.

Deux périodes de 28 jours remettent en main tous ces réservistes, pendant le temps de leur passage dans la réserve, et assurent l'instruction et la cohésion.

A l'âge de 33 ans, ces réservistes sont versés dans les régiments territoriaux, ils y apportent leurs connaissances militaires, leur force de résistance et leur bonne volonté.

Ce sont d'excellents éléments.

Les officiers des régiments territoriaux proviennent actuellement de différentes sources : d'abord d'anciens officiers de mobile, ayant déjà fait campagne, ensuite d'anciens conditionnels et d'anciens sous-officiers. Enfin d'un certain nombre d'officiers retraités.

En général, ces cadres d'officiers sont bons, ce qui leur manque le plus c'est la pratique journalière, c'est l'habitude du commandement, mais au bout de quelques jours il n'y paraît plus guère et presque tous se trouvent alors à hauteur de leur situation.

Certes, dans ce cadre, aussi bien que dans tout autre, aussi bien à l'étranger qu'en France, il se glisse parfois des non-valeurs, mais c'est là une exception ; il faut chercher à purger les cadres des officiers de réserve et de l'armée territoriale de ces non-valeurs, peu nombreuses cependant, par tous les moyens et il n'en manque pas.

Cette exception n'aurait pas dû inciter un officier général, du plus grand mérite pourtant, à traiter dédaigneusement ce cadre d'officiers, en bloc, alors qu'il avait la faculté de dire leur fait à ceux qui ne lui paraissaient pas dignes de leur situation et auxquels, au besoin, il pouvait demander leur démission.

En principe, on peut admettre sans discussion ceci : les officiers de l'armée territoriale sont dévoués, ils ne demandent qu'à bien faire, qu'à s'instruire, qu'à travailler.

Ils sont tout disposés, en dehors des périodes, à donner au travail leur temps, souvent pourtant bien précieux, mais ils voudraient que l'on trouvât le moyen, et cela paraît facile, de faire coïncider la plus faible dépense en temps et en argent avec la plus grande somme de travail.

Or c'est le contraire qui existe aujourd'hui.

Et alors, si on trouve encore dans les rangs des officiers de réserve et de l'armée territoriale quelques incapables, qu'on les brise, la masse des officiers travailleurs, et par cela même à hauteur, applaudira à ces mesures.

Du reste, depuis 20 ans que l'armée territoriale existe, elle a donné lors des appels successifs d'excellents résultats. Elle a progressé d'année en année, elle est arrivée actuellement à former une troupe sur laquelle on compte avec raison et qui, à côté de l'armée active, lorsqu'on lui demandera un effort sérieux, sera capable de le donner, sera capable de contribuer à la victoire autant que n'importe quelle autre troupe, saura se dévouer sur le champ de bataille et faire preuve des connaissances militaires, de l'énergie et de la résistance nécessaires pour obtenir le succès.

Ah! si, en 1870, notre garde mobile avait possédé seulement la moitié des qualités de notre armée territoriale, de quel poids n'eût-elle pas pesé sur les évènements.

Nos réserves sont en bonne posture ; elles rempliront certainement le rôle qu'on attend d'elles, elles seront le nombre, mais le nombre organisé, le nombre instruit, le nombre ayant de la valeur et pouvant affronter dans le combat n'importe quelle troupe ennemie.

Je tenais à montrer que nos réserves existent autrement que sur le papier, qu'elles ont une valeur intrinsèque très-grande et qu'on peut compter absolument sur elles.

Pour terminer ce chapitre, j'ajouterai : de même que l'armée active, ces troupes, réserves ou territoriales, ont leurs magasins bien distincts, avec leurs lots d'effets neufs, leur matériel de campement, leurs lots d'armes, de munitions, de vivres, en un mot tout ce qui est nécessaire pour entrer rapidement en campagne.

Ces magasins sont vérifiés et tenus à jour comme ceux de l'armée active, tout est prêt, et cette fois il n'y aura pas de mécomptes.

Ces réserves nous donnent le nombre, ce qui est bien, le nombre instruit, exercé et aguerri, le nombre bien armé et bien pourvu de tout ce qui est nécessaire, ce qui est mieux.

Où donc l'auteur de la *future débacle* va-t-il chercher ses affirmations pessimistes ? sur quoi se base-t-il donc pour ressasser toujours que nous serons vaincus.

Plus je vais, dans le cours de cet ouvrage, moins je trouve de causes de crainte et plus je me réjouis de voir que l'œuvre de réorganisation a bien marché. Et c'est avec raison que les doutes cruels des premières années ont enfin disparu pour faire place à l'espérance.

Voilà 25 ans que nous travaillons tous, du petit au grand, en vue de la revanche, nous n'avons qu'à continuer et, à coup sûr, bientôt nous l'aurons.

IIIᵉ PARTIE

LES ALLIÉS ET LES NEUTRES

LA SITUATION

A l'heure actuelle, et depuis assez longtemps déjà, la France ne redoute plus l'Allemagne, elle sait que cette puissance, qu'à notre tour nous avons le droit de nommer *l'ennemi héréditaire,* est un adversaire sérieux, résolu, qui n'attend qu'une occasion favorable pour l'attaque.

Mais la France sait également qu'elle est actuellement de taille à lui tenir tête.

Elle sait qu'un jour viendra, bientôt peut-être, où elle pourra abriter dans les plis de son drapeau tous ses enfants réunis.

Cela ne sera certes pas sans luttes, mais nous aurons le succès parce que nous avons fait ce qui est nécessaire pour l'obtenir, et, comme je l'ai déjà dit, parce que nous saurons y mettre le prix.

L'Allemagne sait à quoi s'en tenir, elle sait que 189., ou 190., ne sera pas 1870.

Ce n'est pas d'aujourd'hui qu'elle s'en doute, ce n'est pas d'aujourd'hui qu'elle a pris ses précautions.

Si, dès longtemps, l'Allemagne a jugé à propos d'attirer dans son orbite l'Autriche et l'Italie, c'est parce que, seule, elle n'était plus certaine de vaincre la France à coup sûr.

Si elle a pris la précaution de faire inspecter par ses généraux les armées de l'Autriche et de l'Italie, c'est parce qu'elle voulait savoir à quoi s'en tenir sur la valeur et sur la qualité de l'appoint qui lui serait donné par ces puissances.

Si l'Allemagne a violé sciemment le droit des gens par l'arrestation du commissaire Schnœbelé, si elle a, sinon ordonné l'assassinat, du moins récompensé les assassins de quelques inoffensifs chasseurs sur la frontière des Vosges, si elle a procédé a des arrestations arbitraires, parfois même sur le territoire français, si en un mot elle a commis des actes de piraterie, des actes de brigandage, c'était afin, par ses provocations, d'amener des complications telles que la France eût été dans l'obligation de déclarer la guerre.

C'était, sous une autre forme, la réédition de la fameuse dépêche d'Ems.

C'était la carte forcée.

L'Allemagne ne pouvait songer à nous attaquer, l'heure était passée où elle pouvait entrer en lutte contre nous avec ses propres forces. Son traité d'alliance avec l'Autriche et l'Italie ne liant pas ces puissances en cas d'attaque par l'Allemagne, celle-ci n'était pas sûre d'être alors suivie par ses alliés.

Il fallait donc, à tout prix, mettre la France dans l'obligation d'attaquer elle-même.

Notre diplomatie nous a sauvé de ce traquenard, elle a su éviter les complications et déjouer les plans de l'Allemagne.

L'auteur de la *future débacle* dit que la France a commis une lâcheté en ne déclarant pas alors la guerre.

Je ne suis pas de son avis.

La prudence n'est pas la lâcheté; le courage ne consiste pas à donner tête baissée dans un complot, dans un guet-apens, quand on a pu l'éventer. La prudence veut qu'on déjoue certains projets et le courage n'a pas à rougir d'avoir évité un péril inutile.

Que ferait donc l'auteur de la *future débacle* si on venait lui annoncer qu'une demi-douzaine de bandits l'attendent au coin d'un bois pour l'assassiner? Se croirait-il obligé de passer quand même par cet endroit, au lieu de faire un détour pour éviter l'embuscade?

Il se dirait sans doute : s'il n'y en avait qu'un ou deux je passerais et je saurais me défendre, mais contre six il n'est pas possible de lutter, alors je vais faire un détour, pour éviter ces embûches, et je continuerai ma route.

Tout le monde agirait ainsi, même le plus brave, car essayer de lutter quand même ne serait plus bravoure, ce serait folie.

La France n'a pas fait autre chose.

Elle a fait un détour, grâce à sa diplomatie, et elle a continué son chemin, en évitant le guet-apens.

Elle a bien fait.

Car elle a conservé ses forces pour d'autres rencontres qu'alors elle ne refusera pas.

Seulement, chacun de nous, dans l'armée comme dans

la nation, chacun de nous a ressenti l'outrage, personne ne l'a oublié, et, au jour venu, cet outrage sera vengé avec bien d'autres.

La France ne veut plus être victime, c'est pourquoi elle a pris son temps. Elle est patiente, parce qu'elle sait qu'un moment viendra où toutes les dettes, vieilles ou nouvelles, se paieront.

Depuis lors la situation est changée. La France n'est plus isolée devant la triple alliance. La Russie est venue à nous pour former une double alliance, qui nous permet désormais d'envisager l'avenir avec confiance.

Dans la troisième partie de cet ouvrage, je vais étudier les forces militaires des deux groupes opposés, et aussi celles des puissances neutres qui pourraient être obligées de prendre les armes pour sauvegarder leur neutralité, et avec leur neutralité leur indépendance : la Belgique et la Suisse.

Certes, ce n'est pas du côté de la France que viendra une violation du droit des neutres ; mais tout fait présumer que l'Allemagne ne tiendra pas compte de la neutralité de ses voisins, si la violation de cette neutralité peut servir ses projets et si la nation neutre n'est pas en état de défendre son territoire.

Ce sera une nouvelle application de la célèbre maxime : *la force prime le droit.*

LA TRIPLE ALLIANCE

ALLEMAGNE

La durée du service militaire en Allemagne est de 25 ans, ce service se répartit ainsi :
Armée active 3 ans.
Réserve 4 ans.
Landwehr, 1er ban, 5 ans.
Landwehr, 2e ban, 7 ans.
Landsturm 6 ans.

Le contingent annuel est divisé en deux portions : la première alimente l'armée active ; la deuxième, appelée *Ersatz-Réserve* (réserve de remplacement) est formée des hommes en surplus du contingent appelé et des dispensés.

Les hommes faisant partie de l'*Ersatz-Réserve* sont astreints à trois périodes d'exercices de dix, six et quatre semaines ; ils sont donc exercés.

Ils complètent à la mobilisation, en même temps que les réservistes, les effectifs de l'armée active, ou forment des troupes de complément et de dépôt.

Le premier ban de la landwehr produit en temps de guerre des formations actives comparables à nos régiments de réserve.

Le second ban de la landwehr est l'équivalent de notre armée territoriale.

Le landsturm peut être comparé à la réserve de notre armée territoriale.

Il est à remarquer cependant que le landsturm se compose de tous les hommes valides, de 17 à 45 ans, non affectés à un service actif, de réserve ou de landwehr.

Il y a donc trois classes de jeunes gens, de 17 à 20 ans, susceptibles d'être appelées aussitôt la mobilisation sans recourir à aucune formalité législative.

En vertu de la loi votée par le Parlement allemand le 28 juin 1896, l'infanterie active allemande est actuellement forte de 624 bataillons ; soit 173 régiments d'infanterie à 3 bataillons et 105 quatrièmes bataillons.

Cette mesure paraît être un acheminement vers la formation, dans un temps plus ou moins rapproché, de tous les régiments à 4 bataillons, permettant ainsi d'encadrer dès le temps de paix la plus grande partie des hommes de l'*Ersatz-Réserve*.

Il paraît certain, dès à présent, qu'à la déclaration de guerre tous les régiments d'infanterie seront formés à 4 bataillons.

L'armée allemande serait constituée sur pied de guerre de la façon suivante :

ARMÉE ACTIVE

173 régiments d'infanterie à 4 bataillons, donnant un total de 692 bataillons à 1030 hommes....... 712.760 h.
173 bataillons de campagne (ou de marche).. 181.305
20 bataillons de chasseurs à 1026 hommes.. 20.520
93 régiments de cavalerie à 4 escadrons (non compris 93 escadrons de dépôt) à 643 hommes...................... 59.649
43 régiments d'artillerie de campagne...... 100.512
23 bataillons de pionniers (à 3 Cies)........
7 bataillons de chemins de fer (27 Cies).... } 22.000
21 bataillons de train (à 16 colonnes)...... 50.400
Etats-majors........................ 2.176
Administration...................... 4.827
Non combattants (médecins, payeurs, armuriers, selliers, ambulances, etc.).. 25.749

Total....... 1.179.898 h.

LANDWEHR

307 bataillons d'infanterie à 838 hommes..... 257.926 h.
20 compagnies de chasseurs à 201 hommes.. 4.020
36 régiments de réserve de cavalerie....... 22.986
54 batteries d'artillerie de réserve.......... 8.748

Total........ 293.680

TROUPES DE DÉPOTS

173	bataillons d'infanterie à 1048 hommes...	181.304 h.
36	bataillons de landwehr à 1400 hommes..	50.400
20	compagnies de chasseurs à 340 hommes..	6.800
93	escadrons de cavalerie à 258 hommes...	23.994
74	batteries d'artillerie à 228 hommes.....	16.872
28	compagnies de pionniers et de chemins de fer............................	6.960
39	colonnes du train.....................	12.287
	Total...........	298.617 h.

TROUPES DE GARNISONS

66	bataillons de landwehr à 1044 hommes.	68.904 h.
62	bataillons d'artillerie à pied...........	50.096
51	compagnies de pionniers de forteresse à 134 hommes........................	6.834
	Total...........	125.834 h.

RÉCAPITULATION :

Troupes de campagne...................	1.179.898 h.
Landwehr...........................	293.680
Troupes de dépôts....................	298.617
Troupes de garnisons.................	125.834
Total...........	1.898.029 h.

Il faut encore ajouter :

Hommes à la disposition...............	237.000
Landsturm (avec 150 batteries)..........	500.000
Hommes de la 1ʳᵉ classe à appeler........	230.000
Total général...........	2.865.029 h.

Cette force totale représente :

Infanterie :	1447 bataillons..	1.452.599	
(chasseurs)	20 id.		
id.	40 compagnies.	31.340	1.483.939 h.
Cavalerie :	129 régiments......	82.635	
	93 escadrons......	23.994	106.629
Artillerie de campagne : 40 régiments (formant 513 batteries).		100.512	
	128 batteries.	25.620	126.132

Artillerie à pied : 62 bataillons............ 50.096 h.
Pionniers : 23 bataillons........
   7 bataillons de chemins de fer..   22.000
     79 compagnies.............   13.794   35.794

Train : 21 bataillons............ 50.400
     39 colonnes............. 12.287   62.687

Etats-majors, administration, non combattants   32.752
                Total.......... 1.898.029 h.
Hommes à la disposition, landsturm et 1re
   classe à appeler..................... 967.000
              Total général........ 2.865.029 h.

   Avec 791 batteries (4746 canons) et 380.000 chevaux.
   Ces forces sont réparties en 20 corps d'armée dont 2 de bavarois et 1 de la garde.
   Et 7 divisions de cavalerie indépendante à 3 brigades chacune, avec 2 batteries à cheval.
   Elles donneront lieu à la mobilisation aux formations suivantes, par chaque corps d'armée.
   1° Dans les 5 jours de la mobilisation un corps d'armée actif, composé de
   2 divisions d'infanterie,
   1 bataillon de chasseurs   (25.000 hommes).
   1 brigade de cavalerie (1.300 hommes).
   1 brigade d'artillerie (96 pièces).
   1 bataillon du génie.
   1 bataillon du train.
   1 équipage de ponts.
Intendance et services administratifs.
   Au total 37.000 hommes, 11.000 chevaux et 1.500 voitures.
   2° Dans les 10 jours de la mobilisation un corps d'armée de réserve, composé de :
   1 division d'infanterie de landwehr,
   1 brigade d'infanterie de landwehr,
   1 régiment de marche de troupes de dépôt,   22.000 h.
   1 régiment de cavalerie,
  12 batteries d'artillerie (72 pièces),
   Et les services accessoires,
   Ensemble environ 25.000 hommes.

3° Enfin dans les 15 jours de la mobilisation un corps d'armée de deuxième ligne composé de troupes de dépôts, de garnisons et de landsturm, fort d'environ :

20 bataillons d'infanterie (16.000 hommes).
D'un nombre variable d'escadrons de cavalerie,
10 batteries (60 pièces).
Et des services accessoires,
Ensemble environ 20.000 hommes.

Ce qui donnerait :

7 divisions de cavalerie indépendante à 4.350 hommes..................		30.450 h.
20 corps d'armée de 1re ligne à 37.000 h.		740.000
20 id. de landwehr à 25.000		500.000
20 id. de landsturm à 20.000		400.000
	Total.........	1.670.450 h.

Le total des forces militaires de l'Allemagne étant de..................	2.865.029 h.
Dont il faut déduire la 1re classe à appeler (non instruite)......................	230.000
Il reste comme soldats instruits........	2.635.029 h.
Les formations des corps d'armée s'élevant à l'effectif d'environ...................	1.670.450 h.
Il reste pour la défense des places fortes et pour les dépôts......................	964.579

Il est bien entendu que ces chiffres et ces affectations ne sont qu'une étude, aussi exacte que possible, des forces et de l'organisation de l'armée allemande, d'après les renseignements les plus précis que l'on a pu se procurer.

Mais quelle que soit la différence qui puisse exister entre les chiffres de ce travail et l'organisation réelle allemande, les données recueillies sont suffisamment exactes pour mettre au point la force militaire de l'Allemagne et son fonctionnement sur pied de guerre.

C'est du reste ce qu'il était intéressant de connaître.

AUTRICHE-HONGRIE

La durée du service militaire en Autriche est de 21 ans, ce service se répartit ainsi :

Armée active 3 ans.
Réserve 7 ans.
Landwehr 2 ans.
Landsturm 1ᵉʳ ban, 5 ans.
Landsturm 2ᵉ ban, 4 ans.

Le contingent annuel est divisé en deux portions, la première alimente l'armée active ; la seconde (hommes en surplus du contingent, dispensés du temps de paix) forme l'*Ersatz-Réserve*, à raison de 1/10ᵉ du contingent, le reste est versé directement dans la landwehr.

La seconde portion du contingent est astreinte à une période d'exercices de 8 semaines, et participe ensuite aux appels des réserves.

La landwehr est donc composée : 1° d'anciens soldats, 2° de landwehriens simplement dégrossis.

L'armée active mobilisée est formée de 10 classes, renforcées par l'*Ersatz-Réserve*.

La landwehr concourt aux formations actives.

Les jeunes gens de 19 et 20 ans font, comme en Allemagne, partie du landsturm et peuvent être appelés lors de la mobilisation, sans aucune formalité législative.

L'armée active forme une organisation unique pour toute la monarchie austro-hongroise ; il n'en est pas de même de la landwehr et du landsturm qui sont distincts, et forment un groupe hongrois et un groupe cisleithan.

L'armée austro-hongroise est constituée sur pied de guerre de la façon suivante :

ARMÉE ACTIVE

102 régiments d'infanterie à 4 bataillons,
soit 408 bataillons à 995 hommes........ 405.960 h.

4 régiments de chasseurs tyroliens à 4 bataillons, soit 16 bataillons à 1007 hommes..	16.142 h.
26 bataillons de chasseurs à 1002 hommes...	26.052
4 régiments d'infanterie indigène (Bosnie et Herzégovine) à 3 bataillons, soit 12 bataillons à 988 hommes..................	11.856
42 régiments de cavalerie à 6 escadrons à 900 hommes.....................	37.800
56 régiments d'artillerie de campagne. 40.800 16 batteries d'artillerie à cheval.... 2.040 10 batteries d'artillerie de montagne. 1.150 4 batteries d'artillerie de montagne du tyrol (à voie étroite)........ 420	44.410
15 bataillons de pionniers à 4 Cies... 12.000 3 bataillons de chemins de fer à 4 Cies. 2.400	14.400
États-majors........................	1.986
Administration......................	2.112
Train et non combattants.............	24.930
Total..........	585.648 h.

TROUPES DE DÉPÔT ET DE RÉSERVE

Les régiments d'infanterie ont sur le pied de paix des cadres de bataillons de dépôt qui leur permettent d'organiser à la mobilisation 2 nouveaux bataillons (un de réserve et un de dépôt).

Soit 102 bataillons de réserve...........	100.980 h.
Et 102 bataillons de dépôt..............	100.980

Chaque bataillon de chasseurs fournit également 2 compagnies nouvelles (une de réserve et une de dépôt), soit 42 compagnies de réserve fournissant 10 bataillons................. 10.000

Et 42 compagnies de dépôt............. 8.000

Les 42 régiments de cavalerie forment chacun 2 escadrons nouveaux (un de réserve et un de dépôt), soit 84 escadrons................. 12.600

Les 56 régiments d'artillerie forment chacun 2 batteries nouvelles (une de réserve et une de dépôt, soit 112 batteries................ 20.384

Les 15 bataillons de pionniers forment chacun 2 compagnies de dépôt soit 30 compagnies.. 6.000

Total.......... 258.944 h.

LANDWEHR

Il existe 186 circonscriptions de landwehr fournissant chacune un bataillon d'infanterie dont 94 bataillons hongrois (ou honved) formant 28 régiments à 3 ou 4 bataillons............................... 89.300 h.

Et 92 bataillons cisleithans, forment 23 régiments à 3 ou 4 bataillons................... 87.400

Chacun de ces bataillons doit en outre former à la mobilisation 2 nouvelles compagnies (une de réserve et une de dépôt) ensemble 372 compagnies......................... 83.700

La cavalerie honved est forte de 60 escadrons, formant 10 régiments, à 1120 hommes (*).... 11.200

Plus un dépôt de la valeur de 2 escadrons, par régiment : 418 hommes, soit 20 escadrons. 4.180

La cavalerie cisleithane comprend 8 régiments de même composition que les régiments honved, ensemble 48 escadrons........... 8.960

Plus le dépôt, 16 escadrons (**)........... 3.344

Artillerie, n'existe pas (***).

Total........... 288.084 h.

TROUPES DE GARNISONS :

Les troupes spéciales des garnisons comprennent seulement de l'artillerie et du génie.

Artillerie de forteresse : 6 régiments à 3 bataillons, soit 18 bataillons à 991 hommes............ 17.838 h.

18 compagnies de dépôt et 18 de landwehr, ensemble 36 compagnies.................. 8.919

Chaque bataillon de pionniers fournit à la mobilisation 3 compagnies destinées au service des places fortes, soit 45 compagnies........ 9.000

Total........... 35.757 h.

(*) Ces régiments existent dès le temps de paix à l'état de régiments cadres, avec 450 hommes et 331 chevaux.

(**) Ces régiments existent dès le temps de paix à l'état de régiments cadres, avec 100 hommes et 90 chevaux.

(***) La landwehr n'a pas d'artillerie. Les anciens soldats de l'arme sont versés directement dans les batteries de dépôt.

LANDSTURM

Le landsturm cisleithan forme 82 bataillons de marche et 102 bataillons territoriaux, ensemble 184 bataillons.................................... 178.480 h.

Le landsturm tyrolien, spécialement organisé pour la défense locale compte 40 bataillons d'infanterie............................ 38.800

Et forme en outre à la mobilisation, 10 bataillons de marche........................ 10.000

Le landsturm hongrois fournit 94 bataillons de marche, 94 bataillons territoriaux et 8 bataillons supplémentaires, soit.......... 190.120

Cavalerie, 30 escadrons honved.......... 4.500

Et 15 demi-escadrons de dépôt........... 1.125

Total............ 423.025 h.

RÉCAPITULATION :

Troupes de campagne.....................	585.648 h.
Troupes de réserve et de dépôt............	258.944
Landwehr................................	288.084
Troupes de garnisons.....................	35.757
Landsturm...............................	423.025
Landsturm (2e ban)......................	400.000
Total............	1.991.458

Cette force totale représente :

Infanterie :	810 bataillons.......	796.476	
(chasseurs)	52 id.	52.194	
id.	414 compagnies....	91.700	940.370 h.
Cavalerie :	60 régiments........	57.960	
	120 escadrons........	20.124	78.084
Artillerie:	56 régiments. 40.800		
	112 batteries.. 20.384	61.184	
	16 batteries à cheval.	2.040	
	14 batteries de montagne.	1.570	64.794
Artillerie de forteresse :	18 Bons.	17.838	
	36 Cies..	8.919	26.757

Génie : 18 bataillons........... 14.400
   75 compagnies......... 15.000   29.400
Etats-majors, administration, non combattants   29.028
     Total............ 1.168.433 h.

LANDSTURM

430 bataillons d'infanterie....... 417.400
45 escadrons de cavalerie...... 5.625   423.025

   Total général............ 1.591.458 h.

Avec 380 batteries (2896 canons) et 250.000 chevaux·
Non compris le 2ᵉ ban du landsturm.

Ces forces seront réparties en 15 corps d'armée, et 8 divisions de cavalerie indépendante.

Chaque corps d'armée comprenant :
2 divisions d'infanterie active,
1 division d'infanterie de landwehr,
1 bataillon de chasseurs.   environ 45.000 h.
9 escadrons de cavalerie.
16 batteries d'artillerie (128 pièces).
1 bataillon de pionniers.
et les services accessoires.

Au total environ 52.000 hommes, 12.000 chevaux et 3.000 voitures.

Chaque division de cavalerie indépendante, à 2 brigades et 2 batteries, serait forte de 3.900 hommes.

Il reste 127 bataillons pouvant fournir 8 divisions nouvelles, qui pourraient être formées en 4 corps d'armée à 2 divisions, avec 6 escadrons et 10 batteries (80 canons), d'un effectif total de..................... 150.000 h.

Laissant disponibles : troupes de dépôt et de forteresses 207.233 hommes.

Et, pour la défense du territoire, le landsturm à l'effectif de 423.025 hommes, dont un tiers pourrait être affecté à des formations de 3ᵉ ligne.

Ainsi que le 2ᵉ ban du landsturm qui peut être évalué à 400.000 hommes.

Ce qui donnerait :

8 divisions de cavalerie indépendante à 3.900 h.		31.200 h.
15 corps d'armée de 1ʳᵉ ligne à 52.000		780.000
4 id. de 2ᵉ ligne à 37.500		150.000

Le landsturm devra certainement fournir des formations de 3ᵉ ligne, dont il est difficile d'indiquer l'organisation, mais qui seraient sans doute d'une importance au moins égale à celle des troupes de 2ᵉ ligne, soit........ 150.000

$$\text{Total}\dots\dots\ 1.111.200\,\text{h.}$$

Le total des forces militaires de l'Autriche-Hongrie serait donc en définitive de :

Formations actives.......................	1.111.200 h.
Troupes de dépôt et de forteresses.........	207.233
1ᵉʳ ban du landsturm (150.000 hommes affectés aux formations actives)........	273.025
2ᵉ ban du landsturm.....................	400.000
Total.......	1.991.458 h.
Hommes de la 1ʳᵉ classe à appeler..........	160.000
Total général.......	2.151.458 h.

Les formations de corps d'armée étant de. 1.111.200 h.
Il reste pour la défense des places fortes, les dépôts et pour de nouvelles formations.. 880.258

ITALIE

La durée du service militaire en Italie est de 19 ans.
Armée active 3 ans.
Réserve 5 ans.
Milice mobile 4 ans.
Milice territoriale 7 ans.

Le contingent annuel est divisé en deux portions, la première alimente l'armée active, la deuxième (complément du contingent et dispensés) est astreinte à un service militaire qui varie entre 2 et 7 mois; elle passe dans la réserve et dans la milice en même temps que la classe dont elle fait partie.

La réserve complète à la mobilisation les effectifs de l'armée active et au besoin ceux de la milice mobile.

La milice mobile forme des corps spéciaux destinés à tenir campagne, concurremment avec l'armée active.

La milice territoriale est formée des troupes destinées à la garde des places fortes et du territoire.

L'armée italienne serait constituée sur pied de guerre de la façon suivante :

ARMÉE ACTIVE

96 régiments d'infanterie à 3 bataillons, donnant un total de 288 bataillons...............	288.000 h.
12 régiments de bersagliers à 3 bataillons (36 bataillons).....................	36.000
7 régiments alpins (22 bataillons).........	22.000
24 régiments de cavalerie à 6 escadrons.....	22.000
24 régiments d'artillerie de campagne à 8 batteries de 6 pièces...............	32.640
1 régiment d'artillerie à cheval (6 batteries)..	960
1 régiment d'artillerie de montagne (9 batteries)................................	2.610
4 régiments du génie (64 compagnies).....	17.280
50 compagnies du train..................	10.000
Etats-majors...........................	1.426

Escortes...............................	2.800 h.
Non combattants......................	12.000
Total..........	447.716 h.

MILICE MOBILE

48 régiments d'infanterie à 3 bataillons, soit 144 bataillons.....................	144.000 h.
19 bataillons de bersagliers.................	19.000
7 bataillons alpins (22 compagnies).........	5.500
Pas de cavalerie.	
48 batteries d'artillerie de campagne.. 7.960	
4 id. id. en Sicile...... 680	
2 id. id. en Sardaigne.. 340	
9 id. id. de montagne.. 2.565	11.545
30 compagnies du génie............. 8.100	
1 compagnie du génie en Sardaigne.. 270	8.370
9 bataillons d'infanterie en Sardaigne. 9.000	
1 bataillon de bersagliers en Sardaigne. 1.000	10.000
20 compagnies du train....................	5.000
Total..........	203.415 h.

TROUPES DE DISTRICTS, DE DÉPOT ET DE FORTERESSES

Le territoire italien est divisé en 87 districts de recrutement comprenant, dès le temps de paix, une ou deux compagnies-cadres.

Ensemble 98 compagnies auxquelles viennent se joindre à la mobilisation les dépôts des régiments.

Ces réservoirs peuvent produire les formations suivantes :

17 bataillons d'infanterie................	17.000 h.
70 compagnies d'infanterie indépendante....	14.000
98 bataillons de dépôt....................	98.000
24 escadrons de cavalerie de réserve.. 3.600	
24 id. id. de dépôt... 3.600	7.200
26 batteries d'artillerie de dépôt...........	6.500
5 régiments d'artillerie de forteresse formant 68 compagnies et 5 de dépôt...	18.980
4 compagnies du génie, dépôt.............	1.200
Total..........	162.880 h.

MILICE TERRITORIALE

320 bataillons d'infanterie...............	320.000 h.
22 id. alpins.................	22.000
23 id. de douaniers............	16.000
Pas de cavalerie.	
Pas d'artillerie de campagne.	
100 compagnies d'artillerie de forteresse....	20.000
30 compagnies du génie................	6.000
Total..........	384.000 h.

RÉCAPITULATION :

Troupes de campagne..................	447.716 h.
Milice mobile........................	203.415
Troupes de districts, de dépôt et de forteresses	162.880
Milice territoriale....................	384.000
Total..........	1.198.011 h.
Auxquelles il faut ajouter la partie de la milice territoriale non-organisée... 240.000	
Et la première classe à appeler.. 140.000	380.000
Total général........	1.578.011 h.

Cette force totale représente :

Infanterie : 557 bataillons.	557.000	
bersagliers 55 id.	55.000	
alpins .... 29 id.	27.500	
70 compagnies...........	14.000	653.500 h.
Cavalerie : 24 régiments........	22.000	
48 escadrons........	7.200	29.200
Artillerie de campagne : 24 régiments (formant 192 batteries).	32.640	
70 batteries.............	15.480	
1 régiment à cheval.....	960	
1 régiment de montagne.	2.610	
10 batteries de montagne.	2.565	54.255
Artillerie de forteresse : 5 régiments......		18.980
Génie : 4 régiments.............	17.280	
35 compagnies..........	9.570	26.850
Train : 70 compagnies.................		15.000
Etats-majors et non combattants.........		16.226
Total..........		814.011 h.

Milice territoriale
{ infanterie 365 B^ons.... 358.000 h.
artillerie de forteresse
100 Cies.......... 20.000
génie : 30 Cies....... 6.000 } 384.000 h.

Total.......... 1.198.011 h.

Avec 286 batteries (1716 canons) et 140.000 chevaux.

Ces forces sont réparties en 12 corps d'armée et 3 divisions de cavalerie indépendante.

Chaque corps d'armée comprend :

2 divisions d'infanterie.
1 régiment de bersagliers } (27.000 hommes).
1 régiment de cavalerie.
16 batteries d'artillerie (96 canons).
1 bataillon du génie.
Services accessoires.

Au total 33.000 hommes, 5.500 chevaux et 1.000 voitures.

Chaque division de cavalerie indépendante est à 2 brigades, avec 2 batteries à cheval. Son effectif est de 3.900 hommes.

Ce qui constitue pour les forces de 1re ligne
12 corps d'armée...................... 396.000 h.
3 divisions de cavalerie................ 11.700

Total.......... 407.700 h.

On formerait également 12 divisions de milice mobile à 4 régiments d'infanterie, 1 bataillon de bersagliers, 6 batteries d'artillerie (36 pièces), 2 compagnies du génie, 1 compagnie du train et pas de cavalerie.

Ensemble 48 régiments d'infanterie...... 144.000 h.
12 bataillons de bersagliers.... 12.000
72 batteries d'artillerie........ 10.800
24 compagnies du génie....... 4.800
12 compagnies du train....... 2.400

Total.......... 174.000 h.

Pouvant au besoin former 6 corps d'armée sans cavalerie.

Renforçant d'autant les formations actives qui seraient de la sorte portées à l'effectif de .... 581.700 h.

Et laissant disponible le surplus des effectifs et les troupes de dépôt et de forteresses, soit.................................. 232.311 h.

Le total des forces militaires de l'Italie serait donc en définitive de :
Formations actives..................... 581.700 h.
Troupes de districts, de dépôt et de forteresses, et surplus des effectifs......... 232.311
Milice territoriale 1er ban............... 384.000

$\qquad$ Total......... 1.198.011 h.

Milice territoriale non organisée et première classe à appeler.................... 380.000

$\qquad$ Total général......... 1.578.011 h.

Les forces militaires de l'Italie donneraient :
3 divisions de cavalerie indépendante à 3.900 h.   11.700 h.
12 corps d'armée de 1re ligne à 33.000   396.000
 6   id.   de 2e ligne à 29.000   174.000
Rien en 3e ligne.

$\qquad$ Total............ 581.700 h.

FORCES MILITAIRES DE LA TRIPLE ALLIANCE

CAVALERIE INDÉPENDANTE

Allemagne :	7 divisions.	30.450 h.	84 canons.
Autriche :	8 —	31.200	96 —
Italie :	3 —	11.700	36 —
Totaux...	18 divisions.	73.350 h.	216 canons.

TROUPES DE 1re LIGNE

Allemagne :	20 corps d'armée.	740.000 h.	1.920 canons.
Autriche :	15 —	780.000	1.920 —
Italie :	12 —	396.000	1.152 —
Totaux..	47 corps d'armée.	1.916.000	4.992 canons.

TROUPES DE 2e LIGNE

Allemagne :	20 corps d'armée.	500.000 h.	1.440 canons.
Autriche :	4 —	150.000	320 —
Italie :	6 —	174.000	432 —
Totaux..	30 corps d'armée.	824.000	2.192 canons.

TROUPES DE 3e LIGNE

Allemagne :	20 corps d'armée.	400.000 h.	1.200 canons.
Autriche :	4 —	150.000	320 —
Italie :	rien.	»	»
Totaux..	24 corps d'armée.	550.000 h.	1.520 canons.

TROUPES DE DÉFENSE DES TERRITOIRES ET DÉPOTS

Allemagne	964.579 h.
Autriche...................................	880.258
Italie	616.311
Total............	2.461.148 h.

RÉCAPITULATION :

Cavalerie indépendante	18 divisions.	73.350 h.	216 canons.	
Troupes de 1re ligne	47 corps d'armée	1.916.000	4.992	—
Troupes de 2e ligne	30 —	824.000	2.192	—
Troupes de 3e ligne	24 —	550.000	1.520	—

Totaux : 18 divisions, 101 corps. 3.363.350 h. 8.920 canons.
Troupes de défense des territoires et de dépôts......... 2.461.148
    Totaux......... 5.824.498 h.

L'ALLIANCE FRANCO-RUSSE

RUSSIE

La durée du service militaire est en Russie de 22 ans, ce service se répartit ainsi :

1° ARMÉE RÉGULIÈRE

Armée active 5 ans.
Réserve 13 ans.
Opoltchénié (milice) 4 ans.

2° TROUPES COSAQUES ET IRRÉGULIÈRES

Les cosaques doivent le service militaire de 19 à 39 ans, soit pendant 20 ans.

De 19 à 22 ans (3 ans) ils appartiennent à la catégorie de préparation et reçoivent dans leurs foyers les premiers éléments de l'instruction militaire.

De 22 à 34 ans (12 ans) ils appartiennent à la catégorie active, qui est elle-même partagée en 3 tours ou périodes de 4 ans.

Pendant le 1er tour, ils sont sous les drapeaux dans un corps organisé (infanterie, cavalerie, artillerie).

De 34 à 39 ans (5 ans) ils appartiennent à la réserve.

Le contingent annuel est divisé en deux portions : la première alimente l'armée active ; la deuxième (excédent du contingent et soutiens de famille) est versée directement dans la milice et y reste jusqu'à 43 ans.

La milice est divisé en 2 bans; l'excédent du contingent est versé dans le 1er ban, les soutiens de famille dans le 2e ban.

Il faut remarquer que la cavalerie cosaque des 2ᵉ et 3ᵉ tour, qui fait partie de la réserve, possède dès le temps de paix tous ses chevaux. Les cosaques se remontent eux-mêmes et doivent, pendant tout le temps de leur service dans la réserve, conserver et entretenir leur cheval.

La population chevaline de la Russie est immense, on l'estime à 40.000.000 * de chevaux, dont la majeure partie serait propre au service militaire. Dans ce nombre sont sans doute compris les chevaux des steppes, vivant à l'état sauvage. Néanmoins le nombre de chevaux domestiqués est encore de 23 millions environ.

Le nombre des haras est de 6 pour l'Etat, avec 920 juments et de 3.964 pour les propriétaires, avec 101.837 juments qui produisent principalement des chevaux de 1/2 sang, parmi lesquels les trotteurs représentent une proportion de plus de 40 o/o.

Les chevaux de paysans, qui dérivent des chevaux des steppes sont au nombre de 19.000.000.

Les chevaux des steppes, race de moyenne taille, mais très vigoureuse et très résistante, sont pour la Russie une réserve inépuisable, ils rendent d'autant plus de services qu'ils sont aptes à être employés de suite et sans transition.

L'armée russe serait constituée sur pied de guerre de la façon suivante :

ARMÉE ACTIVE

193 régiments d'infanterie à 4 bataillons, donnant 772 bataillons (formant 48 divisions)....	772.000 h.
90 bataillons de chasseurs..............	90.000
112 régiments de cavalerie à 6 escadrons..	100.800
4 stonias indépendantes de cosaques du Don	600
48 brigades (ou groupes) d'artillerie à 6 batteries pour les 48 divisions d'infanterie.	72.000
6 groupes d'artillerie à 3 batteries pour les chasseurs......................	4.500
44 batteries à cheval pour les divisions de cavalerie........................	9.000
3 groupes mixtes indépendants (Turkestan et Sibérie) 14 batteries............	3.500

(*) D'après M. le Docteur Léonid de Simonoff, correspondant de la direction générale des haras de l'Etat russe.

6 batteries à cheval indépendantes (Caucase, Turkestan, Sibérie)............	1.200 h.
7 régiments de mortiers (20 batteries)...	5.000
1 régiment à 4 batteries (Finlande)......	1.000
1 régiment d'artillerie à cheval (6 batteries)	1.500
96 compagnies du génie (2 par division).	24.000
16 compagnies de pontonniers..........	4.000
36 compagnies de chemins de fer........	9.000
Etats-majors et escortes...............	3.000
Parcs et trains.......................	60.000
Non combattants.....................	40.000
Total.........	1.201.100 h.

RÉSERVE

Les régiments russes n'ont pas de dépôts, il y est suppléé par des régiments-cadres, organisés dès le temps de paix (*).

Ils forment un total de 144 bataillons d'infanterie pouvant fournir les formations suivantes :

24 divisions de réserve du 1er tour.	384 B^{ons}.	384.000 h.
et 2 régiments...... id.	8 —	8.000
7 régiments en Asie à 5 bataillons.	35 —	35.000
2 en Transcaucasie....	7 —	7.000
4 divisions de réserve du 2e tour.	64 —	64.000
et 2 régiments....... id.	32 —	32.000
Total.........	530 B^{ons}.	530.000 h.
209 bataillons de dépôt (**)...............		209.000
2 escadrons de cavalerie par régiment actif.................	224 Es^{drons}	33.600
1 escadron à pied par régiment actif.	112 —	16.800
95 régiments de cosaques des 2e et 3e tour à 5 stonias...........	475 stonias.	71.250
et 119 stonias en surplus................		17.850
84 batteries d'artillerie de réserve...........		21.000
72 batteries — de dépôt..........		18.000

(*) En temps de paix les régiments-cadres sont formés à l'effectif de 30 à 40 officiers et de 500 à 800 hommes.

(**) En temps de paix 19 dépôts de division existent à l'effectif de 12 à 14 officiers et de 300 à 400 hommes. Ce sont ces dépôts qui organisent les régiments de réserve à la mobilisation.

20 compagnies du génie	5.000 h.
Total	922.500 h.

TROUPES DE FORTERESSES

En temps de paix l'infanterie possède 31 bataillons cadres de troupes de forteresses, qui à la mobilisation produisent 150 bataillons	150.000 h.
5 batteries organisées dès le temps de paix produisent à la mobilisation 16 batteries de sortie	4.000
L'artillerie de forteresse sera forte de 60 bataillons (250 compagnies)	62.500
20 compagnies du génie	5.000
11 compagnies de mineurs-torpilleurs	2.750
Sections télégraphiques, parcs de siège, parcs aérostatiques, etc.	2.000
Total	226.250 h.

TROUPES LOCALES

35 bataillons de troupes frontières (toujours à l'effectif de guerre en temps de paix)	35.000 h.
180 détachements répartis sur tout le territoire	18.000
32 compagnies de réserve	8.000
Total	61.000 h.

TROUPES INDIGÈNES IRRÉGULIÈRES

27 bataillons d'infanterie	27.000 h.
28 stonias de cavalerie	4.020
18 batteries à cheval	3.600
Total	34.620 h.

OPOLTCHÉNIÉ (OU MILICE MOBILE)

Les soldats appartenant à la milice mobile du 1er ban et sortant de l'armée, par conséquent complètement instruits, peuvent former 20 divisions (320 bataillons). 320.000 h. (avec 20 régiments de cavalerie et 80 batteries d'artillerie).

MILICE 1ᵉʳ BAN

En partie organisée, environ .... 1.320.000 h.

MILICE 2ᵉ BAN

Non organisée, environ 4.400.000

1ʳᵉ CLASSE A APPELER

Environ 800.000

Total .... 6.520.000 h.

RÉCAPITULATION :

Armée active	1.201.100 h.
Réserve	922.500
Troupes de forteresses	226.250
Troupes locales	61.000
Troupes indigènes irrégulières	34.620
Opoltchénié (troupes complétement instruites)	320.000
Total	2.765.470 h.
Milice 1ᵉʳ ban	1.320.000
Milice 2ᵉ ban	4.400.000
1ʳᵉ classe à appeler	800.000
Total général	9.285.470 h.

Cette force totale représente :

Infanterie : 2.043 bataillons ..	2.043.000		
(chasseurs) 90 —	90.000		
180 détachements	18.000		
32 compagnies.	8.000	2.159.000 h.	
Cavalerie : 112 régiments	100.800		
4 stonias	600		
336 escadrons	50.400		
95 régiments cosaques.	71.250		
119 stonias —	17.850		
28 stonias irrégulières.	4.020	244.920	
Artillerie : 480 batteries montées.	120.000		
74 batteries à cheval.	15.300		
20 batteries de mortiers.	5.000	140.300	

Artillerie de forteresse : { 16 batteries de sortie.. 4.000 / 60 bataillons........ 62.500		66.500 h.
Génie : 168 compagnies................		42.000
31 compagnies de forteresse. 7.750 / sections diverses.......... 2.000		9.750
Etats-majors, train, non combattants.......		103.000
Total..........		2.765.470 h.
Milice 1er ban........................		1.320.000 h.
Milice 2e ban........................		4.400.000
1re classe à appeler..................		800.000
Total général........		9.285.470 h.

Avec 574 batteries (4.404 canons et 600.000 chevaux).

Ces forces sont réparties en 22 corps d'armée dont 1 à 4 divisions, 2 à 3 divisions et 19 à 2 divisions, et 14 brigades indépendantes de chasseurs à pied.

Les divisions sont à 4 régiments de 4 bataillons de 1.000 hommes.

La cavalerie divisionnaire paraît devoir être fournie aux corps d'armée en partie par les régiments de cosaques des 2e et 3e tour, de façon à laisser disponibles les régiments actifs nécessaires à la formation de la cavalerie indépendante.

Il est probable qu'il serait formé 22 divisions de cavalerie indépendante à 2 brigades, avec 2 batteries.

Ces forces donneront lieu aux formations suivantes :

1° 22 divisions de cavalerie indépendante à 2 brigades, avec 2 batteries d'artillerie, chacune de la force de 4.000 hommes.

2° 1 corps d'armée à 4 divisions, soit :
4 divisions d'infanterie (64.000 hommes).
4 régiments de cavalerie.
4 groupes de 6 batteries de 8 pièces (192 pièces).
8 compagnies du génie.
Services accessoires.
   Ensemble 80.000 hommes.

2 corps d'armée à 3 divisions, soit :
3 divisions d'infanterie (48.000 hommes).
3 régiments de cavalerie.
3 groupes de 6 batteries de 8 pièces (144 pièces).
6 compagnies du génie.
Services accessoires.
   Ensemble 60.000 hommes.

19 corps d'armée à 2 divisions, soit :
2 divisions d'infanterie (32.000 hommes).
2 régiments de cavalerie.
2 groupes de 6 batteries de 8 pièces (96 pièces).
4 compagnies du génie.
Services accessoires.

Ensemble 40.000 hommes.

3° 22 brigades de chasseurs à pied, employant les 90 bataillons de chasseurs, ont l'organisation suivante :
6 brigades à 8 bataillons, soit 48 bataillons.
3 — 4 —
4 — 12 —
5 — (en Asie) 22 bataillons (pour mémoire)
et 8 bataillons non embrigadés.

Les 8 bataillons non embrigadés seraient probablement adjoints à des corps d'armée ou recevraient des missions spéciales.

La cavalerie de ces brigades serait probablement de 4 stonias pour les brigades à 8 bataillons,
de 2 stonias pour les brigades à 4 bataillons,

Ensemble 30 stonias de cavalerie.

L'artillerie de ces brigades serait probablement de 2 batteries pour les brigades à 8 bataillons,
et 1 batterie pour les brigades à 4 bataillons,

Ensemble 15 batteries d'artillerie.

Le génie serait probablement de :
1 compagnie pour les brigades à 8 bataillons,
et de 1/2 compagnie pour les brigades à 4 bataillons.

Ensemble en chiffres ronds 8 compagnies.

Aux effectifs de :
brigades à 8 bataillons .... 9.350 h.
brigades à 4 bataillons 4.675

4° 35 bataillons de troupes de frontières.... 35.000
5° 24 divisions de réserve aux formations suivantes :
16 bataillons d'infanterie (16.000 hommes).
1 régiment de cavalerie (2ᵉ et 3ᵉ tour).
1 groupe de réserve d'artillerie (4 batteries, 32 canons).
1 compagnie du génie.

Chaque division à l'effectif de 18.150 hommes.

6° Les troupes indigènes irrégulières, pouvant former soit un corps d'armée supplémentaire, soit des détachements .... 34.620 h.

7° L'opoltchénié, pouvant former 20 divisions de la composition suivante :
16 bataillons d'infanterie (16.000 hommes).
1 régiment de cavalerie (2ᵉ et 3ᵉ tour).
1 groupe d'artillerie (4 batteries, 32 canons).
Chaque division à l'effectif de 17.900 hommes.
Ensemble :

22 divisions de cavalerie indépendante à 4.000 hommes....................	88.000 h.
22 corps d'armée (1 à 4 divisions, 2 à 3 divisions et 19 à 2 divisions)............	960.000
14 brigades de chasseurs à pied (6 à 8 bataillons et 3 à 4 bataillons)............	70.125
35 bataillons de troupes de frontières......	35.000
24 divisions de réserve..................	435.600
1 corps d'armée irrégulier	34.620
20 divisions d'opoltchénié...............	358.000
Total...........	1.981.345 h.
Troupes de forteresses.................	226.250
Ensemble........	2.207.595 h.
Les formations actives de la Russie étant de	1.981.345 h.
Il reste disponible, pour la défense des places fortes et les dépôts	784.125
Total égal........	2.765.470
Plus le 1ᵉʳ ban de la milice..............	1.320.000
Ensemble........	4.085.470

FRANCE

Dans la deuxième partie de cet ouvrage, j'ai déjà parlé des forces militaires de la France, je n'y reviendrai pas. Je me bornerai à donner en bloc des effectifs et à totaliser nos forces avec celles de la Russie, afin de pouvoir les comparer à celles de la triple alliance.

Je n'entrerai dans aucun détail, c'est plus prudent; la divulgation intempestive d'un fait, même secondaire, pouvant avoir des inconvénients, et pouvant conduire nos ennemis, par voie de déduction, à trouver des renseignements plus sérieux.

Voici quels sont les effectifs approximatifs de nos forces sur pied de guerre, et les formations possibles avec ces forces.

Armée active................	912.000 h.	
Troupes de réserve...........	658.000	
Armée territoriale............	630.000	
Réserve territoriale...........	500.000	2.700.000 h.
Troupes d'Algérie............	58.000	
Réserve et territoriale d'Algérie.	40.000	98.000
Total.........		2.798.000 h.

Avec 918 batteries (5.508 pièces).

Ces forces sont réparties de la façon suivante :

7 divisions de cavalerie indépendante à 3 brigades avec 2 batteries à cheval (5.000 hommes).

20 corps d'armée (y compris le corps d'armée d'Algérie et le 6ᵉ corps *bis* provenant du dédoublement du 6ᵉ corps).

1 division indépendante des Vosges.
1 brigade indépendante sur le territoire du 6ᵉ corps.
1 brigade indépendante de Lyon.

Les corps d'armée sont formés à
2 divisions d'infanterie.
1 brigade de cavalerie.

20 batteries d'artillerie (120 pièces).
1 bataillon du génie.
1 escadron du train des équipages.
et les services accessoires.
  Ensemble 32.000 hommes.

Les bataillons de chasseurs sont répartis de la façon suivante : un à Paris et un sur le territoire de chacun des 1ᵉʳ, 2ᵉ et 3ᵉ corps ; 14 sur le territoire du 6ᵉ corps, face à l'Allemagne ; 12 sur les territoires des 14ᵉ et 15ᵉ corps, face à l'Italie.

Les troupes de réserve forment l'équivalent de 18 corps d'armée de la composition suivante :
2 divisions d'infanterie.
2 régiments de cavalerie.
15 batteries d'artillerie (90 pièces).
2 compagnies du génie.
1 compagnie du train.
et les services accessoires.
  Ensemble 29.000 hommes.

Les bataillons de réserve de chasseurs doublant probablement les bataillons actifs.

Les troupes territoriales forment aussi l'équivalent de 18 corps d'armée de la composition suivante :
2 divisions d'infanterie.
1 régiment de cavalerie.
12 batteries d'artillerie (72 pièces).
1 bataillon du génie.
1 escadron du train.
et les services accessoires.
  Ensemble 29.000 hommes.

Les 8 bataillons de chasseurs sont affectés à la défense des Alpes.

Les troupes de réserve de l'armée territoriale sont spécialement affectées à la défense des places fortes et à la garde des voies de communications.

Ces formations donneraient :

7 divisions de cavalerie indépendante	35.000 h.
20 corps d'armée actifs	640.000
1 division et 1 brigade indépendantes (6ᵉ corps)	22.000
1 brigade indépendante à Lyon	6.000
30 bataillons de chasseurs	45.000
Total	748.000 h.

18 corps d'armée de réserve....	522.000 h.	
Et 30 bataillons de chasseurs...	30.000	552.000 h.
18 corps d'armée territoriaux...	522.000	
Et 8 bataillons de chasseurs....	8.000	530.000
Total.........		1.830.000 h.

D'après ce résumé il resterait dans les dépôts. 402.000 h.
La réserve de l'armée territoriale.......... 500.000
Les troupes restant en Algérie (active, réserve
   et territoriale)...................... 66.000

                  Ensemble.......... 968.000 h.

  Non compris la première classe à appeler.

  Il faut en outre considérer que 8 corps
d'armée de réserve...................... 232.000 h.
et 8 corps d'armée territoriaux............. 232.000

                  Ensemble........ 464.000 h.

seront très probablement immobilisés sur les frontières franco-allemande et franco-italienne, soit comme troupes de défense des places fortes, soit comme troupes mobiles chargées de la défense spéciale de certains secteurs.

  Nos forces disponibles seraient alors de :

7 divisions de cavalerie indépendante.....	35.000 h.
20 corps d'armée actifs.................	640.000
1 division et 2 brigades indépendantes....	28.000
30 bataillons de chasseurs à pied........	45.000
10 corps d'armée de réserve.............	290.000
30 bataillons de chasseurs de réserve......	30.000
10 corps d'armée territoriaux............	290.000
8 bataillons de chasseurs territoriaux....	8.000
Total.......	1.366.000 h.

  Laissant disponibles comme troupes de défense mobile, troupes de garnisons et dépôts.................................. 1.432.000

              Total égal.......... 2.798.000

  Pour la clarté de ce travail et pour rendre la comparaison plus facile, j'ai cru devoir grouper en corps d'armée les forces militaires (réserve et territoriale) de la France.

Il est absolument probable que ce groupement n'existe pas de la façon que j'ai indiquée, mais, qu'il soit opéré d'une façon ou d'une autre, c'est l'affaire du haut commandement, c'est aux organisateurs à tirer le meilleur parti de nos forces, suivant les besoins et les possibilités.

Pour nous, il nous suffit de savoir que nos forces militaires existent bien réellement, et qu'au moment voulu on saura en tirer tout le parti désirable.

FORCES MILITAIRES FRANCO-RUSSES

CAVALERIE INDÉPENDANTE

Russie :	22 divisions.	88.000 h.	264 canons.
France :	7 —	35.000	84 —
Total.	29 divisions.	123.000 h.	348 canons.

TROUPES DE 1re LIGNE

Russie : 22 corps d'armée...... 960.000 h. 2.304 canons.
14 brigades de chasseurs....... 70.125   120   —
35 bataillons de troupes frontières 35.000
70 batteries de nouvelle création* 14.000   560   —
               Totaux..... 1.079.125 h. 2.984 canons.

France : 20 corps d'armée et 1 division et 2 brigades indépendantes et les bataillons de chasseurs.................. 713.000 h. 2.472 —
   Totaux : la valeur de 48 corps d'armée.................... 1.792.125 h. 5.456 canons.

TROUPES DE 2e LIGNE

Russie : 24 divisions de réserve. 435.600 h. 768 canons.
1 corps d'armée irrégulier.... 34.620   108   —
                            470.220 h. 876 —

France : 18 corps d'armée de réserve...................... 552.000 1.620 —
   Totaux : la valeur de 31 corps d'armée.................... 1.022.220 h. 2.496 canons.

---

* Un ukase impérial vient de réorganiser l'artillerie russe et la renforce de 70 batteries.
  Cette réorganisation devra être terminée pour le 1er janvier 1898.

TROUPES DE 3ᵉ LIGNE

Russie : 20 divisions d'opoltchénié. 358.000 h. 640 canons.
France : 18 corps d'armée territo-
    riaux...................... 530.000   1.296   —

  Totaux : la valeur de 28 corps
d'armée................... 888.000 h. 1.936 canons.

TROUPES DE DÉFENSE DES TERRITOIRES ET DÉPOTS

Russie { troupes de forteresses et dépôts............ 784.125
       { 1ᵉʳ ban de la milice.... 1.320.000 } 2.104.125 h.

France 968.000

                         Totaux........ 3.072.125 h.

RÉCAPITULATION :

Cavalerie indépendante { 29 divisions.   123.000 h.   348 canons.
Troupes de 1ʳᵉ ligne   { 45 corps d'armée   1.792.125   5.456   —
Troupes de 2ᵉ ligne   { 31   —   1.022.220   2.496   —
Troupes de 3ᵉ ligne   { 28   —   888.000   1.936   —

Totaux : 29 divisions
  et 107 corps d'armée.   3.825.345 h. 10.236 canons.
Troupes de défense des terri-
  toires et dépôts........... 3.072.125
         Ensemble...... 6.897.470 h.

LES FORCES ENNEMIES

TRIPLE ALLIANCE :

Cavalerie indépendante : 18 divisions...............	73.350 h.	216 canons.
101 corps d'armée.........	3.290.000	8.704 —
Troupes de campagne......	3.363.350	8.920 canons.
Troupes de défense des territoires et dépôts.........	2.461.148	
Totaux......	5.824.498 h.	

ALLIANCE FRANCO-RUSSE

Cavalerie indépendante : 29 divisions...............	123.000 h.	348 canons.
107 corps d'armée.........	3.702.345	9.888 —
Troupes de campagne......	3.825.345	10.236 canons.
Troupes de défense des territoires et dépôts.........	3.072.125	
Ensemble.....	6.897.370 h.	

Les forces de la triple alliance sont de :
18 divisions indépendantes et
101 corps d'armée......... 3.363.350 h. 8.920 canons.

Celles de l'alliance franco-russe sont de :
29 divisions et 107 corps
d'armée................. 3.825.345 h. 10.236 —

DIFFÉRENCE AU PROFIT DE L'ALLIANCE FRANCO-RUSSE

11 divisions de cavalerie indépendante...............	49.650 h.	132 canons.
6 corps d'armée..........	412.345	1.184 —
Différence......	461.995 h.	1.316 —

Laissant disponibles comme dépôts et troupes de défense des territoires :

Alliance franco-russe.................... 3.072.125 h.
Triple alliance......................... 2.461.148
Différence........ 610.977 h.

LES NEUTRES

BELGIQUE

La Belgique, qui peut être appelée à défendre par les armes sa neutralité, pourrait en cas de complications européennes mettre sur pied de guerre les effectifs suivants :

ARMÉE ACTIVE

14 régiments d'infanterie à 3 bataillons, soit 42 bataillons à 900 hommes....................	37.800 h.
3 régiments de chasseurs à 3 bataillons, 9 bataillons.......................	8.100
1 régiment de grenadiers à 3 bataillons.....	2.700
1 régiment de carabiniers à 6 bataillons....	5.400
18 quatrièmes bataillons..................	16.200
19 bataillons de dépôt....................	17.100
8 régiments de cavalerie à 4 escadrons......	4.800
8 escadrons de dépôt.....................	1.200
4 régiments d'artillerie ensemble :	
35 batteries montées à 6 pièces............	7.875
4 — à cheval —	900
4 batteries de dépôt —	900
3 régiments d'artillerie spécialement destinés aux places fortes (48 batteries).........	10.800
6 compagnies du train....................	1.500
1 régiment du génie à 12 compagnies.......	2.700
1 bataillon du génie, dépôt................	900
2 compagnies télégraphistes...............	450
1 — chemins de fer........	225
2 — pontonniers...........	450
Total...........	120.000 h.

Cette force totale représente :

Infanterie : 97 bataillons..................	87.300 h.
Cavalerie : 8 régiments et 8 escadrons.....	6.000
Artillerie de campagne : 43 batteries........	9.675
Artillerie des places fortes 48 batteries	10.800
Train : 6 compagnies......................	1.500
Génie : 1 régiment, 1 bataillon et 5 compagnies	4.725
Total.........	120.000 h.

Avec 43 batteries de campagne (258 canons).

GARDE CIVIQUE

30.000 hommes environ (infanterie, cavalerie et artillerie)...................	30.000
Ensemble......	150.000 h.

Ces effectifs pourraient donner lieu aux formations suivantes :

1 division de cavalerie indépendante à 2 brigades et 2 batteries d'artillerie 2.850 hommes.

2 corps d'armée, formés chacun à 2 divisions et 1 régiment de chasseurs, 15 batteries montées et 1 batterie à cheval, 1 brigade de cavalerie, 1 bataillon du génie, 2 compagnies du train et services accessoires 30.613 hommes et 96 canons.

La garnison des places fortes est formée de :

18 4ᵉ bataillons.........................	16.200 h.
3 régiments d'artillerie..................	10.800
2 bataillons du génie....................	1.800
la garde civique.........................	30.000
Total...........	58.800 h.

Il resterait disponible pour des formations spéciales, ou pour renforcer les garnisons des places fortes :

1 régiment de chasseurs..................	2.700 h.
3 bataillons de carabiniers................	2.700
19 bataillons de dépôt...	17.100
8 escadrons de cavalerie, dépôt...........	1.200
9 batteries d'artillerie montée (dont 4 de dépôt)................................	2.025
2 compagnies du train....................	500
1 bataillon du génie, dépôt...............	900
Total............	27.125 h.

Il est à remarquer que les forces actives destinées à tenir campagne sont absolument insuffisantes pour s'opposer aux projets d'un ennemi résolu.

Les forteresses de Liège, Namur et Anvers, ne pourraient guère disposer chacune que d'une garnison de défense d'environ 20.000 hommes.

La garde civique, dont l'instruction militaire est insignifiante et dont la valeur au combat ne serait probablement pas bien grande, figure pour près de moitié dans le nombre des défenseurs de ces places.

On peut donc supposer que la Belgique est à la merci du belligérant qui voudra violer sa neutralité et que ses places fortes, elles-mêmes, ne lui seront pas d'un bien grand secours.

GRAND-DUCHÉ DE LUXEMBOURG

Le grand-duché de Luxembourg n'a ni armée ni places fortes.

Territoire neutre, le grand-duché ne peut rien pour sauvegarder sa neutralité, et l'on peut s'attendre à voir l'Allemagne n'en tenir aucun compte.

SUISSE

La durée du service militaire en Suisse est de 30 ans. Ce service se répartit ainsi :
Elite (ou Auszug) 12 ans.
Landwehr 12 ans.
Landsturm 6 ans.

Les jeunes gens de 17 à 20 ans font également partie du landsturm.

La durée du service actif* est de 45 jours pour l'infanterie, 80 jours pour la cavalerie, 55 jours pour l'artillerie, 50 jours pour le génie.

C'est ce qu'en Suisse on appelle l'école des recrues.

Tous les 2 ans ces soldats sont en outre soumis à un cours de répétition qui dure de 16 à 20 jours, suivant l'arme.

Les gradés sont en outre soumis à des appels supplémentaires, pour chaque grade qu'ils obtiennent, et qui sont en fait des cours de perfectionnement. Les gradés sont également appelés 8 jours avant l'arrivée des recrues et peuvent de la sorte se préparer à leur rôle d'instructeurs.

Il ne faut pas oublier, qu'à côté du service militaire, tous les jeunes Suisses sont fortement entraînés par des cours de gymnastique (de 10 à 20 ans) et que de 18 à 20 ans ils sont astreints à des exercices de tir.

Il ne faut pas oublier non plus que l'étude et la pratique du tir sont très en honneur en Suisse et que le nombre des sociétés de tir, qui va en progressant tous les ans, est de 2.704, comptant 118.730 membres.

Si, à cause de la grande réduction du service militaire, l'armée suisse ne doit pas être bien bonne manœuvrière, elle est certainement fortement instruite au point de vue du tir.

Etant donnée la configuration du sol de la Suisse, étant

(*) L'effectif des troupes entretenues d'une façon permanente par la Suisse est d'environ 3.500 hommes.

donné le rôle qui, en cas de conflagration européenne, est dévolu à ses troupes, on peut affirmer que l'armée suisse est capable de remplir, d'une façon sérieuse et efficace, la mission qui lui sera confiée : la protection de sa neutralité et la garde de son territoire.

Sur pied de guerre, l'armée suisse donnerait lieu aux formations suivantes :

ELITE

98 bataillons d'infanterie à 4 compagnies...	77.040 h.
8 bataillons de chasseurs...............	6.240
8 régiments de dragons à 3 escadrons.....	3.000
48 batteries de campagne à 6 pièces.......	7.730
2 — de montagne —	340
10 compagnies d'artillerie de position.....	1.228
16 colonnes de parc.....................	2.584
8 bataillons du génie à 3 compagnies......	3.144
8 bataillons du train....................	1.712
Etats-majors et escortes.................	971
Services accessoires.....................	1.436
Total..........	105.425 h.

LANDWEHR

98 bataillons d'infanterie.................	77.040 h.
8 bataillons de carabiniers...............	6.240
24 escadrons de cavalerie.................	3.000
8 batteries de campagne..................	1.300
15 compagnies d'artillerie de position......	1.850
8 colonnes de parc......................	1.300
8 bataillons du génie....................	3.000
8 bataillons du train....................	1.700
Services accessoires.....................	1.500
Total..........	96.930 h.

LANDSTURM

Le landsturm organisé seulement en 1886 comprend, outre les hommes sortant de la landwehr, tous ceux qui n'ont pas été appelés au service militaire.

On peut évaluer son effectif à 350.000 hommes dont les deux tiers n'ont pas servi.

Le landsturm pourrait fournir 90.000 hommes exercés.

RÉCAPITULATION :

Elite		105.425 h.
Landwehr		96.930
Landsturm exercé		90.000
Total		292.355 h.
Landsturm non exercé	260.000	
1ʳᵉ classe à appeler	25.000	285.000
Total général		577.355 h.

Cette force totale représente :

196 bataillons d'infanterie	154.080 h.
16 bataillons de chasseurs et de carabiniers	12.480
48 escadrons de cavalerie	6.000
56 batteries d'artillerie de campagne	9.030
2 — — de montagne	340
25 compagnies — de position	3.078
24 colonnes de parc	3.884
16 bataillons du génie	6.144
16 bataillons du train	3.412
Etats-majors et services accessoires	3.907
Total	202.355 h.
Landsturm exercé	90.000
Total	292.355 h.

Avec 83 batteries (498 canons) et 30.000 chevaux.

Ces forces sont réparties en 8 corps d'armée composés chacun de 2 divisions d'infanterie, 2 bataillons de chasseurs, 6 escadrons de cavalerie, 10 batteries (60 canons), parc d'artillerie, 1 bataillon du génie, 1 bataillon du train et services accessoires.

Ensemble 25.000 hommes, 4.000 chevaux et 750 voitures.

IVe PARTIE

LES FRONTIÈRES

QUELQUES OBSERVATIONS

Il paraît utile, afin de posséder des indications suffisantes sur la mobilisation des armées ennemies, sur les points probables de concentration et sur les théâtres présumables des premières opérations de guerre, il paraît utile d'étudier d'une façon sommaire les différentes frontières.

C'est qu'en effet, le plus ou moins de facilité des communications, la configuration du pays, sa richesse ou sa pauvreté, son système défensif, la distance plus ou moins considérable des points de mobilisation aux points de concentration, à proximité des zones choisies pour les premières opérations, tout est à considérer, tout doit peser d'un grand poids sur les décisions à prendre.

Si nous voulons posséder une notion générale suffisante de ce que pourront être les débuts d'une prochaine guerre, si nous voulons rechercher les zones menacées, nous rendre compte de la possibilité de la défense, il nous faut passer à l'étude du terrain et des voies de communications, il faut rechercher la durée probable de la concentration et la puissance des effectifs.

Je vais essayer cette étude, qui seule peut permettre de fixer les idées sur cette importante question.

Il ne faut pas chercher dans ce travail des données certaines, il ne faut pas lui demander des indications précises, ni espérer y rencontrer quelqu'indiscrétion coupable. C'est tout simplement une étude, la carte à la main, qui nous permettra de voir où est l'intérêt de l'ennemi, ce qu'il peut faire, pourquoi nous sommes menacés sur tel point plutôt que sur tel autre : voilà tout.

Ce travail tout le monde peut le faire, il ne touche en rien au secret d'Etat, il ne ressemble en rien au plan de mobilisation et de concentration tenu absolument secret, on n'y trouvera aucune des données qui intéressent la défense du pays et qui doivent également demeurer secrètes, la divulgation de quelque partie de ces documents pouvant avoir les plus graves conséquences.

Il ne peut être non plus utile à l'ennemi ; cette étude, il l'a faite depuis longtemps, plus complète, plus exacte, plus fouillée dans les détails.

Car, ainsi que la France, l'Allemagne, comme toutes les autres puissances, a aussi son plan de mobilisation, de concentration et d'opérations.

Travail du temps de paix, élaboré lentement et sûrement, constamment revu et corrigé ; avec les graphiques qui permettent de savoir, à quelques heures près, la durée des mouvements de concentration et la puissance des effectifs réunis aux points désignés.

Cette œuvre est plus modeste, et je m'estimerai heureux si sa lecture peut donner le calme et la confiance à ceux qui, nombreux encore, ne songent à l'avenir qu'avec une patriotique inquiétude.

FRONTIÈRES FRANÇAISES

FRONTIÈRE FRANCO-BELGE

La frontière franco-belge, de Dunkerque à Longwy, développe, à vol d'oiseau, un front de 300 kilomètres.

La partie de cette frontière comprise de Dunkerque à Givet (200 kilomètres) en forme la première zone.

La partie de Givet à Longwy (100 kilomètres) se trouve trop intimement liée à la frontière luxembourgeoise, au point de vue des opérations militaires, pour en être distraite.

Je dirai d'abord que la meilleure protection pour notre frontière du nord-est devrait être la neutralité de la Belgique ; mais, la Belgique n'ayant pas la force militaire nécessaire pour faire respecter sa neutralité, l'Allemagne n'hésitera pas un instant à envahir le territoire belge, si elle espère y trouver un avantage.

Voyons donc de quelle force de résistance serait capable notre frontière nord-est, au cas d'une attaque sur ce point par une armée allemande.

Cette partie de la frontière comporte quatre saillants.

Au nord se trouve le camp retranché de Dunkerque, qui défend le port et le chemin de fer côtier de Boulogne-Calais-Dunkerque. Cette voie ferrée se dirige ensuite vers la Belgique et diverge dans toutes les directions du nord de ce pays.

Le premier saillant est occupé par le camp retranché de Lille, distant de Dunkerque de 65 kilomètres.

Entre ces deux positions, le terrain est plat, coupé de petits cours d'eau et de canaux qui n'offrent qu'une protection insuffisante à la défense, le pays est sillonné de nombreuses routes et voies ferrées.

Deux rivières plus importantes traversent cette région, l'Yser et la Lys, mais, par leurs cours parallèles à la voie d'invasion, elles ne peuvent, au lieu d'un surcroît de force, qu'apporter un élément de faiblesse à la défense.

Ce serait une zone excellente d'invasion si sa position, par trop excentrique, n'allongeait outre mesure les distances à parcourir par l'ennemi et ne le détournait par trop du but à atteindre : la vallée de la Seine et Paris.

Le camp retranché de Lille, sur la Deule, qui coule parallèlement à l'un des fronts d'attaque, est très important par ses défenses : il forme le centre d'un puissant nœud de communications, routes et chemins de fer, et commande également une partie du cours de la Lys.

Son investissement mesurerait un développement d'au moins 70 kilomètres et immobiliserait 4 ou 5 corps d'armée.

Le second saillant est occupé par Valenciennes, flanquée au nord par le fort de Condé et à l'est par celui de Curgis.

Valenciennes, sur l'Escaut, est distante de Lille de 45 kilomètres. Dans cet intervalle coule la Scarpe, qui se jette dans l'Escaut près de la frontière belge.

Entre la Scarpe et Lille le terrain est plat, coupé de cours d'eau, avec de nombreuses routes et voies ferrées.

Au nord de Valenciennes, entre l'Escaut et la Scarpe se trouvent les forêts de Raisme et de Vigoigne, larges de 8 kilomètres, profondes de 20 kilomètres, qui sont protégées sur leur front et sur leurs flancs par la Scarpe et l'Escaut ; elle sont en outre couvertes au nord-est par le fort de Condé et au sud-est par la place de Valenciennes.

Un système d'inondation permettrait de rendre impraticable le terrain entre la Scarpe et l'Escaut, entre Valenciennes, Douai et Marchiennes, et couvrirait le front ouest de ces forêts.

La zone abordable entre Lille et Valenciennes se réduit à une trouée large de 20 kilomètres, trop étroite pour être utilisée facilement comme voie d'invasion.

Le troisième saillant est occupé par le camp retranché de Maubeuge, sur la Sambre, à 38 kilomètres de Valenciennes.

De nombreux cours d'eau, peu importants, coulent dans cet intervalle, de nombreuses routes et voies ferrées le sillonnent.

Le pays devient plus accidenté et commence à se parsemer de bois.

A 12 kilomètres à l'ouest de Maubeuge se trouve la forêt de Mormal, large de 8 kilomètres, profonde, du nord au sud, de 18 kilomètres.

Derrière cette forêt, et masqués par elle, passent le chemin de fer de Mons à Cambrai et la route de Mons à Cambrai, avec embranchement sur Landrecies. Le chemin de fer d'Anor à Valenciennes traverse aussi la forêt de Mormal. Cette dernière ligne est coupée à 15 kilomètres au sud-ouest de Maubeuge par le chemin de fer de Maubeuge à Saint-Quentin.

La ligne d'investissement de ce camp retranché devrait avoir un développement d'environ 50 kilomètres et nécessiterait l'immobilisation de 3 ou 4 corps d'armée.

Le quatrième saillant est occupé par Givet, sur la Meuse, à 65 kilomètres de Maubeuge.

L'angle rentrant, qui existe entre Maubeuge et Givet, renferme un nœud très important de voies ferrées, qui a nécessité la construction du fort d'Hirson.

La distance de Maubeuge à Hirson est de 40 kilomètres, celle d'Hirson à Givet est de 60 kilomètres.

Le pays situé entre Maubeuge et Hirson devient de plus en plus accidenté, il est coupé par des affluents de la Sambre et renferme de nombreuses forêts.

La route d'Aix-la-Chapelle à Avesnes par Liège et Charleroi, et la route de Malmédy à Avesnes par Liège, Dinant, Chimay, pénètrent sur le territoire français entre Maubeuge et Hirson.

Le fort d'Hirson commande en outre la vallée supérieure de l'Oise.

D'Hirson à Givet le terrain devient très montagneux ; dans cette partie, la route de Namur à Mézières pénètre en France par Rocroy.

Givet, sur la Meuse, dans un pays montagneux et coupé, fortement boisé, est un éperon jeté vers Namur, dont il n'est séparé que par une distance de 40 kilomètres.

Les chemins de fer de Namur à Mézières et de Namur à Hirson, sont commandés par la forteresse. Le chemin de fer de Charleroi à Mézières vient se souder, au sud de Givet, à la ligne de Givet-Mézières, à Vireux, en suivant le cours du Véronin.

Enfin, plus au sud, le fort des Ayvelles, à 45 kilomètres de Givet, défend un nœud de voies ferrées.

Nous avons vu que l'invasion par le 1ᵉʳ secteur, Dunkerque-Lille est peu probable à cause de sa situation excentrique et du retard qui en résulterait pour la concentration de l'armée allemande.

Le 2ᵉ secteur, Lille-Valenciennes, ne paraît pas devoir servir non plus de voie d'invasion, à cause de la forte position de Lille, des troupes nombreuses qu'il faudrait immobiliser pour l'attaque, du retard qui en résulterait pour les opérations ultérieures et enfin à cause du peu de développement de la trouée.

Restent le 3ᵉ secteur, Valenciennes-Maubeuge, et le 4ᵉ, Maubeuge-Givet.

Si l'Allemagne se décidait à attaquer sur cette frontière, ce serait pour se rendre maîtresse de la vallée de l'Oise, prendre en flanc nos armées et à revers notre ligne de défense de la Meuse.

Il ne faut pas oublier cependant que cette région est couverte en seconde ligne par les camps retranchés de La Fère, Laon et Reims, dont le rôle est non-seulement de boucher en arrière la trouée de la 1ʳᵉ ligne de défense et de servir de points d'appui à des armées françaises refoulées, mais encore de rejeter les attaques vers le Nord, dans une position excentrique permettant de retarder l'accès de la vallée de la Seine.

Il est une cause qui, vraisemblablement, empêchera les Allemands de tenter au début une attaque dans cette direction, c'est le temps qu'il leur faudrait pour amener leurs troupes aux points de concentration, points sur lesquels ils seraient devancés par l'armée française.

Ce n'est certes pas pour éviter de violer la neutralité de la Belgique que l'invasion suivrait une autre voie, mais parce que le bénéfice obtenu, par cet envahissement d'un territoire neutre, ne compenserait pas le retard et les difficultés ultérieures, qui pourraient en être la conséquence pour l'armée allemande.

C'est ce que j'étudierai dans la prochaine partie de ce travail.

FRONTIÈRE FRANCO-LUXEMBOURGEOISE

De Givet à Longwy, la frontière mesure en ligne droite, 100 kilomètres.

Bien que, sur tout son parcours, cette frontière soit tracée entre la France et la Belgique, je crois devoir cependant la considérer, au point de vue militaire, comme frontière luxembourgeoise, parce que l'ennemi ne peut se présenter dans cette zone qu'après avoir traversé le grand-duché de Luxembourg.

Ce serait une double violation des territoires neutres, mais, si la Belgique peut encore au besoin essayer un semblant de défense, le Luxembourg qui n'a ni armée, ni places fortes, ne peut opposer aucune résistance.

Les chemins de fer qui traversent ce pays et débouchent sur notre frontière sont d'une utilité trop grande pour l'armée d'invasion, pour que l'Allemagne hésite un seul instant à s'en servir.

La portion ouest de cette frontière forme un saillant très-prononcé, de 40 kilomètres de longueur, dont le terrain, très-accidenté, est couvert d'épaisses forêts. Au sommet du saillant se trouve la place forte de Givet.

Le long de la frontière, de la base du saillant jusqu'au delà de Carignan (40 kilomètres), le terrain est montueux et boisé.

De ce point à Ecouviez (20 kilomètres) il reste montagneux, mais les forêts disparaissent.

Ecouviez se trouve dans un angle rentrant, au sommet duquel se trouve la place de Montmédy.

De là, la frontière gagne Longwy (environ 25 kilomètres) terrain toujours accidenté et en partie boisé.

Longwy forme un léger saillant et commande des chemins de fer et des routes venant de la Belgique et du Luxembourg.

Sur cette frontière, les chemins de fer pénètrent en France par Longwy, Montmédy et Givet; ils sont commandés par ces places fortes.

Les principales routes pénétrant sur notre territoire sont celles de Luxembourg et d'Arlon à Longwy, de Saint-With et Malmédy, par Virton, à Montmédy; la route de Verviers, par Bouillon, à Sedan.

Ces routes aboutissent en France à Sedan, Mouzon, Stenay, Dun et Consenvoye, sur la Meuse, dont le passage est assuré par des ponts. Elles tournent la forêt et les collines de l'Argonne par le nord, ou en franchissent les défilés.

Mais le pays est montagneux, d'une défense facile, et, s'il existe de bonnes routes de pénétration, les voies transversales ou de manœuvre sont plus rares.

De plus, la Meuse forme une barrière facile à défendre, soit en avant, soit en arrière, car sur les deux rives existent d'excellentes positions, dont on saurait certainement profiter.

Dans le cas où l'armée allemande du nord renoncerait à attaquer notre frontière du nord-est, de Givet à Dunkerque, elle se rabattrait sans doute sur la région comprise entre Longwy et Givet.

Tout en violant la neutralité du Luxembourg et de la Belgique, il ne lui serait plus nécessaire de faire une démonstration devant Liège, en outre, elle gagnerait encore du temps, ce qui est à considérer.

Mais, de ce côté, la France trouverait une excellente ligne de défense en s'appuyant sur la Meuse de Givet à Monthermé et d'autre part sur la Semoy, qui coule en Belgique, parallèlement à notre frontière et forme un angle à peu près droit avec la Meuse, où elle se jette à Monthermé.

La plus grande partie du Luxembourg n'est pas suffisamment riche, ni peuplée, pour assurer à de nombreuses colonnes les vivres et le gîte, les armées d'invasion ne trouveraient nul profit à se servir des routes de ce pays. Il est donc probable que tous les mouvements de concentration seraient exécutés par chemins de fer.

Du reste, l'Allemagne y gagnerait du temps.

Seuls, quelques détachements pourraient être envoyés pour assurer la sécurité des transports et tenir le pays dans une entière soumission.

Nous verrons plus loin quels seraient les résultats produits par la modification de la concentration de l'armée allemande du nord, si elle se servait des voies ferrées du Luxembourg, conjointement à celles de la partie méridionale de la Belgique, pour se concentrer devant ce que je crois devoir appeler la frontière franco-luxembourgeoise.

FRONTIÈRE D'ALSACE-LORRAINE

De Longwy à Saint-Hippolyte, au sud de Montbéliard, cette frontière mesure en ligne droite 250 kilomètres, en en suivant les sinuosités elle atteint 375 kilomètres.

Il est à remarquer que, sauf dans les Vosges, cette frontière ne renferme aucun obstacle naturel qui puisse être utilisé par la défense.

La frontière politique est absolument de nulle valeur, et l'on ne peut considérer, au point de vue de la défense du pays, que la frontière militaire, plus en arrière, qui seule peut répondre à des besoins stratégiques et tactiques.

La frontière militaire peut être divisée en 4 zones.

1° de Mézières à Verdun, à vol d'oiseau 80 kilomètres ;
2° de Verdun à Pont-Saint-Vincent, 100 kilomètres ;
3° de Pont-Saint-Vincent à Epinal, 60 kilomètres ;
4° d'Epinal à Saint-Hippolyte, 100 kilomètres ;

LA TROUÉE DE LA MEUSE

De Mézières à Verdun, cette frontière militaire est bordée par la Meuse, qui coule dans la direction générale du sud-est au nord-ouest, et forme un obstacle difficile à franchir.

De Mézières à Sedan, la région de la rive droite de la Meuse est montagneuse et fortement boisée.

De nombreux cours d'eau descendent des collines, du nord au sud, dans d'étroites vallées. Des routes peu nombreuses et fortement accidentées relient la vallée de la Meuse à la vallée de la Semoy.

La rive gauche est bordée, à faible distance, de collines assez élevées permettant une facile défense du cours du fleuve.

Les points de passage sont les ponts de Mézières, route et chemin de fer, le pont du chemin de fer à Launes, qui sont sous le canon du fort des Ayvelles, le pont de Donchery et le pont de Sedan.

Les grandes voies de pénétration sont :

1° à Mézières, la route de Rethel-Reims et les chemins de fer allant à Hirson et à Rethel.

2° à Donchery, la route de Vouziers, par le défilé du Chesne.

3° à Sedan, la route de Vouziers, par le défilé du Chesne.

La Semoy forme entre les points extrêmes Mézières-Sedan une avant-ligne distante de moins de 20 kilomètres de la Meuse, avec, dans l'intervalle, une région montagneuse et boisée.

De Sedan à Stenay, la rive gauche de la Meuse est également bordée de collines qui la dominent et en permettraient une facile défense.

Près de Romilly, à l'est de Sedan, la Chiers se jette dans la Meuse, après avoir passé à Montmédy, Chauvency-le-Château, près de Margut, à Carignan et à Douzy, sur la droite de la Meuse.

Cette rivière qui, jusque vers son embouchure, coule à peu près parallèlement à la Meuse, à une distance de 10 kilomètres en moyenne, forme une avant-ligne renforcée par la présence, entre Meuse et Chiers, d'une colline partant du confluent des deux cours d'eau et se continuant jusqu'à Chauvency-le-Château, à 6 kilomètres de Montmédy.

Entre la Chiers et la Semoy, distantes d'environ 20 kilomètres, la nature très-accidentée du terrain permettrait également une défense sérieuse en avant de la Chiers.

La place de Montmédy, qui ne se trouve qu'à 25 kilomètres de Chiny, pourrait former un excellent point d'appui pour la droite d'une armée française du nord et la gauche d'une armée française de la Meuse.

Les voies de communications qui traversent le fleuve dans cette région, sont :

1° à Mouzon, la route de Vouziers, par le Chesne ;

2° à Stenay, la route de Vouziers, par Buzancy, et la route de Châlons-sur-Marne par Buzancy, Grandpré et Suippes.

De Stenay à Verdun, la rive gauche de la Meuse présente un certain nombre de reliefs utiles à la défense ; notamment les collines de Wiseppe (210 mètres) en face Mouzay; de Mont-devant-Sassey (297 mètres) en face Milly-devant-Dun, qui commande le pont de Sassey et celui de Dun ; de Dannevoux (294 mètres), en face de Vilosnes, dont elle commande le pont, et (238 mètres) en face Sivry-sur-Meuse ; du bois de Forges (265 mètres) en face de Consenvoye, dont elle commande le pont ; de Regniéville (265 mètres), à 6 kilomètres des forts de Verdun.

La rive droite de la Meuse, plus fortement convulsionnée, pourrait offrir d'excellentes positions de première ligne.

Ce serait d'abord la forêt de Wœvre, massif montagneux d'une longueur de 10 kilomètres du nord au sud et d'une largeur moyenne de 4 kilomètres de l'est à l'ouest.

Au nord de cette forêt passe la route de Damvillers à Stenay, par Jametz ; au sud celle de Damvillers à Dun-sur-Meuse, par Ecurey, Lissey, Bréhéville, Brandeville et Murvaux. Cette route franchit, entre Brandeville et Murvaux, un col qui coupe à cet endroit la chaîne de collines boisées séparant les plaines de la Wœvre de la vallée de la Meuse.

Mais en arrière de ce col, une colline isolée, la côte Saint-Germain, d'une altitude de 350 mètres, commande absolument tous les débouchés de la forêt.

Au sud de ce col, et se prolongeant jusque vers Consenvoye, sur une longueur de 15 kilomètres du nord au sud et une largeur moyenne de 4 kilomètres de l'est à l'ouest, existe une suite de bois, coupés par des éclaircies et des cultures, avec des lisières fortement découpées, jetées en avant en éperons, dont les altitudes varient de 300 à 375 mètres et donnent un relief moyen de 100 mètres au-dessus de la plaine.

Tandis que dans la forêt de Wœvre des tranchées assurent seules les communications, dans ces bois, au contraire, outre les tranchées, les chemins de Bréhéville à Vilosnes, d'Ecurey à Vilosnes, de Damvillers à Sivry-sur-Meuse, de Damvillers à Consenvoye et aussi à Brabant-sur-Meuse assurent la facilité des communications avec la vallée de la Meuse.

Cette chaîne de collines boisées ferait une excellente première ligne de défense en avant de la Meuse.

Cette première ligne pourrait elle-même être couverte par une avant-ligne qui permettrait, non-seulement de retenir un certain temps l'ennemi, mais encore de mettre en complet état de défense la ligne de résistance principale de la rive droite de la Meuse, dont je viens de parler.

Cette avant-ligne pourrait occuper les bois au sud de Montmédy, entre Juvigny et la place, et au nord les bois et le plateau au nord de Chauvency-le-Château.

Ce flanquement donné à la place de Montmédy triplerait sa valeur, et, en cas de retraite des défenseurs de l'avant-ligne sur la position principale, permettrait de les soutenir énergiquement et de leur donner un secours appréciable.

Les bois entre Louppy-sur-Loison et Vitarville pourraient, par leur occupation, retenir aussi l'ennemi un moment, en servant d'avant-ligne, reliant ainsi les positions avancées sur Montmédy et celles en avant de Damvillers, dont je vais parler.

A 6 kilomètres en avant du massif forestier du sud, et à l'est de Damvillers, les collines de Damvillers et de Romagne-sous-les-Côtes formeraient une puissante avant-ligne.

Quatre collines groupées, dont trois forment ensemble une demi-ellipse, avec la gorge tournée vers la ligne de défense principale, dont la quatrième, au nord, affecte la forme d'un demi-cercle, la gorge tournée également vers la ligne de défense, ont un relief de plus de 100 mètres au-dessus de la plaine. Leur développement du nord au sud est de 5 kilomètres et l'ellipse forme un saillant de 3 kilomètres.

L'occupation des côtes de Damvillers, éloignées seulement de 10 kilomètres à vol d'oiseau des forts de Verdun, permettrait de battre efficacement : au nord la route de Longuyon à Damvillers, vers l'est le massif forestier de Mangiennes et au sud la route de Pierrepont à Damvillers par Mangiennes et Romagne, celle de Spincourt à Damvillers par Billy et Azanne, ainsi que la forêt de Grémilly.

La trouée de la Meuse pourrait donc être défendue successivement par une avant-ligne, une première ligne sur la rive droite de la Meuse et une deuxième ligne sur la rive gauche.

La ligne de chemin de fer de Verdun à Sedan, qui longe la rive gauche de la Meuse, faciliterait considérablement les mouvements des troupes et les approvisionnements de toutes sortes.

Les principales routes qui traversent la Meuse dans cette partie de son cours sont :

1° Au pont de Sassey, la route de Longuyon, Jametz, Murvaux, qui se dirige ensuite sur Vouziers, par Wiseppe et Buzancy, avec embranchement sur Châlons-sur-Marne, à Buzancy.

2° Au pont de Dun, la même route qui peut, sur presque tout son parcours, être doublée par des chemins secondaires, pour se continuer soit sur Vouziers, soit sur Varennes et Sainte-Menehould, par le défilé de la Chalade.

3° Au pont de Vilosnes, la route de Damvillers, qui se dirige ensuite sur Montfaucon, Varennes, Neuvilly, le défilé du Claon et Sainte-Menehould.

4° Au pont de Consenvoye, la route de Pierrepont par Mangiennes et Damvillers, qui se dirige ensuite sur Sainte-Menehould, par Malancourt, Avaucourt, Aubréville, Clermont-en-Argonne et le défilé des Islettes.

La ligne de la Meuse, par sa position même, est sans doute destinée à être l'un des points de la frontière les plus disputés dès l'ouverture des hostilités.

LES COTES DE MEUSE

Vient ensuite la 2ᵉ zone, entre Verdun et Pont-Saint-Vincent, d'un développement de 100 kilomètres.

Cette zone fortifiée, située à 50 kilomètres en moyenne de la frontière politique, affecte une forme légèrement concave, avec, au nord, le camp retranché de Verdun, d'un développement de 50 kilomètres, qui commande le flanc droit de la trouée de la Meuse, et, vers le sud, le camp retranché de Toul, d'un développement de 45 kilomètres.

L'investissement de ces deux places ne pourrait être effectué complétement : pour Verdun qu'après la prise, au sud, du fort de Génicourt, à 8 kilomètres des ouvrages du camp retranché ; pour Toul qu'après la chute, au nord, du fort de Jouy, à 12 kilomètres des ouvrages avancés ; à l'est, du fort de Frouard (15 kilomètres) et des batteries de Vandœuvre et de Ludres (15 kilomètres) ; au sud-est, du fort de Pont-Saint-Vincent (12 kilomètres) ; au sud-ouest, du fort de Pagny-la-Blanche-Côte (10 kilomètres).

La trouée qui existait entre Verdun et Toul (50 kilomètres) a été bouchée, ainsi que je l'ai indiqué dans la deuxième partie de ce travail, par 7 forts d'arrêt, qui sont construits sur la rive droite de la Meuse, à l'exception de celui des Paroches situé sur la rive gauche.

Le massif montagneux, sur lequel sont construits ces forts, large de 10 à 15 kilomètres, est couronné d'une série de plateaux, pour la plupart boisés, séparés par de petites vallées encaissées, qui livrent passage aux routes.

Les crêtes, à l'est, sont formées d'une série d'éperons dominant d'environ 100 mètres les vastes plaines de la Wœvre.

Les forts ont été édifiés à la limite ouest de ces plateaux, de façon à pouvoir les tenir sous le feu de leurs canons et à battre les débouchés des vallées. Ils commandent aussi le cours de la Meuse.

Les routes principales qui conduisent à la vallée de la Meuse sont celle de Metz, Parfondrupt, Manheulles, Sommedieue, Ancemont, et celle de Metz, Doncourt, Moulotte, Fresnes-en-Wœvre, Rupt-en-Wœvre, Villers-sur-Meuse, qui sont battues par le fort de Génicourt.

La route de Metz, Mars-la-Tour, Harville, Combres, Vaux-les-Palameix, Tilly-sur-Meuse, et celle de Metz, Vionville, Sponville, Saint-Maurice-sous-les-Côtes, Lacroix-sur-Meuse, Bannoncourt, battues par le fort de Troyon.

La route de Metz, Gorze, Chambley, Vigneulles-lès-Hattonchâtel, Chaillon, Dompcevrin, battue par le fort des Paroches.

La route de Metz, Arnaville, Thiaucourt, Heudicourt, Chaillon, Saint-Mihiel, battue par le fort de Saint-Mihiel.

Celle de Pont-à-Mousson, Apremont, Saint-Mihiel, battue par les forts de Liouville et de Saint-Mihiel.

La route de Pont-à-Mousson à Commercy et celle de Dieulouard à Commercy, qui sont battues par les forts de Gironville et de Jouy.

Toutes ces routes aboutissent à des ponts sur la Meuse.

Les camps retranchés de Verdun et de Toul, forment, à chaque extrémité de cette ligne de défense, des têtes de ponts qui barrent les routes et chemins de fer, se dirigeant sur Paris, et forment de solides points d'appui de manœuvre.

Les forts d'arrêt construits entre Verdun et Toul peuvent être considérés comme les réduits de la défense des côtes de Meuse.

Il est probable, pour ne pas être plus affirmatif, que la défense première se fera sur les crêtes à l'est, crêtes qui, partant de Moulainville (groupe d'ouvrages de la défense de Verdun), offrent en avant des forts du camp retranché, jusqu'à Haudiomont, une sorte d'avant-ligne dont les altitudes varient de 305 à 363 mètres.

A partir de Haudiomont on entre dans la zone des forts d'arrêt.

Entre Haudiomont et Dommartin-la-Montagne, sur la vallée du Longeau, la première ligne de défense pourrait s'appuyer sur les bois de Bonchamp, occuper l'éperon de Mont-sous-les-Côtes, celui des Trois-Jurés, et une série d'éperons s'étendant jusqu'à Thillot, avec des altitudes variant de 319 mètres à 381 mètres.

En arrière, une seconde ligne de défense suit la route du Rozelier à Rupt-en-Wœvre, avec des altitudes de 330 à 351 mètres; elle se continue au sud par la route de Rupt-en-Wœvre à Mouilly et Vaux-les-Palameix, avec des altitudes de 324 à 373 mètres.

En troisième ligne, comme réduits de la défense, les forts de Génicourt et de Troyon.

Une avant-ligne, séparée de la première ligne de défense par la vallée du Longeau, se continue depuis la côte des Hures (372 mètres) par les côtes de Combres (373 mètres) celle d'Herbeuville (382 mètres) et celle d'Hannonville-sous-les-Côtes (397 mètres). Elle battrait au loin les plaines de la Wœvre.

Tout cet ensemble paraît former un premier secteur de défense des côtes de Meuse, appuyé sur sa gauche au camp retranché de Verdun.

Un second secteur comprendrait la ligne des côtes depuis Thillot jusqu'à Apremont-la-Forêt.

Dans ce secteur, comme première ligne de défense on trouve l'éperon de Thillot (392 mètres), ceux de Saint-Maurice, Viéville-sous-les-Côtes, Hattonchâtel, le plateau du bois de Meussaumont, entre Vigneulles et Creuë, avec des altitudes de 335 à 364 mètres. Ils sont appuyés en arrière par le plateau d'Hattonchâtel (412 mètres) et le signal de Chaillon (386 mètres), qui forment un angle rentrant.

Cet angle est lui-même couvert par les mamelons de Creuë, à l'est de ce village (364 mètres), et les côtes en demi-cercle d'Heudicourt, à l'est de Chaillon, avec des altitudes de 397 et 387 mètres, formant avant-ligne.

Au sud d'Heudicourt, la première ligne de défense continue par les crêtes de Buxières, Buxerulles, Varnéville et Apremont, avec des altitudes de 307 à 396 mètres.

Une avant-ligne formée des côtes de Montsec (380 mètres) et du Mont, au nord de Loupmont (365 mètres), couvre la partie sud de ce secteur.

En seconde ligne, se reliant à celle du premier secteur à Dommartin-la-Montagne, et couverte elle-même entre Thillot et Vigneulles par la grande forêt de la Montagne, on trouve les positions qui suivent la route de Dommartin-la-Montagne à Dompierre-aux-Bois, Lamorville, Lavignéville, Senonville et les bois de Versel, avec des altitudes de 290 mètres à 363 mètres.

En troisième ligne, sur la Meuse, les forts des Paroches et de Saint-Mihiel, les hauteurs de Spada (294 mètres) et la côte Sainte-Marie (331 mètres).

Le troisième secteur présente cette particularité que la ligne des forts est située sur la crête à l'est des côtes de Meuse.

Ce sont : au sud d'Apremont, le fort de Liouville et, à 6 kilomètres plus au sud, le fort de Gironville.

Entre ces deux forts, la ligne des côtes forme une position concave, avec des altitudes de 307 à 374 mètres.

Enfin, à 2 kilomètres au sud de Gironville, se trouve le fort de Jouy, relié avec le précédent par une crête de 355 mètres d'altitude.

En arrière de ces ouvrages, les forêts de Marbotte et de Vignot offrent une seconde ligne de défense, avec des altitudes de 301 à 391 mètres, qui faciliterait la retraite sur la rive gauche de la Meuse.

En avant de ce secteur il n'existe aucune hauteur pouvant être utilisée comme avant-ligne, mais le groupe d'étangs de Bouconville, à l'est du fort de Liouville qui les commande, et la forêt marécageuse de la Reine, à l'est des forts de Gironville et de Jouy, située sous le canon de ces ouvrages, permettraient de retarder l'approche et les attaques de l'ennemi.

Le fort de Jouy est relié aux ouvrages avancés de Toul par une ligne de crêtes de 300 à 387 mètres d'altitude, couverte en arrière par des forêts.

En utilisant les différentes lignes de défense, en les renforçant par des travaux de fortification passagère, la zone comprise entre Verdun et Toul pourrait offrir une somme considérable de résistance.

A proximité de Toul et de Verdun, qui sont reliés par routes et par une ligne de chemin de fer à double voie, les points menacés pourraient recevoir à temps les renforts nécessaires, fournis par une partie de la défense mobile de ces places.

Il est probable, en effet, qu'une attaque sérieuse ne pourra pas être tentée par l'ennemi sur tout ce front, si étendu, les attaques devront être localisées sur quelques points, afin de leur donner toute l'intensité possible et faire ainsi tomber la résistance.

Le chiffre considérable de troupes que demanderont pour leur défense les places de Toul et de Verdun, leur permettrait d'en distraire, momentanément, celles qui seraient nécessaires pour repousser l'ennemi, ou tout au moins pour bousculer ses travaux.

Le camp retranché de Toul forme un obstacle d'une valeur exceptionnelle; il ne peut être tourné par le nord qu'après la chute des forts de Jouy et de Gironville et par le sud qu'après la défaite d'une armée française dans la trouée de Pont-Saint-Vincent à Epinal.

Dans ces conditions, la place de Toul ne peut être attaquée que par le nord.

A l'est, le fort de Frouard, la forêt de Hayes, les batteries de Vandœuvre et de Ludres, et plus au sud le fort de Pont-Saint-Vincent retarderaient considérablement l'approche de l'ennemi et les travaux de siège.

Le fort de Pont-Saint-Vincent interdit à l'ennemi l'occupation de la vallée de la Moselle, vers Toul, et protège le front sud de la forêt de Hayes.

Pont-Saint-Vincent est relié directement à Toul par une ligne de chemin de fer construite spécialement à cet effet.

NANCY

A l'est de la forêt de Hayes se trouve la ville de Nancy, où aboutissent les chemins de fer venant du Rhin par le nœud de voies ferrées de Benestrof, au nord-est de Château-Salins.

Aucun ouvrage ne protège la ville sur son front, elle est seulement couverte sur ses flancs, au nord par le fort de Frouard, au sud par les batteries de Laneuveville, Vandœuvre, Ludres et le fort de Pont-Saint-Vincent.

La question de la fortification de Nancy a fait, dans ces derniers temps, l'objet de nombreuses discussions, dont beaucoup s'appuient sur des idées fausses et aboutissent à des conclusions très-discutables.

L'importance de la position de Nancy m'amène, à mon tour, à m'occuper de ce point si controversé, qui, du reste, se lie intimement au sujet traité dans cet ouvrage.

Faut-il ou ne faut-il pas fortifier Nancy ? Et, si la fortification de Nancy n'existe pas dès le temps de paix, la ville est-elle vouée, comme on veut le prétendre, à l'occupation allemande et à ses terribles conséquences ?

La fortification permanente donnerait à la position de Nancy une valeur qu'elle ne possède pas par elle-même ; en dehors de la sécurité apportée à la ville, ces travaux en feraient une base offensive sérieuse pour une marche vers le Rhin, et neutraliseraient la menace de Metz vers le flanc droit de notre ligne de résistance Meuse-Moselle.

Si l'on se décidait à fortifier Nancy, il faudrait que la ligne de défense fût portée au loin.

La fortification pourrait consister en groupes d'ouvrages commandant énergiquement le terrain environnant, assez espacés entre eux, puisqu'ils ne seraient que de solides points d'appui tactiques.

5 forts bétonnés, munis de tourelles cuirassées, renforcés par des batteries permanentes, paraissent devoir suffire à cette tâche.

Ce seraient :

Au nord, la côte de Sainte-Geneviève (à 6 kilomètres au sud-est de la côte de Mousson) (390 mètres d'altitude), avec, en avant du village de Sainte-Geneviève, deux batteries battant Pont-à-Mousson et Nomeny ; au sud-est du fort (394 mètres), une batterie commandant la vallée de la Seille ; au sud, sur le mamelon d'Autreville (374 mètres) une batterie commandant la vallée de la Moselle et menaçant Dieulouard, et une autre batterie enfilant la route de Nomeny. Ces deux batteries serviraient en outre de liaison avec le groupe voisin.

Un second groupe pourrait comprendre un fort sur la côte de Villers-les-Moivrons (417 mètres), renforcé au nord par deux batteries près de Jeandelincourt (407 et 400 mètres), commandant la vallée de la Seille, et une autre batterie au mont Toulon, menaçant Nomeny.

Un troisième groupe comprendrait un fort sur la côte d'Amance (410 mètres), commandant le chemin de fer de

Château-Salins, et une batterie au nord, entre Bouxières-aux-Chênes et Leyr (400 mètres), une batterie à l'ouest du village d'Amance (370 mètres), battant le plateau de Lanfroicourt et une batterie à l'est de Laneuvelotte, (262 mètres), commandant le chemin de fer et la route de Château-Salins.

Un quatrième groupe serait constitué par un fort sur la côte de Pulnoy (315 mètres), avec une batterie près de la ferme de Voirincourt (255 mètres) et une batterie à l'est de Seichamps (271 mètres), battant la route et le chemin de fer de Château-Salins, les débouchés de la forêt de Champenoux et la route qui, par Réméréville, se dirige sur Vic à travers la forêt de Bezange-la-Grande.

Un cinquième groupe comprendrait un fort au nord d'Art-sur-Meurthe, à Mon-Repentir (243 mètres), avec une batterie au bois de la Brûlée (250 mètres), une batterie au sud du bois du Grand-Saint-Phlin (252 mètres), commandant la vallée de la Meurthe, la ligne de chemin de fer de Blainville, les routes d'Arracourt, de Lunéville et de Bayon ; une batterie sur la côte à l'est de Saint-Phlin, battant les plateaux de Lenoncourt et de Haraucourt, commandant la petite vallée de la Pissotte ; plus à l'ouest, sur la rive gauche de la Meurthe, une batterie sur la côte de Gérardcourt (272 mètres), battant les plateaux de Manoncourt et de Varangéville, les routes de Bayon, de Lunéville, d'Arracourt et d'Einville, ainsi que le chemin de fer de Blainville.

Ce dernier ouvrage relierait l'ensemble de ces forts et batteries aux batteries, existant déjà, de Laneuveville.

Il suffirait donc de construire 5 forts et 17 batteries formant un développement de 40 kilomètres pour transformer la position de Nancy en un vaste camp retranché.

Pour donner de la solidité à cet ensemble, on pourrait, ainsi que les Allemands l'ont fait à Metz, construire à droite et à gauche de chaque fort et de chaque batterie, mais un peu en arrière, des abris souterrains, bétonnés, pouvant contenir chacun une compagnie d'infanterie, qui y serait en sécurité pendant le bombardement.

Les défenseurs ainsi abrités fourniraient au moment de l'assaut une première ligne de résistance, qui permettrait aux renforts, tenus plus en arrière, d'arriver à temps pour repousser l'ennemi.

Il y aurait une cinquantaine d'abris à construire.

Bien entendu, à la déclaration de guerre il faudrait renforcer la ligne de défense par des ouvrages en terre : batteries, tranchées, etc., ainsi du reste que cela devra se produire dans tous les camps retranchés.

Reste la question de la garnison de défense, qui sera traitée dans la prochaine partie de ce travail.

Mais la fortification n'existe pas ; la construira-t-on ? il est difficile de le prévoir ; et, si on ne se décide pas à la construire, c'est que sans doute de sérieux motifs, que nous ignorons, empêchent de le faire.

Est-ce à dire pour cela que Nancy devra fatalement être évacuée et abandonnée à l'ennemi.

Ceci je ne le crois pas.

Je crois même que, sans fortification permanente, Nancy peut être défendue et sera vraisemblablement défendue.

La présence à Nancy d'une division entière est déjà un indice de l'importance que l'on paraît attacher à cette position.

En effet, cette division, rapidement renforcée par la division de Commercy, pourrait évoluer sur le flanc droit d'une armée ennemie, venant de Strasbourg et du Rhin avec l'intention de forcer le passage de la Moselle dans la direction de Bayon-Charmes.

La division des Vosges appuyée au camp retranché d'Epinal, dont elle se servirait comme pivot de manœuvre, pourrait en même temps opérer sur le flanc gauche de cette armée.

Ces deux groupes, jetés dès le début des opérations sur les têtes de colonnes de l'armée d'invasion, retarderaient la marche de l'ennemi, permettraient à notre armée de prendre position sur la Moselle et d'en défendre énergiquement le passage.

L'armée ennemie, obligée de s'engager dans un couloir de 40 kilomètres de large, attaquée sur son front, harcelée sur ses flancs, ne pouvant se déployer faute d'espace, forcée de s'entasser sur les routes, perdrait un temps précieux et ne serait pas maîtresse de choisir son champ de bataille.

Cette armée, en même temps qu'elle chercherait à mener à bien son opération principale, le passage de la Moselle, devrait se débarrasser des adversaires qu'elle aurait sur ses flancs.

La division des Vosges, qui opérerait probablement

au nord-est d'Epinal, aurait dans le camp retranché un point d'appui solide, qui lui permettrait, lorsqu'elle serait trop vivement ramenée, de trouver un refuge momentané, d'où elle pourrait sortir à sa volonté pour tomber de nouveau sur un point quelconque des flancs de l'ennemi.

Il n'en est pas de même pour les divisions qui pourraient être chargées, du côté de Nancy, d'opérer des attaques de flanc.

Pour qu'elles manœuvrent en toute sécurité, il faut qu'elles ne puissent ni être tournées, ni être attaquées sur leurs flancs.

Nancy non défendue, ces divisions seraient en l'air, trop exposées, et risqueraient d'être refoulées dans une direction qui ne leur permettrait pas de couvrir la ville, car les positions nécessaires à la défense seraient déjà, sans doute, aux mains de l'ennemi.

Une seule ligne de retraite leur resterait sur Pont-Saint-Vincent, et encore, afin pouvoir l'utiliser, faudrait-il que leur résistance n'ait pas été de trop longue durée, sans quoi elles pourraient s'exposer à être enveloppées.

La défense des positions de Nancy s'impose donc pour permettre aux troupes de remplir un rôle facile à prévoir.

De ce que Nancy n'est pas fortifiée dès le temps de paix, s'ensuit-il donc que sa défense devienne impossible en temps de guerre.

Tout en reconnaissant que la fortification permanente donnerait à ces importantes positions une force de résistance beaucoup plus grande, je crois cependant qu'il serait possible, dès la déclaration de guerre, de les mettre en état de défense.

La ligne de résistance serait forcément plus restreinte et moins solide, mais elle pourrait suffire aux besoins.

Des hauteurs de Custines (365 mètres) à la pointe est du bois de Montenoy (365 mètres) une ligne de batteries pourrait être établie en avant du bois de Faulx, face au nord, qui commanderait la vallée de la Moselle, battrait les bois de Rumont et le plateau de Bratte.

Ces positions ont l'inconvénient d'être dominées à trop faible distance par le plateau de Sainte-Geneviève, mais rien ne prouve que, après avoir exécuté les premiers et plus urgents travaux de défense, il ne serait pas possible, encore d'occuper ce plateau par des batteries avancées renforcées par des tranchées.

La lisière est des bois de Faulx (400, 405 et 309 mètres) serait également pourvue de batteries, commandant le plateau de Lanfroicourt.

Les hauteurs d'Amance (410 et 370 mètres) seraient couronnées de batteries, battant les points précédemment indiqués.

Plus au sud, et toujours face à l'est, le Pain-de-Sucre (358 mètres), le mamelon au nord de la route de Seichamps (296 mètres) le plateau de Seichamps, en seraient également garnis, pour battre la route et le chemin de fer de Château-Salins, ainsi que les débouchés de la forêt de Champenoux.

La côte de Pulnoy (315 mètres), la position au sud du bois du Grand-Saint-Phlin (252 mètres), le bois de la Brûlée (250 mètres), Mon-Repentir (243 mètres), recevraient aussi des batteries, battant les points indiqués précédemment.

Tous ces travaux en terre seraient rapidement exécutés. On trouverait facilement sur place des terrassiers pour les construire, sous la direction du génie, de façon à laisser les troupes libres pour la mission urgente qui leur incomberait.

Le front fortifié ne serait plus que de 25 kilomètres, il pourrait être renforcé, au fur et à mesure de l'avancement des travaux, par de nouvelles batteries intermédiaires, des tranchées, etc.

Les premiers travaux ne répondant évidemment qu'aux besoins les plus indispensables de la défense.

Il est à présumer que l'ennemi ne s'attarderait pas, du moins au début, à une attaque sérieuse de ces positions, même si elles n'étaient que faiblement défendues.

Il est probable qu'il ne se laisserait pas détourner de son objectif principal, le seul qui ait pour lui une utilité capitale, le passage de la Moselle.

Il chercherait à bousculer la défense sur son front et à écraser nos flanc-gardes, mais la présence du camp retranché d'Epinal et des ouvrages de Nancy permettrait à nos divisions, grâce à ces points d'appui, de remplir leur rôle sans risquer pour elles-mêmes un désastre.

La première ligne de défense établie, il y aurait lieu d'en commencer de suite une seconde, puis une troisième, afin de recevoir les défenseurs refoulés et de poursuivre pied à pied la défense du terrain.

Dans ces conditions, Nancy pourrait vraisemblablement résister, quel que fût l'acharnement de l'attaque, et pourrait encore, au moment favorable, servir de base offensive pour la marche en avant de nos armées vers le Rhin.

Reliée par deux lignes de chemins de fer à Pont-Saint-Vincent et à Toul, la position de Nancy resterait en communication constante, par ces points, avec le reste du pays.

Elle aurait en outre l'avantage de former une ligne de défense en équerre avec la ligne des forts de Meuse, et menacerait le flanc de l'ennemi.

Elle formerait aussi une impasse, impraticable pour l'ennemi, dans le triangle compris entre Pont-à-Mousson, Saint-Mihiel et Pont-Saint-Vincent, d'une largeur de 40 kilomètres entre Pont-à-Mousson et Saint-Mihiel et d'une profondeur de 30 kilomètres dans la direction de Pont-Saint-Vincent.

Cette impasse pourrait être utile comme zone de rassemblement et point de départ d'une action offensive, des troupes de défense mobile de Toul et de Nancy, contre le flanc d'un ennemi qui menacerait la ligne des forts de Meuse, en combinaison avec les troupes de défense mobile de Verdun, attaquant cet ennemi sur son front.

La fortification, permanente ou passagère, de Nancy complèterait donc heureusement le système de défense des côtes lorraines et leur donnerait le caractère offensif qui leur manque, par le fait même de la position en équerre des deux lignes d'ouvrages, dont la branche nord-sud-est a un développement de 80 kilomètres, et la branche sud-nord-est aurait un développement de 25 à 30 kilomètres.

La partie sud, formée du fort de Pont-Saint-Vincent et des camps retranchés de Toul et de Nancy, aurait une force de résistance exceptionnelle et serait à même de jouer un rôle des plus importants dans la défense de la ligne de la Moselle.

LA TROUÉE DE LA MOSELLE

La Moselle relie le fort de Pont-Saint-Vincent à Epinal, elle est éloignée de la frontière de 40 à 60 kilomètres.

C'est la principale ligne de défense.

Quatre cours d'eau coulent parallèlement à cette frontière, formant autant de lignes de résistance.

Ce sont :

La Meurthe, de 20 à 25 kilomètres à l'ouest de la frontière, avec un développement de 60 à 70 kilomètres, de Fraize, Saint-Dié, Raon-l'Etape, Baccarat à Lunéville.

La ligne de chemin de fer de Lunéville à Saint-Dié et la route de Lunéville à Saint-Dié suivent la vallée de la Meurthe.

A l'est de la Meurthe, la forêt de Mondon, située en pays montagneux, avec des altitudes de 300 à 352 mètres, bordée par la Vezouze et l'un de ses affluents la Verdurette, distants de 5 à 8 kilomètres de la Meurthe, formerait une bonne avant-ligne sur la partie nord du cours de la Meurthe ; sur la partie sud on pourrait utiliser comme avant-ligne les massifs montagneux de Raon-l'Etape et de Provenchère.

Dans la vallée de la Vezouze passe la route de Lunéville à Blâmont et à Badonvillers.

En arrière de la Meurthe, à des distances variables, 8 kilomètres à Gerbéviller, 16 kilomètres entre Rambervillers et Raon-l'Etape, 20 kilomètres entre Brouvelieures et Saint-Dié, coule la Mortagne, avec un parcours de 40 à 50 kilomètres, qui forme la deuxième ligne de défense.

Entre les deux cours d'eau le terrain est montagneux et boisé, avec des altitudes de 295 à 699 mètres, coupé de petites vallées avec de nombreux chemins.

La route de Lunéville à Bruyères, suit le cours de la Mortagne.

Entre Epinal et Pont-Saint-Vincent, la Moselle, de 20 à 25 kilomètres à l'ouest de la Mortagne, forme la 3ᵉ ligne de défense, avec un développement de 60 kilomètres.

Le terrain situé entre la Mortagne et la Moselle est montagneux, fortement coupé, en partie boisé, il dessine une ligne de crêtes parallèle à la Moselle, avec des altitudes de 350 à 400 mètres, procurant d'excellentes positions de défense en avant de cette rivière.

La route et le chemin de fer de Nancy à Epinal suivent cette vallée pendant une partie importante de leur parcours.

La Moselle, la Mortagne, la Meurthe et la Vezouze sont reliées, au nord, par le chemin de fer de Nancy à Sarrebourg, la protection de cette voie ferrée est assurée par le fort de Manonviller, à 4 kilomètres au nord de la Vezouze.

La Moselle, la Mortagne et la Meurthe sont reliées, au sud, par le chemin de fer d'Epinal à Saint-Dié.

Tout le terrain compris entre la Moselle et la Meurthe se trouve de la sorte entouré par une ligne continue de chemin de fer, dont l'utilité serait sans doute bien grande en permettant de rapides mouvements de troupes.

Deux tronçons de chemins de fer relient en outre Lunéville à Gerbéviller et Charmes à Rambervillers.

Deux routes, l'une sur la rive gauche, l'autre sur la rive droite de la Moselle, relient Epinal à Nancy.

La route de Nancy à Lunéville, au nord, celle d'Epinal à Saint-Dié, au sud, contribuent, avec les chemins de fer déjà cités, à assurer les communications sur les flancs de ces positions.

A l'intérieur de cette zone les relations existent entre la Moselle et la Mortagne par les routes d'Epinal à Gerbéviller, d'Epinal à Rambervillers, de Bayon à Lunéville, de Bayon à Gerbéviller et à Magnières, de Charmes à Rambervillers et de Châtel-sur-Moselle à Bruyères.

Entre la Mortagne et la Meurthe les communications sont assurées par les routes de Magnières à Baccarat, de Rambervillers à Baccarat, de Rambervillers à Raon-l'Etape et de Rambervillers à Saint-Dié.

La quatrième ligne de défense est formée par le Madon, qui coule à une distance de 10 à 20 kilomètres à l'ouest de la Moselle.

Le terrain, entre les deux cours d'eau, présente une ligne de crêtes à l'est, qui commande la Moselle, et renferme au sud le massif montagneux de Mirecourt.

Les nombreuses routes, qui sillonnent le pays en tous sens, assurent la facilité des communications.

La ligne de chemin de fer d'Epinal à Toul passe à l'ouest du Madon. Cette ligne se relie avec l'intérieur de la France par les voies ferrées de Vesoul-Epinal, Langres-Mirecourt, Neufchâteau-Mirecourt, qui s'y raccordent.

En arrière du Madon, le terrain moins accidenté se rattache au nord aux collines de Toul, au centre aux collines de Neufchâteau, au sud aux monts Faucilles.

La trouée s'élargit et l'ennemi, sorti du couloir Nancy-Epinal, pourrait opérer son déploiement.

Il est donc nécessaire d'empêcher à tout prix le passage de la Moselle, qui forme dans cette trouée la dernière et la plus sérieuse ligne de résistance.

Il reste à examiner le terrain compris entre Lunéville et Nancy.

Deux cours d'eau principaux, perpendiculaires à la frontière, le traversent.

Ce sont : la Seille et le Sanon.

De la Vezouze au Sanon, la distance moyenne est de 8 à 15 kilomètres, du Sanon à la Seille elle est de 15 à 20 kilomètres.

Le canal de la Marne au Rhin suit le cours du Sanon, augmentant ainsi les difficultés du passage.

Le terrain très-accidenté et en partie boisé est pourvu de nombreuses routes.

La situation des cours d'eau est plus favorable à l'invasion qu'à la défense, ils ne comportent en effet aucune ligne de résistance et sont de nature à gêner les mouvements latéraux des défenseurs. Mais la nature accidentée du terrain, qui offre de sérieux points d'appui, compense en partie cet inconvénient.

Dans la région située entre la Vezouze et le Sanon, la forêt de Parroy, dont le flanc droit est commandé par le fort de Manonviller et le flanc gauche protégé par le Sanon et le canal de la Marne au Rhin, offre de bonnes positions défensives, qui retiendraient assez longtemps l'ennemi devant elles.

Dans la région située entre le Sanon et la Seille, la forêt de Bezange-la-Grande et celle de Champenoux joueraient le même rôle, formant en même temps une puissante avant-ligne de la défense de Nancy.

C'est dans le secteur compris entre la Seille et la Vezouze et plus particulièrement entre la Seille et le Sanon qu'il serait possible à un corps d'armée, appuyé par la position fortifiée de Nancy, d'agir avec énergie, d'abord contre les têtes de colonnes de l'armée ennemie et ensuite sur ses flancs.

Les voies de pénétration que les Allemands peuvent utiliser pour se concentrer dans cette région sont : la ligne de chemin de fer de Strasbourg à Nancy ; celles venant d'Allemagne et de Lorraine, qui aboutissent, par le nœud stratégique de Benestrof, à la source du Sanon et à Château-Salins.

Ensemble trois lignes de concentration débouchant entre la Vezouze et la Seille.

Les routes, plus nombreuses, sont celles de Metz à Château-Salins, Metz à Dieuze, Bitche à Marsal, Haguenau à Blâmont, Strasbourg à Badonviller, Strasbourg à Raon-l'Etape, Strasbourg à Provenchère, Strasbourg à Saint-Dié, Neuf-Brisach à Saint-Dié et à Bruyères.

En arrière de la trouée de la Moselle, le fort de Bourlemont, à 40 kilomètres à l'ouest du Madon, et le camp retranché de Langres, à 75 kilomètres du Madon, distants l'un de l'autre de 50 kilomètres, permettraient à une armée en retraite de recommencer la lutte, en s'en servant comme points d'appui.

LES VOSGES

La quatrième zone, entre Epinal et la frontière suisse, est formée par les montagnes des Vosges.

Très-forte par elle-même, cette frontière a été complétée par une ligne de défense qui affecte la forme d'un angle très-obtus, dont le sommet, le Ballon de Servance, est tourné vers l'Alsace.

Epinal, qui termine au nord cette ligne fortifiée, est situé à environ 40 kilomètres à l'ouest de la frontière, le sommet de l'angle, le Ballon de Servance, distant de 45 kilomètres d'Epinal est éloigné de la frontière d'environ 5 kilomètres.

C'est la branche nord-sud-est de l'angle, l'autre branche se dirige du nord au sud, à proximité de la frontière, en passant par Belfort, pour aboutir à Pont-de-Roide, où elle forme un retour vers l'est jusqu'à la frontière suisse, pour barrer par une suite d'ouvrages fortifiés toute invasion venant d'Alsace ; cette dernière branche de l'angle mesure 55 kilomètres.

Ce qui donne à la fortification des Vosges un développement de 100 kilomètres, avec 2 camps retranchés distants l'un de l'autre de 60 kilomètres, reliés par 6 forts, et au sud de Belfort les ouvrages de Montbéliard et de Pont-de-Roide, qui achèvent de boucher la trouée de Belfort et se soudent à la frontière suisse.

Les motifs qui ont fait choisir Epinal, en arrière de la

frontière, au lieu de positions plus rapprochées, celle de Provenchère par exemple, semblent être les suivants : 1° réduire la largeur de la trouée qui eût été autrement de 20 kilomètres plus large, 2° assurer la défense de la ligne de la Moselle, 3° rapprocher la ligne principale de défense du camp retranché de Langres.

Le pays est essentiellement montagneux, très-coupé, fortement boisé et présente de fortes altitudes.

Aucune voie ferrée ne franchit le massif des Vosges ; les seuls points de pénétration sont dans la trouée de Belfort.

A Belfort pénètrent les lignes venant de Strasbourg et de Neuenbourg et celle venant de Porrentruy (Suisse). A Montbéliard pénètre une ligne venant de Porrentruy.

La vallée de la Haute-Moselle est suivie par une ligne de chemin de fer, venant d'Epinal, qui permet des communications faciles avec les forts jusqu'au Ballon de Servance. Une ligne partant de Belfort assure les communications avec le fort de Giromagny.

Montbéliard est relié à Belfort par deux lignes de chemins de fer ; l'une, à l'est, est exposée aux entreprises de l'ennemi, l'autre, à l'ouest, est à l'abri de toute tentative.

Saint-Hippolyte, Pont-de-Roide et Montbéliard sont aussi reliés par chemin de fer.

De chaque côté de la chaîne des Vosges des tronçons de voies ferrées pénètrent dans les hautes vallées, mais aucune ne franchit les crêtes.

Une bonne route réunit Epinal à Belfort, deux routes réunissent Belfort à Montbéliard et à Pont-de-Roide, où se termine la ligne fortifiée, un peu au nord de Saint-Hippolyte.

Les principales routes qui franchissent la chaîne des Vosges sont :

La route de Strasbourg à Epinal, commandée par le camp retranché ; celle de Neuf-Brisach à Epinal, commandée par le fort d'Arches ; la route de Neuf-Brisach à Remiremont, commandée par le fort de Parmont ; celle de Neuenbourg à Lure et à Luxeuil, commandée par les forts du Ballon de Servance, de Château-Lambert et de Rupt ; les routes de Strasbourg à Belfort, de Neuenbourg à Belfort et de Huningue à Belfort, commandées par le camp retranché ; la route de Huningue à Montbéliard, commandée par la place, et la route de Huningue à Pont-de-Roide, par Porrentruy, commandée par les ouvrages de Pont-de-Roide.

En arrière de cette ligne de défense se trouvent les camps retranchés de Besançon, à 60 kilomètres à l'ouest de Pont-de-Roide, et de Dijon, à 80 kilomètres à l'ouest de Besançon, qui forment avec le camp retranché de Langres, à 60 kilomètres au nord de Dijon, une position en équerre qui serait appelée à jouer un rôle important au cas, peu probable du reste, où nos armées refoulées auraient besoin de points d'appui pour se refaire et arrêter l'ennemi dans sa marche envahissante.

FRONTIÈRE FRANCO-SUISSE

Entre la France et la Suisse, partant des fortifications de Pont-de-Roide pour aboutir à la pointe ouest du lac de Genève, la frontière développe à peu près 160 kilomètres. Puis elle suit la rive sud du lac pendant 80 kilomètres et redescend au sud pendant 60 kilomètres, pour aboutir à la frontière italienne. Ce qui donne au total environ 300 kilomètres.

Cette frontière peut se diviser en deux zones : 1° de Pont-de-Roide à Genève : région du Jura ; 2° de Genève à la frontière italienne : région des Alpes.

RÉGION DU JURA

Fortement défendue au nord par les travaux de fortification de Pont-de-Roide, qui en interdisent l'accès, cette portion du territoire français ne pourrait être envahie par une armée allemande qu'après le passage de celle-ci à travers la Suisse.

La nature du sol, l'importance de l'armée suisse, son habitude de la montagne, son habileté dans le tir, la volonté ferme de la nation de faire respecter sa neutralité, obligeraient les envahisseurs à une lutte longue et acharnée, qui leur ferait perdre un temps précieux et dont ils sortiraient affaiblis par des pertes sensibles.

Lors même qu'une armée allemande réussirait, au prix de grands sacrifices de temps et de sang, à forcer le passage, elle se présenterait sur la frontière française diminuée par ses pertes et par les nombreuses troupes qu'il lui faudrait laisser sur ses derrières pour assurer ses communications et tenir en respect l'armée suisse refoulée, mais non vaincue ; elle arriverait en outre probablement trop tard.

La meilleure protection de cette frontière est donc incontestablement assurée par la volonté du peuple suisse de rester neutre et par la faculté qu'il possède de sanctionner au besoin sa neutralité par la force des armes.

En dehors de cette protection, cette frontière présente une force de résistance considérable.

Les monts Jura, qui se développent en une série de crêtes parallèles à la frontière, forment des obstacles d'une grande valeur défensive.

Les voies de pénétration, routes et chemins de fer, sont rares ; elles sont commandées par le relief du terrain, avec de bonnes positions successives de défense, dont la valeur est encore augmentée par de nombreuses et grandes forêts.

La défense de cette région, si toutefois elle était attaquée, serait sans doute effectuée par des colonnes mobiles, dont les effectifs seraient décuplés par la valeur des positions.

Ce serait une lutte de longue durée, ce serait la guerre de montagne, avec ses surprises et ses embuscades, qui serait bien meurtrière pour les envahisseurs.

Il est probable que la France n'aura pas à défendre cette région, qui est suffisamment protégée par la Suisse.

Voyons cependant comment elle se comporte.

A 16 kilomètres au sud des ouvrages de Pont-de-Roide, la route de Delemont (Suisse) à Besançon, pénètre en France à l'est de Maiche, elle franchit, avec des pentes rapides et un circuit considérable, une première chaîne de montagnes, dont les altitudes varient de 900 à 1000 mètres.

Le Doubs, qui à cet endroit forme la frontière, remplit l'office de fossé en avant de ces montagnes, auxquelles il ajoute un nouvel élément de force défensive.

Après avoir franchi cette chaîne, la route se développe pendant 10 kilomètres, sur un plateau de 800 mètres d'altitude, jusqu'à Maiche.

De là, elle pénètre dans une région fortement convulsionnée et suit, pendant 60 kilomètres, des cols dominés par des montagnes dont les altitudes varient de 500 à 800 mètres.

Elle entre ensuite dans la région des plateaux pour se continuer jusqu'à Besançon.

Une seconde route, venant de Delemont, par Noirmont, pénètre au sud de la première, qu'elle rejoint à Maiche, en gravissant une montagne escarpée, de 940 mètres d'altitude.

Cette même route, par des chemins secondaires et très-détournés, conduit également de Maiche à Besançon, doublant ainsi la première voie d'accès. Ces chemins secondaires sont commandés par des crêtes de 600 à 800 mètres d'altitude, sur un parcours de près de 100 kilomètres, avant d'atteindre le plateau situé à l'est de Besançon.

Une troisième route, venant de Delemont, passe par la Chaux-de-Fond, pénétre par Morteau et se dirige également sur Besançon.

Elle est la meilleure, mais la plus longue. Les pentes sont moins fortes, les circuits moins développés; mais, dès son entrée en France, elle passe pendant près de 50 kilomètres dans une série de gorges, dominées par des crêtes de 700 à 1100 mètres d'altitude, avant de gagner le plateau de Besançon.

Deux lignes de chemins de fer, Delle à Delemont, Bâle à Delemont, se continuent ensuite en une ligne unique par la Chaux-de-Fond, pour pénétrer en France par Morteau et aboutir à Besançon.

Dès son entrée en France, jusqu'à Morteau, sur un parcours de 10 kilomètres, cette ligne traverse quatre tunnels; à 8 kilomètres à l'ouest de Morteau, elle traverse un 5e tunnel, et à 8 kilomètres, plus à l'ouest encore, elle en traverse un 6e. Ce qui assurerait la facilité de la destruction absolue de la voie ferrée.

Une quatrième route partant de Delemont se dirige sur Neuchâtel et rejoint à Morteau la route de Besançon, avec, jusqu'à Morteau, les mêmes difficultés d'accès.

Entre Pontarlier, situé plus au sud, et les ouvrages de Pont-de-Roide, distants à vol d'oiseau de 65 kilomètres, il existe donc 4 routes de pénétration, encaissées, dominées, faisant de nombreux détours, avec, sur une grande partie de leurs parcours, des positions propres aux embuscades et faciles à défendre, et une ligne de chemin de fer qui se trouve dans les mêmes conditions.

Comme voies de communication reliant ces routes, il existe : entre Pontarlier et Pont-de-Roide, une grande route éloignée de 5 à 12 kilomètres de la frontière, dominée par des crêtes élevées et d'une facile défense.

Cette route serait très-utile à la défense comme voie de manœuvre.

En arrière, une série de chemins, sinueux et accidentés, concourrait au même but.

Enfin, la ligne de chemin de fer de Morteau à Besançon est reliée à Pontarlier par un embranchement.

Besançon se trouve également relié par route et par chemin de fer à Pont-de-Roide et Saint-Hippolyte.

Cette région, si forte par sa nature même, trouve un surcroît de force dans la proximité du camp retranché de Besançon, qui pourrait, en cas de besoin, donner aux défenseurs le secours de ses troupes de défense mobile.

Une seconde zone, large d'environ 50 kilomètres à vol d'oiseau, s'étend entre Pontarlier et le fort des Rousses.

La nature du terrain est toujours la même, séries de crêtes parallèles à la frontière, pays fortement boisé, routes peu nombreuses, accidentées et fortement commandées.

A Pontarlier pénétrent les routes de Delemont à Dôle, par Neuchâtel, et le chemin de fer de Delemont à Dôle, par Bienne et Neuchâtel, qui suivent pendant 10 kilomètres, jusqu'à Pontarlier, une vallée encaissée. Au delà de Pontarlier, ils traversent un plateau peu accidenté, d'une largeur moyenne de 30 kilomètres, au delà duquel la série des obstacles montagneux recommence.

Pour maîtriser la route et le chemin de fer, et donner un point d'appui à la défense dans cette région, on a construit les deux forts de Larmont, dont l'un bat la route et le chemin de fer, l'autre des chemins qui auraient permis de tourner la position en échappant aux feux du premier.

Devant les forts de Larmont et sous leurs canons se trouve le point de jonction d'une voie ferrée venant de Lausanne (Suisse), dont il sera question plus loin.

A 20 kilomètres au sud de Pontarlier pénétrent en France : la route de Lausanne à Pontarlier, qui se relie également à celle venant de Delemont; le chemin de fer de Delemont à Lausanne, par Bienne et Morat, qui se dirige ensuite sur Pontarlier, après avoir traversé le tunnel de Jougné long de 2 kilomètres.

Vers la sortie du tunnel du chemin de fer, qui est commandé par le fort Saint-Antoine, la route bifurque et envoie une de ses branches dans la direction de Salins.

A 3 kilomètres à l'ouest du fort Saint-Antoine, se trouve le lac de Saint-Point, long du sud au nord-est de 6 kilomètres ; à 2 kilomètres au sud de ce lac se trouve celui de Remoray, long de 1500 mètres. Les deux rives de ces lacs sont bordées de montagnes ayant un relief de plus de 100 mètres au-dessus de la surface des eaux.

Entre eux passe la route de Lausanne à Salins et Dijon, avec embranchement sur Lons-le-Saunier.

La rive est de ces lacs est suivie par une bonne route qui réunit celle de Salins à celle de Pontarlier.

Un fort, situé à Salins, commande les routes de Dijon, de Besançon et de Lons-le-Saunier.

Sur cette partie de la frontière, la région montagneuse difficile à franchir a une profondeur de 15 à 20 kilomètres.

Entre le fort Saint-Antoine et le fort des Rousses, à 40 kilomètres au sud-ouest, aucune route ne pénètre en France. La frontière est couverte par un massif montagneux, peu accessible, de 15 à 25 kilomètres d'étendue, avec une série de crêtes parallèles à la frontière, des altitudes de 900 à 1300 mètres, de nombreuses et grandes forêts.

La route de Lausanne à Morez et Saint-Claude, qui pénètre en France près du fort des Rousses, est commandée par le fort.

Le système de fortification, sur ce point, est complété par le fort du Risoux, à 4 kilomètres au nord; les deux forts sont reliés en avant par des batteries.

Le fort du Risoux maîtrise des chemins de montagne et des combes, par lesquels la position aurait pu être tournée.

Une troisième zone, de 40 kilomètres, s'étend entre le fort des Rousses et le fort de l'Ecluse, situés à 20 kilomètres au sud-ouest de Genève.

C'est le pays de Gex, dans lequel les traités de 1815 ont interdit à la France d'élever des fortifications.

La nature de plus en plus montagneuse du sol (on se rapproche des Alpes) lui donne une force défensive considérable.

Une première chaîne de montagnes, avec des crêtes de 1100 à 1400 mètres et des points culminants qui atteignent jusqu'à 1723 mètres, barre l'entrée en France.

Les nombreuses routes, venant de Genève et des bords du lac, se développent en avant de cette région montagneuse. Les routes de Genève à Gex, de Nyons à Gex, franchissent la chaîne de montagnes au col de la Faucille, au nord-ouest de Gex, pour se diriger d'une part vers Saint-Claude et Lons-le-Saunier, d'autre part vers le fort des Rousses, Salins et Besançon.

En arrière et séparée par la Valsérine, rivière qui se jette dans le Rhône, se trouve une seconde chaîne, couronnée par un plateau d'une largeur moyenne de 7 kilomètres et d'une longueur de 15 kilomètres. La crête de ce plateau, vers la vallée étroite de la Valsérine, est formée de pentes très-raides, ses altitudes varient de 1100 à 1400 mètres. Dans cette vallée passe la route qui relie le fort de l'Ecluse au fort des Rousses.

Plus à l'ouest, et protégée par le plateau, se trouve la route de Nantua à Saint-Claude et Morez. Cette route se prolonge : au nord, vers Pontarlier et vers Salins ; à l'ouest, vers Lons-le-Saunier.

Plus à l'ouest encore, dans un pays convulsionné, se déroulent de nouvelles séries de crêtes qui s'appuient sur l'Ain, rivière qui se jette dans le Rhône, et dont le cours, du nord au sud, formerait une bonne ligne de résistance.

La voie ferrée du Rhône supérieur se divise à Saint-Maurice (Suisse) en deux tronçons qui se développent sur les deux rives du lac de Genève, passent à Genève et se réunissent en une seule ligne pour pénétrer en France au fort de l'Ecluse, en traversant un tunnel de 4 kilomètres, battu par ce fort.

Cette ligne envoie successivement des branches dans les directions de Bourg, de Lyon et de Chambéry.

A Bourg, un nœud puissant de voies ferrées assure la circulation dans toutes les directions.

Si les voies de communication sont bonnes et assez nombreuses, le relief du sol, la succession des crêtes, les coupures du terrain, permettent une défense facile sur des lignes de résistance successives. Le fort de l'Ecluse tient en outre d'une façon solide le point de pénétration des routes et des chemins de fer.

La situation de cette région, à 200 kilomètres à vol d'oiseau, au sud de la base d'opérations allemandes du Rhin, dans un pays montagneux, avec une population hostile et une armée décidée à défendre sa neutralité et son sol, obligerait l'ennemi à se frayer le passage par les armes et à briser la résistance de l'armée suisse.

Il est donc permis de supposer que cette partie de la frontière ne sera même pas inquiétée.

La seule zone de cette frontière où les Allemands pourraient être tentés de pénétrer de vive force est celle comprise entre Pont-de-Roide et Pontarlier; mais, du côté de la Suisse, la résistance serait très-énergique et sans doute couronnée de succès; dans tous les cas, affaibli, ayant perdu du temps, quand il arriverait devant nos montagnes, l'ennemi trouverait une armée française prête à le combattre et à donner la main à l'armée suisse, devenue notre alliée par la force même des choses.

RÉGION DES ALPES

Le traité de Villafranca, qui a réuni en 1859 la Savoie à la France, a spécifié qu'aucune fortification ne serait élevée dans cette région.

Cette mesure était prise pour donner satisfaction à la Suisse, qui pouvait craindre que la construction de places fortes près de sa frontière ne devînt un jour une menace contre elle, en facilitant l'accès de la vallée du Rhône supérieur.

Si, au nord du lac de Genève, le voisinage de la Suisse nous couvre presque sûrement contre une agression de la part de l'Allemagne, au sud de ce lac, ce voisinage nous couvre d'une façon plus certaine encore contre les attaques de l'Italie.

Cette puissance ne pourrait probablement pas forcer le passage et, peut-être même, n'oserait pas se risquer à lancer ses armées dans les montagnes de la Suisse.

Si notre frontière n'est pas renforcée par la fortification, elle est du moins suffisamment forte, par elle-même, pour être défendue, avec de grandes chances de succès, par des troupes relativement peu nombreuses.

Sur la rive sud du lac de Genève existe une bonne route venant de Saint-Maurice, passant par Genève, qui aboutit au fort de l'Ecluse. Une ligne de chemin de fer, dont j'ai déjà parlé, part aussi de Saint-Maurice et aboutit également au fort.

De suite la région montagneuse se déroule; dès l'entrée en France, routes et chemins de fer sont resserrés pendant 10 kilomètres entre le lac et les montagnes, qui atteignent déjà une altitude de 1000 mètres.

Presqu'aussitôt la région montagneuse s'élargit pour atteindre, à vol d'oiseau, une profondeur de 40 kilomètres d'abord et arriver enfin à 100 kilomètres.

C'est la région des hautes montagnes qui commence, avec des altitudes de 2000 à 3000 mètres.

Les routes qui assurent les communications dans les hautes vallées ne franchissent pas les crêtes, des sentiers de montagne décrivent seuls leurs circuits à travers des cols et des gorges fortement dominés et faciles à défendre.

Ce sont seulement des détachements, hardis et habitués à la montagne, qui pourraient tenter de forcer ces passages, inaccessibles à une troupe nombreuse avant que les défenseurs aient été refoulés.

En arrière de chaque position la défense en trouverait de nouvelles, tout aussi bonnes, et l'ennemi, ne pouvant déployer des masses, éprouverait des difficultés presqu'insurmontables de venir à bout d'une résistance énergique.

Une seule bonne route, située à 20 kilomètres au nord de la frontière italienne, pénètre de Suisse en France à 20 kilomètres à l'est de Chamonix et à 6 kilomètres au nord des premiers glaciers du mont Blanc.

Cette route suit la vallée de l'Arve pendant tout son parcours, plus de 100 kilomètres, jusqu'à Genève.

Dès son entrée en France, pendant environ 40 kilomètres elle se déroule entre des montagnes escarpées, dont les altitudes de 1100 à 2000 et même 2500 mètres donnent un relief qui varie de 500 à 1000 mètres au-dessus de la route.

Après avoir franchi ce défilé, elle se continue pendant 15 kilomètres dans la vallée de l'Arve, large de 2 à 3 kilomètres, bordée de montagnes aux altitudes de 900 à 1100 mètres, qui donnent un relief moyen de 400 mètres au-dessus de la route.

Dans cette partie de son parcours, elle envoie une branche, vers le sud, dans la direction d'Albertville et Grenoble, en suivant d'abord le cours de l'Arly et ensuite celui de l'Isère.

La défense de cette route serait assurée par la région fortement montagneuse qu'elle suit, à peu près dans les mêmes conditions que pour la précédente. Elle est de plus commandée, à sa sortie de la région des hautes montagnes, par le fort Barraux et, plus au sud, par le camp retranché de Grenoble.

L'autre branche se dirige vers Genève en passant dans une gorge longue de 15 kilomètres, large de 1000 à 1500 mètres, dans laquelle coule l'Arve, gorge bordée de crêtes aux pentes souvent abruptes, toujours très-raides, avec des altitudes de 800 à 1100 mètres, donnant un relief moyen de 400 mètres.

On est alors à environ 40 kilomètres de Genève, la vallée s'élargit, les montagnes sont moins hautes, des routes transversales réunissent la vallée de l'Arve aux autres vallées pourvues, elles aussi, de routes.

La partie la plus difficile du parcours est franchie, mais l'armée qui, pour arriver là, aurait réussi à refouler les forces suisses d'abord, les troupes françaises ensuite, viendrait se heurter au fort de l'Ecluse et aux montagnes du pays de Gex.

Tout serait à recommencer.

A moins pourtant qu'ayant dépassé Bonneville, au lieu de continuer sa marche sur Genève, cette armée ne fasse un à-gauche et ne se lance dans les montagnes, dans la direction d'Annecy qu'elle pourrait atteindre par 3 routes, peu éloignées l'une de l'autre mais fortement dominées, dans un pays boisé et facilement défendable, pour se porter ensuite vers l'ouest et menacer Lyon.

Ce serait un nouveau parcours de 80 à 100 kilomètres dans les montagnes, ce serait une série journalière de combats; la route serait bien lente à effectuer.

Une armée engagée dans ce chaos montagneux ne serait jamais assurée de ses communications avec sa base d'opérations, elle aurait toujours à craindre un retour offensif sur ses derrières, elle risquerait de se trouver cernée dans les montagnes, manquant de vivres et de munitions, et pourrait à un moment donné se trouver dans cette alternative : être écrasée, mourir de faim ou mettre bas les armes.

Nous pouvons donc avoir la presque certitude qu'aucun fait de guerre important ne se passera sur la partie sud de la frontière franco-suisse.

L'Italie risquerait trop gros jeu.

FRONTIÈRE FRANCO-ITALIENNE

Entre la France et l'Italie, la frontière se développe sur une longueur de 350 kilomètres environ.

A la jonction des frontières française, suisse et italienne, par 3830 mètres d'altitude, les montagnes sont couvertes d'immenses glaciers, sur une étendue de 40 kilomètres environ ; les sommets varient de 3000 à 4500 mètres, avec, au centre, le mont Blanc d'une altitude de 4810 mètres.

La frontière traverse ces glaciers absolument infranchissables.

Si quelques détachements, peu nombreux du reste, se risquaient à travers les passes visitées par les touristes, il n'y aurait qu'à les cueillir à leur arrivée dans la montagne, de simples patrouilles de douaniers pourraient suffir à ce rôle.

A 30 kilomètres au sud de la frontière suisse la région des glaciers disparait, les montagnes conservent des altitudes de 2000 à 2900 mètres, sans autres voies de communication que des sentiers de montagne.

La première route qui pénètre en France franchit le col du Petit-Saint-Bernard, par 2157 mètres d'altitude, à 12 kilomètres au sud de la région des glaciers ; elle franchit ensuite le col de Traverselle, dominé à droite par une crête de 2301 mètres et à gauche par une crête de 2409 mètres, qui est couronnée de 2 batteries.

A 8 kilomètres de la frontière cette route descend en décrivant de nombreux lacets dans la vallée de l'Isère, où elle pénètre à la cote 892, ayant toujours sur ses flancs des montagnes de 1000 à 1600 et 2000 mètres.

La batterie de Vulmis, située à 1 kilomètre à l'ouest de Bourg-Saint-Maurice commande la vallée de l'Isère, bat la route et ses lacets.

La route se poursuit ainsi jusqu'à Moutiers, environ 30 kilomètres, toujours fortement dominée, avec des altitudes de 1000 à 1300 mètres, donnant un relief de 400 à 500 mètres au-dessus de la vallée suivie par cette route.

De Moutiers elle se prolonge sur Albertville, encore 40 kilomètres en montagne, et se relie enfin par d'autres routes : au nord, à Genève et au fort de l'Ecluse ; à l'ouest, à Lyon ; au sud, à Grenoble ; mais, avant de sortir de la région montagneuse, il leur faut encore parcourir 40 à 50 kilomètres.

Une voie ferrée venant de Lyon, une autre venant de Grenoble, se réunissent à Albertville et se continuent jusqu'à Moutiers.

Par sa nature même, cette région serait d'une défense facile, et les relations assurées qui existent avec les camps retranchés de Lyon et de Grenoble permettraient de parer à toute éventualité.

A 8 kilomètres à l'est du col de Traverselle la région des glaciers reparaît et se continue pendant 40 kilomètres, vers le sud.

Quelques sentiers difficiles pénètrent dans cet intervalle et rejoignent la vallée de l'Isère sous le canon de la batterie de Vulmis ; d'autres sentiers vont se perdre dans les montagnes. Les altitudes varient de 2500 à 3600 mètres et celles des petites vallées de 1400 à 1800 mètres.

Cette région est donc à peu près impraticable.

A la limite sud des glaciers la route de Turin, Suse, Modane, Chambéry, passe par le col du mont Cenis, elle pénètre dans la vallée de l'Arc, par 1400 mètres d'altitude, et la suit jusqu'à l'Isère, où se jette ce torrent, par 296 mètres d'altitude.

Cette route est commandée par des lignes de faîte qui atteignent généralement 2000 mètres et sont encore de 1600 mètres à proximité de l'Isère.

Le chemin de fer de Turin, Suse, Modane, Lyon, pénètre dans la vallée de l'Arc par un tunnel de 14 kilomètres, suit cette vallée jusqu'à l'Isère et bifurque alors vers Grenoble, Lyon et Genève.

L'importance des deux voies de pénétration a décidé la construction de puissantes fortifications.

Ce sont : le groupe d'ouvrages de l'Esseillon, composé de 3 forts et 1 redoute, qui barrent absolument la vallée de l'Arc, à 5 kilomètres à l'est de Modane. Le fort du Sappey et plusieurs batteries, à 2 kilomètres à l'ouest de Modane, battent la vallée et commandent absolument le débouché du tunnel, situé à 1 kilomètre à l'est de Modane.

La sortie du tunnel et le chemin de fer se trouvent donc pris entre les feux croisés des forts de l'Esseillon et des ouvrages du Sappey.

A 18 kilomètres plus à l'ouest, pendant lesquels elle traverse 6 tunnels, la voie ferrée passe au pied du fort du Télégraphe, près Saint-Martin-d'Arc, qui la commande et bat l'entrée d'un 7° tunnel situé à 3 kilomètres au nord du fort.

Sur tout le restant de son parcours, jusqu'à la vallée de l'Isère, la ligne, comme la route du reste, circule dans l'étroite vallée de l'Arc, encaissée entre de hautes montagnes.

La facilité des communications des camps retranchés de Lyon et de Grenoble avec Modane augmente encore la force de résistance de cette région.

Quelques glaciers isolés et de hautes montagnes (2300 à 3000 mètres) séparent Modane du col de l'Echelle, situé à 20 kilomètres plus au sud.

La route de Turin à Chambéry bifurque à Suse pour envoyer vers Grenoble une branche qui franchit le col de l'Echelle par 1790 mètres et descend vers Briançon, où elle rejoint la route de Turin, Briançon, Grenoble, qui est elle-même barrée par la fortification de Briançon.

L'ennemi aurait pu peut-être, au prix de grandes difficultés, tourner la position de Briançon, et, en se servant de la petite vallée du Creuzet et de sentiers de montagne, rejoindre la route de Grenoble entre Briançon et Le Monêtier.

On a paré à cet inconvénient en construisant le fort et la redoute des Olives, à 10 kilomètres au nord de Briançon, qui battent le débouché du col et la vallée de la Clairée, où passe la route, et un groupe de batteries qui commande la vallée du Creuzet et les sentiers de la montagne.

A 12 kilomètres au sud du col de l'Echelle, la route de Turin à Grenoble, par Briançon, pénétre en France par le col du mont Genèvre, par 1854 mètres d'altitude.

Elle suit le cours de la Durance jusqu'à Briançon et emprunte ensuite la vallée de la Guisane, puis celle de la Romanche et débouche dans la vallée du Drac, à 15 kilomètres au sud de Grenoble, après avoir parcouru plus de 100 kilomètres depuis Briançon.

La vallée est étroite, elle est bordée de montagnes aux altitudes de 1800 à 2000 mètres, donnant un relief moyen de 500 mètres. Le massif montagneux atteint lui-même au nord de la route, jusqu'à 3473 mètres, et au sud, où se trouvent quelques glaciers, jusqu'à 4103 mètres.

En outre de sa force naturelle, cette région est défendue à 8 kilomètres de la frontière par les importantes fortifications de Briançon, qui sont couvertes elles-mêmes à 5 kilomètres en avant, vers l'est, par des groupes de batteries qui fouillent tous les passages par où l'ennemi pourrait être tenté de tourner la ligne de défense principale.

Briançon est relié avec l'intérieur du pays par une ligne de chemin de fer qui, se dirigeant d'abord au sud, passe à Mont-Dauphin, se prolonge à l'ouest, passe à Gap, et, plus loin, se divisant en deux branches aboutit à Grenoble et à Lyon.

A 25 kilomètres au sud de Briançon se trouve le fort de Mont-Dauphin; ces deux positions sont reliées par route et par chemin de fer. Le fort de Mont-Dauphin est situé à 30 kilomètres à l'ouest de la frontière.

La région très-montagneuse située entre Briançon et Mont-Dauphin (1600 à 2500 et 3000 mètres) ne renferme pas de voie de pénétration.

Une route, qui se termine dans les montagnes au voisinage de la frontière, pourrait être alimentée par des sentiers de montagne. Elle se dirige sur Mont-Dauphin, où elle est commandée par le fort, et se prolonge à l'ouest vers Gap, pour envoyer ensuite des rameaux: au nord, vers Grenoble; à l'ouest, vers Valence et Orange; au sud, vers Aix et Marseille.

Les nombreux sentiers, par lesquels de petits contingents pourraient arriver et former une grosse colonne, pénètrent en France par les cols de Turres, de Fionnières, de la Mayt, Saint-Martin, Bouchot, la brêche Bouchet, les cols de Malaure, d'Urine, Lacroix, Nalbert, Pisset, Seillères, de la Traversette, de Valante, d'Agnel, Saint-Véran, Blanchet, de Longuet, du Vallon-du-Loup, de la Malacosta, de Lautaret, de Roure, de Mary, qui s'infiltrent sur une étendue de frontière de 60 kilomètres et aboutissent tous à la route unique qui passe à Mont-Dauphin.

Il y aurait donc lieu, et cela sera certainement fait, de défendre énergiquement ces passages et de battre en détail les détachements qui se présenteront devant ces cols. Des postes fixes, avec, en arrière, de petites colonnes mobiles postées aux points de jonction des sentiers et pouvant se porter sur les cols menacés, permettraient de venir à bout des tentatives de pénétration, avant que ces détachements réunis forment une colonne d'attaque.

La position de Mont-Dauphin permettrait en outre de lutter avec avantage contre les troupes qui auraient réussi à franchir les passages de la montagne.

Après avoir dépassé le fort de Mont-Dauphin, la route se dirige au sud-ouest, la vallée où elle passe s'élargit, et, bien que dominée sur tout son parcours, l'ennemi serait plus à l'aise pour y évoluer, ayant déjà de l'espace pour se déployer et préparer ses attaques.

Il faudrait que les assaillants fussent refoulés en détail au passage des cols, ou tout au moins que la colonne envahissante fût détruite devant Mont-Dauphin.

Cela paraît facile, le terrain s'y prête, et nos vaillants alpins, qui connaissent à merveille ces positions, ne manqueront pas le cas échéant d'infliger à l'ennemi une sanglante défaite.

A 15 kilomètres au sud du col de Mary, la route de Cone à Gap pénètre en France par le col de Larche (aussi nommé de l'Argentière) (1905 mètres).

Pendant un parcours de 10 kilomètres, cette route traverse une zone montagneuse de 2000 à 2700 mètres d'altitude, qui offre cette particularité que, pendant qu'à droite de la route la montagne développe une crête de 2000 à 2700 mètres, parallèle à cette route, à gauche elle présente une série d'éperons perpendiculaires, formant des positions de résistance successives, qui toutes sont flanquées par les feux de la crête de droite.

Ce passage, d'une facilité exceptionnelle de défense, est renforcé à 10 kilomètres à l'ouest de la frontière par la batterie de Mallemort, à droite de la route, à 2 kilomètres plus à l'ouest par les batteries de la Roche-la-Croix, à gauche de la route, et à 4 kilomètres, plus à l'ouest encore, par le fort et les batteries de Tournoux, à cheval sur la route ; ce groupe d'ouvrages est renforcé à 5 kilomètres au nord-ouest par un groupe de batteries qui commande une route alimentée par les sentiers de montagne, qui franchissent les cols de la Grippiera, de Stropia, de la Portiolette et de Sauton.

A 5 kilomètres au sud se trouve la batterie des Jausiers, qui bat une petite vallée dans laquelle l'ennemi pourrait être tenté de s'introduire par des chemins de montagne, pour tourner la position principale ; cette batterie bat également une ligne de crêtes, située au sud de la route, sur une longueur de 15 kilomètres, d'où se détachent les éperons mentionnés plus haut.

Cette ligne de crêtes bat elle-même les intervalles entre les éperons et la route.

Après avoir dépassé ces importantes défenses, la route se poursuit pendant 15 kilomètres, du nord au sud, jusqu'à Barcelonnette, dans la vallée de l'Ubaye, puis, suivant toujours cette vallée étroite et fortement commandé par les montagnes, elle s'incline à l'ouest et, à 25 kilomètres de Barcelonnette, vient se heurter au groupe fortifié de Saint-Vincent, formé d'un fort et d'une redoute, avec un groupe de batteries à 3 kilomètres à l'est des ouvrages.

La voie ferrée de Gap à Briançon passe à 10 kilomètres au nord de Saint-Vincent et s'y trouve reliée par la route même que le fort est chargé de défendre.

Au sud de cette route la frontière s'incline progressivement vers le sud-est, sur une longueur de 90 kilomètres, en pays toujours très-montagneux, sans voies de communication.

La première route qui pénètre en France est celle de Saint-Sauveur, à 40 kilomètres au sud du col de Larche.

Dans cet intervalle les altitudes varient de 2000 à 2800 mètres. Une petite vallée parallèle à la frontière, dans laquelle coule le torrent de la Tinée, est elle-même à la cote de 1100 à 1600 mètres, à l'ouest de cette vallée, les hautes montagnes, d'une altitude de 1900 à 2500 mètres offrent de nouvelles lignes de défense.

La route qui pénètre à Saint-Sauveur est le prolongement de chemins et sentiers de montagne venant d'Italie, cette route, qui n'est carrossable que dans les environs de Saint-Sauveur, se dirige au sud, vers Nice, avec embranchements vers la vallée du Rhône.

D'un accès difficile, circulant continuellement entre de hautes montagnes qui la commandent, elle serait sans doute défendue avec succès.

A 15 kilomètres plus à l'est, une autre route pénètre par Saint-Martin-Vésubie ; comme la précédente elle est le prolongement de chemins et de sentiers de montagne. Elle se dirige aussi sur Nice, passe dans une région montagneuse, dont les hauteurs la commandent fortement, et se trouve maîtrisée, à 10 kilomètres à vol d'oiseau de

Nice, par le fort d'Aspremont. Enfin, à 25 kilomètres plus à l'est, au sommet du saillant que la frontière française décrit en Italie, passe la grande voie de communication de Cone à Nice.

Comme les précédentes elle circule en pays montagneux, est très-resserrée entre les montagnes, fortement dominée sur tout son parcours et se trouve maîtrisée, à 25 kilomètres à vol d'oiseau de Nice, par le fort de Saint-Philippe, qui commande aussi une branche qui s'en détache pour se diriger vers Menton.

Au sud, le camp retranché de Nice assure la protection de cette région et commande les voies d'accès.

Dans le cours de l'étude de la frontière franco-italienne, je n'ai pas parlé des forêts, il aurait fallu répéter continuellement la même chose.

Les hautes montagnes sont couvertes de glaciers ou de rocs dénudés, les hauteurs moyennes et les pentes sont généralement couvertes de bois et de forêts, parfois cependant elles sont dénudées ou formées de roches.

Cette frontière, sur laquelle la lutte sera probablement bien acharnée, ne permet pas le déploiement de grandes masses, les sites s'y opposent. Mais si elle est vivement attaquée elle sera vaillamment défendue.

Il semble que la défense doive être surtout formée de détachements fixes et retranchés, d'une importance proportionnée à la nature du terrain, renforcés par des colonnes mobiles, réparties aux points de soudure des sentiers de montagne, pour permettre à ces colonnes de porter secours à toutes les troupes de leur secteur.

Plus en arrière, des réserves relativement importantes, affectées à deux ou trois secteurs, pouvant se porter sur les points les plus menacés, par les sentiers existants, et assez fortes pour refouler l'ennemi avant qu'il ait pu emporter les positions attaquées.

La guerre, dans cette région, se réduira probablement à des combats en montagne ; les Italiens cherchant à franchir les passes pour pénétrer en France, les Français se contentant de défendre énergiquement le terrain et de refouler l'ennemi, car nous n'avons aucun intérêt à pénétrer en Italie au début des opérations, il nous faudrait pour cela disposer d'une armée qui sera employée plus utilement contre l'Allemagne.

FRONTIÈRE RUSSO-ALLEMANDE

Cette frontière est formée par une ligne qui, partant de la mer Baltique, s'infléchit légèrement vers l'est, descend vers le sud, passe à l'ouest de Ossovetz, se dirige ensuite franchement vers l'ouest, passe à l'est et près des forteresses allemandes de Thorn et de Posen, se dirige enfin vers le sud et rejoint la frontière autrichienne près de Cracovie.

Trois cours d'eau principaux, sortant du territoire russe, franchissent cette frontière.

Ce sont le Niémen, la Vistule et la Wartha.

Le Niémen forme pour ainsi dire la limite nord de la Prusse; il ne laisse au nord qu'un triangle peu important, dont le sommet est commandé sur la mer Baltique par la forteresse de Memel.

Entre le Niémen et la Vistule le terrain est accidenté, coupé de cours d'eau, de lacs, d'étangs et de tourbières; il présente de grandes facilités pour la défense (*).

Une ligne de chemins de fer partant de Kowno (en Russie) aboutit à Kœnigsberg. Une autre ligne venant de Bielostok (en Russie) se dirige également vers Kœnigsberg, elle est barrée par le fort de Boyen, situé entre deux grands lacs.

Une ligne allemande, venant de Posen, se dirige, parallèlement à la frontière, sur Memel; elle est barrée par le fort d'Osterode.

D'autres lignes raccordent entre elles ces voies ferrées, sur le territoire allemand, et facilitent les communications dans cette région marécageuse.

Sur la Baltique, le Samland, contrée boisée qui affecte la forme d'un quadrilatère, forme une sorte de camp retranché naturel, avec des côtes inabordables; il est appuyé au nord par la place de Memel, au sud par celle

---

(*) C'est le plateau des Mazures *(Mazurenland)*, appelé aussi pays des Mazoviens, où la terre et l'eau semblent être confondues en un dédale immense *(Reclus)*.

de Pillau et le camp retranché de Kœnigsberg, formant tête de pont sur le Pregel.

Cette région, défensive par sa nature même, affecte par mer un caractère offensif vis-à-vis de la Russie, grâce aux places fortes de Memel, Pillau, Kœnigsberg et Dantzig, qui peuvent servir de bases d'opérations.

La Russie a répondu à cette menace en créant à proximité le port militaire de Libau.

La vallée de la Vistule est défendue par le camp retranché de Thorn, les places de Graudenz, Mariembourg, Dirschau et le camp retranché de Dantzig.

Ces places maîtrisent en outre les routes et chemins de fer de cette région qui, dans ces conditions, devient une excellente base d'opérations offensives contre la Russie.

Entre la Vistule et la Wartha, de Thorn à Posen, s'étend une région parsemée de petits lacs et de marécages.

Un affluent de la Wartha, la Prosna, bordée elle-même de marécages, forme la frontière sur tout son parcours, dans la direction de Cracovie.

La vallée de la Wartha est commandée par le camp retranché de Posen, qui défend également un nœud important de voies ferrées.

Plus au sud, l'Oder, venant d'Autriche, pénètre en Allemagne. Son cours est commandé par le camp retranché de Breslau, qui couvre également un nœud important de voies ferrées et forme un point d'appui sérieux pour la défense du territoire allemand.

Par sa nature même, toute la frontière allemande, en face de la Russie, offre de grandes facilités à la défense. Les nombreux chemins de fer qui sillonnent cette région, les places fortes qui défendent les nœuds de voies ferrées et forment en même temps des têtes de ponts sur la Vistule, la Wartha et l'Oder, lui ont procuré de sérieuses qualités offensives.

Du côté de la Russie, la frontière est simplement politique et de peu de valeur.

Comme en France, en face de la Lorraine, les premières lignes naturelles de défense se trouvent à des distances plus ou moins considérables de la frontière politique.

De même qu'en France, il a fallu en Russie suppléer à ce défaut par la fortification.

Parallèlement à la frontière, à une distance d'environ 80 kilomètres, du sud au nord, le Niémen coule dans une vallée marécageuse, il se dirige ensuite à l'ouest pour pénétrer en Allemagne.

La barrière formée par le Niémen a été renforcée par le camp retranché de Kowno, les places de Prenny, Olitta et le camp retranché de Grodno.

Une des lignes principales de concentration de l'armée russe en Pologne (Saint-Petersbourg, Vilna, Bielostok, Varsovie) est couverte par ces défenses.

Au sud du Niémen, et plus près de la frontière, coule du nord au sud la Narew, qui se jette dans la Vistule à Novo-Georgiewsk.

C'est un fossé marécageux, renforcé par le camp retranché d'Ossovetz, les places de Lomza, Ostrolenka, Pultusk, les camps retranchés de Zégrié et de Novo-Georgiewsk.

La frontière militaire est ensuite formée par la Vistule, à une distance moyenne de 250 kilomètres de la frontière politique. Entre Varsovie et Ivangorod, deux camps retranchés distants de 78 kilomètres, qui en défendent le passage, la Vistule a une largeur de 600 et 1200 mètres et une profondeur qui est au minimum de 1 mètre 80; aucun pont n'existe sur tout ce parcours.

A l'ouest de la Vistule, à une distance moyenne de 50 kilomètres de la frontière politique, coule la Wartha, presque parallèle à la Prosna. Cette rivière forme une avant-ligne de défense renforcée par la place de Czenstochow, à 100 kilomètres au nord du camp retranché autrichien de Cracovie.

Enfin, en arrière, bouchant la trouée qui existe entre la Narew et le Niémen, se trouvent la place de Bielostok, et, à l'est de Varsovie, le camp retranché de Brest-Litowski, adossé aux immenses marais de Pinsk.

La ligne de concentration de Moscou à Ivangorod, passe au nord de ces marais et à Brest-Litowski; une autre ligne venant du centre de la Russie traverse les marais de Pinsk et aboutit à Brest-Litowski, ainsi que la ligne d'Odessa, qui passe au sud de ces marais. Une voie de manœuvre de Bielostok à Cholm croise les trois lignes de concentration à Brest-Litowski, nœud très-important de voies ferrées, dont la situation à proximité des marais de Pinsk en rend l'investissement à peu près impossible.

Les principales places qui couvrent la frontière russe sont reliées entre elles par des voies ferrées et aussi aux ports de Libau et de Riga, pourvus eux-mêmes de solides fortifications.

Par ses places fortes, cette frontière possède désormais une grande valeur défensive, et par ses voies ferrées, appuyées par la fortification existante, formant d'excellentes bases de manœuvre, elle a acquis la valeur offensive qui lui manquait.

FRONTIÈRE AUSTRO-RUSSE

La frontière politique de l'Autriche est formée par une ligne qui part de la frontière allemande, à l'ouest de Cracovie, et se dirige à l'est et au delà de Cracovie, elle remonte ensuite vers le nord en suivant le cours de la Vistule jusqu'au point (Annopol) où elle reçoit son affluent, le San. Elle descend alors vers le sud, en suivant à peu près le cours du San, formant une sorte de redan qui s'enfonce en Russie, dans la direction d'Ivangorod. Elle se continue vers l'est jusqu'au delà de Sokal et s'infléchit ensuite vers le sud-ouest jusqu'au delà de Khotin.

Les principaux cours d'eau qui franchissent cette frontière sont : la Vistule, qui forme une partie de la délimitation du pays, elle se dirige sur Ivangorod après avoir reçu le San; le Bug, qui franchit la frontière à Sokal et passe à Brest-Litowski; le Dniester qui passe à Khotin; le Pruth, qui forme ensuite la frontière de Moldavie.

Une bande de terrain, de 120 à 150 kilomètres de large, sépare la frontière politique autrichienne de la frontière militaire.

Cette dernière est constituée par la longue chaîne de montagnes des Karpathes, en arc de cercle, dont deux massifs, celui du Tatra et celui de Transylvanie, jetés en avant, forment les positions avancées.

Les extrémités de cette chaîne atteignent des altitudes de 2000 à 2600 mètres. Vers le centre cette altitude descend jusque vers 600 mètres, livrant passage aux voies ferrées de Lemberg et de Buda-Pest.

Cette frontière, très-forte naturellement, a le sérieux inconvénient d'être trop développée; elle ne mesure pas moins de 600 kilomètres à vol d'oiseau.

La partie nord de cette frontière est couverte à l'ouest par le camp retranché de Cracovie, à l'est par celui de Przemyls, avec, en avant de Przemyls, les ouvrages détachés de Iaroslav.

Une ligne de chemins de fer relie Cracovie à Iaroslav,

elle est couverte par le redan formé par la Vistule et le San.

Le camp retranché d'Esperies, formant le sommet d'un triangle dont Cracovie et Przemyls seraient la base, commande la ligne de Buda-Pest à Cracovie.

Des lignes transversales assurent la facilité des manœuvres entre les lignes de pénétration.

Le camp retranché de Lemberg, à l'est de Przemyls, commande l'angle nord du front est de la frontière autrichienne et maîtrise aussi les lignes de chemins de fer venant de Russie par Doubno et celle d'Odessa.

C'est le seul point fortifié qui existe sur cette partie de la frontière autrichienne.

En Russie, en face de la frontière nord de l'Autriche, et à une distance d'environ 80 kilomètres, se trouvent les marais de Pinsk, d'une étendue de 300 kilomètres, qui forment une zone impénétrable à des armées d'invasion.

Au sud de ces marais, la Russie a créé un trilatère fortifié, dont le sommet, vis-à-vis du camp retranché autrichien de Lemberg, est la place forte de Doubno, située entre deux étangs, dans une vallée marécageuse.

Au nord-ouest de cette place se trouve le camp retranché de Loutsk et au nord-est la place de Rovno, nœud important de voies ferrées.

Ce triangle fortifié, très-important, appuyé sur les marais de Pinsk, qui en rendent l'investissement très-difficile, forme une excellente base d'opérations, aussi bien pour l'offensive que pour la défensive.

Une voie ferrée, passant par Kovel aboutit à Brest-Litowski et à Ivangorod.

La place forte de Kovel relie ce trilatère au triangle stratégique de Varsovie, Ivangorod, Brest-Litowski, assurant à la Russie la suprématie sur cette frontière.

Plus au sud, barrant le Dniester, existe le camp retranché de Khotin, relié lui-même par une ligne de forts détachés à la place de Kamenets-Podolsk.

Entre le camp retranché de Khotin et la place de Doubno, se trouve la place de Proskourov, qui barre la voie ferrée de Lemberg à Odessa.

Tout à fait au sud, maîtrisant les lignes de Jassy à Odessa et de Galatz à Odessa, existent les places fortes de Bendery et de Tiraspol.

Les capitales de Saint-Pétersbourg et de Moscou sont

couvertes par la Duna, la Bérézina et le Dniéper, et par les places de Riga et de Dunabourg, sur la Duna ; de Bobruisk, sur la Bérézina, et par le camp retranché de Kiew, sur le Dniéper.

Cette dernière place, appuyée sur les marais de Pinsk, tire de ce fait une valeur exceptionnelle.

L'armée russe, utilisant ces bases d'opérations, pourrait dès le début des opérations essayer une vigoureuse offensive contre l'Autriche.

Elle serait assurée, en cas d'insuccès, de trouver partout et à proximité, des points d'appui solides qui lui permettraient de se rallier et de reprendre ensuite l'offensive.

Ve PARTIE

LA CONCENTRATION

MOBILISATION ET CONCENTRATION

Dans le cours de cette étude, nous avons vu que notre organisation militaire ne le cède en rien à celle de nos ennemis.

Comme effectifs, comme armement, comme instruction militaire, la France est à hauteur ; son armée est prête, il n'y a qu'un ordre à donner pour mettre en mouvement cette formidable organisation, aux rouages si nombreux et si délicats ; il n'y a qu'à montrer à cette armée la frontière de l'est pour que, de suite, elle fasse la preuve de son patriotisme, de sa valeur, de son dévouement.

Mais ce n'est pas tout d'avoir une armée instruite et brave, disciplinée et bien commandée.

La guerre est chose complexe, on ne peut sans danger négliger de la préparer dans tous ses détails.

La nature du terrain sur lequel on peut être appelé à combattre, sa configuration, la facilité ou la difficulté de sa défense, sont des facteurs d'une importance extrême.

Par l'étude sommaire des frontières, nous avons vu que là où la nature n'avait pas fait elle-même le nécessaire pour donner au terrain la valeur défensive, la fortification avait suppléé à l'insuffisance des remparts naturels.

De ce côté on a cherché à tout prévoir ; les combinaisons stratégiques et tactiques, possibles pour l'ennemi, ont été étudiées de façon à ne pas avoir à trouver au dernier moment un système de défense, qui pourrait se ressentir de la précipitation des combinaisons, et éviter ainsi les à-coups et les risques inhérents à l'improvisation fiévreuse.

Oui, de ce côté là encore, nous sommes prêts.

Mais il est un autre facteur, tout aussi important, parfois même plus important, qu'il ne fallait pas négliger davantage.

Ce facteur, c'est la concentration rapide des armées dans leur zone d'action.

Cette partie, si importante, de la préparation à la guerre a fait l'objet de nombreuses études, et l'on est arrivé actuellement à un résultat satisfaisant, produit de longues années de travail, que l'on s'efforce de perfectionner encore chaque jour.

Les opérations à effectuer par une armée avant le début des hostilités sont de deux ordres : la mobilisation, la concentration..

En France, de même qu'à l'étranger, l'armée ne comprend dans son organisation du temps de paix qu'une faible partie des effectifs de guerre.

Pour passer du régime de paix à la situation de guerre, il faut compléter les régiments par l'appel des réservistes, compléter les divers services accessoires, si nécessaires en campagne, habiller tout ce monde qui arrive de ses foyers, l'armer, lui fournir vivres et munitions ; il faut réquisitionner les chevaux, organiser les convois, mettre sur pied les ambulances, les atteler, pourvoir le tout du nécessaire....

C'est le branle-bas de combat.

Tout est prévu, tout est préparé, tout est organisé, mais rien n'est prêt pour partir, puisqu'il faut tout rassembler. Il faudrait pour qu'il en fût autrement tenir constamment le pays tout entier sur pied de guerre, ce qui n'est pas possible.

Du reste, à l'étranger la situation est la même qu'en France.

Ce sont ces opérations préliminaires qui constituent la mobilisation. Elles sont identiques pour l'armée active, pour la réserve, pour l'armée territoriale et pour sa réserve.

Tout ce travail immense est échelonné jour par jour, heure par heure, les indications de ce travail sont portées d'une façon exacte, dès le temps de paix, sur les journaux et les carnets de mobilisation des corps de troupes et des différents services. Il n'y a qu'à obéir strictement aux prescriptions de ces journaux et de ces carnets de mobilisation.

L'Allemagne, pour se donner la possibilité de frapper un grand coup, avant que la France fût en mesure de répondre, a, depuis de nombreuses années, augmenté ses unités sur notre frontière et renforcé les effectifs de ces unités.

La France a dû la suivre dans cette voie et toutes les nations ont agi de même.

Ce qui fait qu'à l'heure actuelle, les corps d'armée stationnés sur un territoire exposé aux coups immédiats de l'ennemi ont leurs unités doublées ou triplées et que les effectifs permanents des régiments de ces corps ont été portés à un chiffre approchant de celui de guerre.

Il résulte de là que ces troupes se trouvant, dès le temps de paix, dans une situation voisine de celle de guerre, peuvent en quelques heures accomplir leur mobilisation, être prêtes à partir avec des effectifs assez nombreux pour pouvoir se passer momentanément de leurs réservistes, qui, dès lors, ne les rejoindront qu'au bout de quelques jours.

Ce sont des troupes d'avant-garde, qui supporteront les premières le choc de la guerre, car les premières batailles seront très-probablement, de part et d'autre, des combats d'avant-gardes.

Les autres corps d'armée auront besoin de quelques jours pour leur mobilisation, ceci en Allemagne comme en France, et ne rejoindront les premières troupes engagées qu'après les délais nécessités par la mobilisation et les transports.

La concentration consiste à embarquer les troupes et le matériel en chemin de fer et à les diriger, le plus rapidement possible, sur les emplacements désignés pour le groupement des unités.

Ce transport des troupes, du matériel, des munitions, des vivres, etc., constitue l'une des plus grandes difficultés des opérations préparatoires. Aussi tout est-il prévu à l'avance ; les heures de départ des trains, leur composition, la désignation des troupes qu'ils doivent emporter, l'échelonnement successif des départs, la vitesse, les points et les heures de croisement, les emplacements des haltes pour le repas des troupes, les délais de ce repos forcé, forcé aussi bien pour les machines qui ont besoin de faire de l'eau et du charbon, que pour les hommes qui ont besoin de s'alimenter, tout cela est prévu dans des horaires, est indiqué par des graphiques de marche, qui, on le comprendra, sont tenus dans le plus rigoureux secret.

Sans chercher à soulever le voile qui couvre ces opérations, je vais essayer de donner une idée du temps nécessaire pour la concentration des forces vives des pays qui se trouveront probablement engagés dans la prochaine lutte.

Que le lecteur n'y cherche pas une indiscrétion qui n'existe pas et ne peut pas exister.

Il n'y a là qu'un problème facile à résoudre :

Etant donnée la position des corps d'armée dans le temps de paix, la longueur des parcours pour arriver à la frontière, les lignes de chemins de fer pouvant être utilisées, en combien de temps les adversaires peuvent-ils grouper leurs armées à proximité des théâtres de la lutte.

Si avec cela on sait qu'il faut environ 105 trains pour transporter un corps d'armée, si on sait qu'une ligne à double voie ne peut guère être parcourue que par 30 à à 35 trains par 24 heures, qu'une ligne à simple voie ne peut fournir un débit de plus de 15 à 20 trains, que la vitesse moyenne des trains sera d'environ 25 kilomètres à l'heure, arrêts compris, on aura les documents nécessaires pour évaluer d'une façon suffisamment exacte la durée de la concentration.

On peut prévoir que dans les corps à effectifs renforcés la mobilisation sera terminée en quelques heures, tandis que dans les autres corps elle demandera 3 ou 4 jours.

Il paraît certain que les troupes de réserves, les troupes territoriales et leurs réserves, quel que soit le nom dont on les appelle dans les différents pays, ne pourront être mobilisées que par échelons, et au fur et à mesure que l'échelon précédent commencera son mouvement de concentration.

La mobilisation et la concentration complète de la totalité des armées ne seront donc pas aussi rapides qu'on veut bien le croire. Les troupes d'avant-garde, seules, seront mobilisées et concentrées avec une rapidité foudroyante.

Il est encore un principe admis, c'est que les troupes qui ont moins de 3 journées de marche à faire, pour se trouver au point de concentration, n'ont le plus souvent, à moins de cas exceptionnels, aucun avantage à se servir des voies ferrées. Elles arrivent presque toujours aussi vite et soulagent d'autant le service des transports, absolument surchargé au moment de la concentration.

Pour la clarté de cet exposé je grouperai les corps d'armée en armées, je les amènerai sur des points stratégiques de concentration, mais je dois faire observer, dès maintenant, que toutes ces combinaisons sont hypothétiques, que tout autre groupement des troupes peut exister et existe très-probablement, que les points de concentration que j'indiquerai ne seront sans doute pas ceux de la réalité, mais ils suffisent pour permettre d'indiquer le temps nécessaire pour amener les troupes, leur matériel et les services accessoires sur des points donnés de la frontière qui, pourtant, remplissent les conditions stratégiques et tactiques nécessaires pour être les théâtres des premières opérations de guerre.

Une chose restera du reste de cet exposé, c'est que, en admettant le déplacement latéral des points de concentration, les délais ne seraient pas sensiblement modifiés; quant au déplacement en profondeur, si la concentration se faisait plus près de notre frontière de l'est nous perdrions simplement quelques heures, si au contraire elle se faisait plus loin de la frontière nous gagnerions quelques heures.

En somme, les modifications apportées par ces faits aux calculs de concentration seraient de peu d'importance.

Nous verrons donc, par cette étude, si notre concentration est suffisamment rapide pour nous permettre de nous présenter en bonne posture devant l'ennemi.

AU NORD

Les corps d'armée qui pourraient entrer dans la composition d'une armée allemande destinée à opérer contre notre frontière du nord-est, après avoir violé la neutralité de la Belgique, sont suffisamment indiqués par leur situation sur le territoire de l'Empire.

Ce seraient sans doute les

VIIe corps, quartier général Munster.

X^e corps, quartier général Hanovre.

IXe corps, quartier général Altona.

IVe corps, quartier général Magdebourg.

Cette armée disposerait pour sa concentration des voies ferrées suivantes :

1° Une ligne à une voie, partant de la frontière du Danemark, se dirigeant sur Altona, Brême, Wesel, pour aboutir à Aix-la-Chapelle.

Cette ligne traverse les territoires des IX°, X° et VIIe corps.

2° Une ligne à une voie, partant de Rostock, sur la mer Baltique, se dirigeant sur Schwerein, Büchen, Uelzen, passant au sud de Brême, puis à Munster, Dœrsten, Dusseldorf et aboutissant à Aix-la-Chapelle.

Cette ligne traverse les territoires des IX°, X° et VIIe corps.

3° Une ligne à double voie, partant de Berlin, se dirigeant sur Hanovre, Hamm, Cologne et aboutissant à Aix-la-Chapelle.

Cette ligne traverse les territoires des IVe, X^e, VIIe et VIIIe corps.

4° Une ligne à double voie, partant également de Berlin, se dirigeant sur Magdebourg, Hoxter, Soest, Cologne et aboutissant à Aix-la-Chapelle.

Cette ligne traverse les territoires des IVe, X°, VIIe et VIIIe corps.

5° Une ligne à double voie, partant de Torgau, se dirigeant sur Halle, Cassel, Elberfeld, Cologne, Bonn, aboutissant à Stadtkyll, station qui se trouve à 45 kilomètres à l'est du camp de Malmédy.

Cette ligne traverse les territoires des IVe, XIe, VIIe et VIIIe corps.

La concentration de cette armée paraît donc indiquée entre Aix-la-Chapelle et le camp de Malmédy, distants l'un de l'autre de 40 kilomètres.

Le camp de Malmédy est lui-même relié par voies ferrées aux lignes environnantes, et toute la région frontière possède de nombreux quais de débarquement.

La concentration des VIIe, X^e, IXe et IVe corps pourrait se faire sur le front Aix-la-Chapelle, Malmédy, de la façon suivante :

Une partie du VIIe corps pourrait utiliser les routes ; la brigade de cavalerie qui se trouve à Dusseldorf, à 80 kilomètres d'Aix-la-Chapelle, pourrait franchir cette distance en 2 étapes et commencer le lendemain le service d'exploration dans la direction de Liège, c'est-à-dire le 7e jour de la mobilisation.

Le régiment d'infanterie de Dusseldorf ferait la route en 3 étapes et se porterait sur Verviers le 8e jour.

Les 6 batteries de Wesel (135 kilomètres d'Aix-la-Chapelle) pourraient rejoindre à Verviers le 9e jour, après avoir fourni 4 étapes.

Quant à la brigade d'infanterie de Wesel, elle se rendrait par chemin de fer à Aix-la-Chapelle, où elle serait le 5e jour, et se mettrait en route pour Verviers le 6e jour.

2 batteries d'artillerie, 1 régiment d'infanterie, 1 régiment de cavalerie et 1 bataillon du train, stationnés à Munster (environ 200 kilomètres), pourraient-être rendus par voie ferrée le 6e jour à Aix-la-Chapelle et se trouver le 8e jour à Verviers.

Il y aurait donc à ce moment sur la frontière belge, aux environs de Verviers, les forces suivantes :

3 régiments de cavalerie, 2 brigades d'infanterie, 8 batteries d'artillerie, 1 bataillon du train, qui probablement, dès le 9e jour, feraient une démonstration devant Liège, dont ils ne seraient plus séparés que par environ 20 kilomètres.

Le restant du corps d'armée, ayant à parcourir une moyenne de 250 kilomètres et devant employer de 50 à 60 trains, arriverait à Aix-la-Chapelle les 7e et 8e jours et pourrait pénétrer en Belgique sans descendre des trains.

Le 9ᵉ jour tout le VIIᵉ corps serait donc rassemblé pour opérer la démonstration devant Liège.

Le Xᵉ corps qui a une moyenne de 400 kilomètres à parcourir, mais qui peut disposer de 3 lignes de chemins de fer, serait à Aix-la-Chapelle le 8ᵉ jour et devant Liège le 10ᵉ.

Le IXᵉ corps qui a 600 kilomètres à franchir, desservi par 3 lignes, dont une à double voie, serait à Aix-la-Chapelle le 9ᵉ jour et en réserve derrière les VIIᵉ et Xᵉ corps le 10ᵉ jour.

Enfin le IVᵉ corps qui a 700 kilomètres à parcourir, desservi par 2 lignes à double voie, serait rendu à Stadkyll, ou même au camp de Malmédy, le 9ᵉ jour et pourrait avoir tourné vers l'ouest le camp retranché de Liège le 11ᵉ jour au soir.

Dès le 12ᵉ jour, non-seulement toute cette armée serait réunie, mais encore le camp retranché de Liège serait investi.

L'armée belge ne serait sans doute pas encore prête à le défendre; il ne resterait dès lors à la place qu'à capituler.

Peut-être même la capitulation aurait-elle eu lieu déjà, dès le 10ᵉ jour, à la suite de la démonstration de l'avant-garde allemande.

Dans une étude de ce genre, quand il y a doute, il faut toujours supposer la question résolue au profit de l'ennemi; il faut se garder des appréciations optimistes, il faut éviter les surprises désagréables.

En accordant de prime abord à l'ennemi tout ce qui paraît possible, on s'évite à soi-même des illusions funestes, on se tient prêt aux pires éventualités; on acquiert ainsi une force plus grande, parce qu'on a tout prévu, parce qu'on a pesé tous les avantages que l'ennemi peut retirer de son succès et qu'on a tout disposé pour parer à cet inconvénient.

Dès lors, si la situation change elle ne peut se modifier qu'en bien.

C'est ainsi qu'il faut voir toutes les opérations de guerre.

Pas d'illusions trompeuses, mais non plus pas de craintes folles; pas de timidité exagérée, car la prudence, le sang-froid et la réflexion ont tiré bien souvent des armées de fort mauvais pas.

J'admettrai donc que le 10° jour de la mobilisation l'armée allemande, que pour la clarté de cette étude j'appellerai l'armée du nord, a pris possession sans coup férir du camp retranché de Liège.

Quelle serait alors la situation d'une armée française, que j'appellerai aussi l'armée du nord.

La création des 4e bataillons dans l'infanterie française doit apporter dans la concentration des corps d'armée de la frontière une souplesse et une élasticité qu'il eût été impossible d'obtenir sans eux.

Une partie de ces 4e bataillons devant vraisemblablement former le noyau des garnisons des places fortes, les corps d'armée pourront désormais se désintéresser de leur défense et ne se préoccuper que de leur concentration stratégique et de leur rôle tactique, ce qui est déjà une lourde tâche.

C'est un grand point acquis.

Le 1er corps, Lille, n'aurait sans doute pas à se servir des voies ferrées.

Bien que généralement les régiments des corps de la frontière soient à effectifs renforcés et puissent se mettre en route quelques heures après la réception de l'ordre de mobilisation, j'adopterai pourtant pour le 1er corps le délai de 4 jours de mobilisation.

Le régiment d'infanterie de Maubeuge, à 20 kilomètres de la frontière, serait à son poste le 5e jour.

Le régiment d'infanterie d'Avesnes, qui a 40 kilomètres à parcourir, y serait le 6e jour; il en est de même pour le régiment d'infanterie de Valenciennes qui a 45 kilomètres à franchir.

Le régiment d'infanterie et le régiment de cavalerie de Cambrai, qui ont 60 kilomètres à parcourir, seraient aussi arrivés le 6e jour.

L'artillerie du corps d'armée, qui est à Douai, à 80 kilomètres de la frontière, arriverait les 6e et 7e jours.

Le régiment de cavalerie de Lille (100 kilomètres) serait à son poste le 7e jour.

Le régiment d'infanterie et le bataillon de chasseurs de Lille arriveraient le 8e jour, de même pour le régiment d'infanterie et les compagnies du génie stationnés à Arras (100 kilomètres).

Le régiment d'infanterie de Béthune (125 kilomètres) serait à son poste le 9e jour.

Le régiment de cavalerie de Saint-Omer (150 kilomètres) ferait la route en 4 étapes et serait à son poste le 8ᵉ jour, tandis que le régiment d'infanterie de cette ville n'arriverait que le 9ᵉ jour.

Enfin, le régiment d'infanterie de Dunkerque (160 kilomètres) serait, par exception, transporté en chemins de fer et arriverait le 5ᵉ jour.

Presque tout le corps d'armée serait donc concentré sur la frontière entre le 7ᵉ et le 8ᵉ jour de la mobilisation, c'est-à-dire à l'heure même où le VIIᵉ corps allemand pénétrerait sur le territoire belge, dans les environs de Verviers.

Le commandant de l'armée française serait sans doute avisé immédiatement, d'une façon ou d'une autre, de cette violation du territoire belge. Dès lors il n'aurait plus aucun motif pour respecter la neutralité de la Belgique.

Son premier soin serait sans doute de faire une démonstration devant Namur, afin de répondre à l'action de l'armée allemande devant Liège.

Du saillant de Maubeuge, 5 routes conduisent à Namur. 2 sont d'une longueur de 60 kilomètres, les 3 autres d'environ 80 kilomètres.

Il faudrait 2 jours pour parvenir à Namur; l'avant-garde y arriverait au moment où Liège capitulerait.

Il est probable qu'à la suite de la chute de Liège, Namur ne ferait pas non plus de résistance.

La Belgique, n'ayant pu défendre sa neutralité, aurait tout intérêt à ne pas prendre parti pour l'un des belligérants; la prudence lui conseillerait sans doute de subir ce qu'elle serait impuissante à empêcher.

Elle n'aurait alors qu'à replier les garnisons de ces deux places sur la région située au nord de la zone occupée, qui, n'étant que d'une utilité secondaire, ne serait probablement pas menacée, du moins au début des opérations.

L'armée allemande, sauf peut-être une avant-garde composée surtout de cavalerie, serait encore à ce moment dans les environs de Liège, à une ou deux journées de marche de Namur.

Si le 1ᵉʳ corps français était isolé sa situation serait certainement critique, mais les 3ᵉ, 4ᵉ et 10ᵉ corps, dont la situation territoriale permet de supposer qu'ils pourraient faire partie de cette armée, seraient arrivés à ce moment.

En effet, le 3ᵉ corps, Rouen, qui a une moyenne de 400

kilomètres à parcourir, dispose de 4 lignes de chemins de fer, dont une à double voie ; il pourrait partir le 5ᵉ jour au matin et serait arrivé dans les environs de Maubeuge dans la journée du 6ᵉ jour.

Le 4ᵉ corps, Le Mans, qui a une moyenne de 500 kilomètres à parcourir, dispose aussi de 4 lignes dont 2 à double voie ; ce corps partant le matin du 5ᵉ jour serait concentré près de Maubeuge le matin du 7ᵉ jour.

Le 10ᵉ corps, Rennes, qui a une moyenne de 750 kilomètres à franchir dispose de 3 lignes, une à double voie et deux en partie à une voie et en partie à double voie, il serait concentré le soir du 8ᵉ jour, ou, au plus tard, le matin du 9ᵉ.

On voit que ces corps d'armée seraient concentrés sur la frontière à peu près en même temps que le 1ᵉʳ corps, c'est-à-dire avec une grande avance sur l'armée allemande.

Dans ces conditions, il paraît possible qu'une démonstration devant Namur, soit couronnée de succès.

La prise de possession du camp retranché de Namur, en réponse à l'occupation de Liège par les Allemands, renforcerait d'une façon remarquable notre frontière du nord-est en créant un quadrilatère fortifié, dont les côtés auraient : Namur-Givet, 40 kilomètres ; Givet-Hirson, 60 kilomètres ; Hirson-Maubeuge, 40 kilomètres, Maubeuge-Namur, 60 kilomètres, et serait une excellente base d'opérations.

En admettant même que l'armée allemande puisse s'emparer de Namur, ce qui n'est guère probable, elle ne pourrait être devant cette place que le 12ᵉ jour de la mobilisation et sur notre frontière du nord-est que le 14ᵉ jour, au plus tôt.

A ce moment la situation des armées opposées serait la suivante : de notre côté, le 1ᵉʳ corps de réserve serait complètement mobilisé dès le 8ᵉ jour, le 3ᵉ corps de réserve serait arrivé le 10ᵉ jour, le 4ᵉ corps de réserve serait à son poste le 11ᵉ jour et le 10ᵉ corps de réserve le matin du 13ᵉ jour.

Du côté des Allemands, les troupes de landwehr partant 4 jours après les corps actifs, mais pouvant utiliser les chemins de fer jusqu'à leur point de concentration, n'arriveraient guère que le 16ᵉ jour.

Ce sont donc 3 journées d'avance, que nous pourrions sans doute utiliser d'une façon profitable ; cela nous permettrait d'engager une partie de nos corps de réserve, nos places fortes étant couvertes par l'armée et possédant déjà des garnisons de sûreté, composées des 4ᵉ bataillons et des batteries à pied, renforcées déjà par le 1ᵉʳ corps territorial, prêt dès le 12ᵉ jour, et par sa réserve qui serait complétement mobilisée dès le 16ᵉ jour.

En outre les corps d'armée territoriaux destinés aux garnisons du nord, commenceraient à arriver dès le 14ᵉ jour.

Quant aux troupes correspondantes du landsturm, elles auraient assez à faire de fournir les garnisons de la Lorraine et les postes des pays envahis ; elles ne seraient donc pas menaçantes, du moins pour le moment.

Il paraît donc probable qu'une attaque, au début de la guerre, ne serait pas tentée par les Allemands sur cette partie de notre frontière.

On voit bien ce qu'ils auraient à y perdre, mais on voit moins bien ce qu'ils auraient à y gagner.

A TRAVERS LE LUXEMBOURG

Si, au lieu de marcher vers Liège, Namur, Maubeuge, l'armée allemande du nord voulait se rabattre sur la partie de notre frontière comprise entre Longwy et Givet, le VII⁰ corps allemand devrait exécuter entièrement sa concentration par voies ferrées.

Le VII⁰ corps serait à Aix-la-Chapelle le 7⁰ jour de la mobilisation, le X⁰ corps le 8⁰ jour, le IX⁰ corps le 9⁰ jour et le IV⁰ corps serait à Malmédy le 10⁰ jour.

Ces corps pourraient poursuivre, sans arrêt, leur route en chemin de fer.

Le VII⁰ corps emprunterait la voie ferrée Aix-la-Chapelle, Verviers, Spa, Stavelot, Comblain, Marche et Rochefort, soit 160 kilomètres ; il mettrait 2 journées de plus pour se concentrer à Rochefort, au lieu d'Aix-la-Chapelle ; il serait réuni le 9⁰ jour de la mobilisation.

Le X⁰ corps se servirait de la ligne Aix-la-Chapelle, Malmédy, Stavelot, Viel-Salm, Bastogne, Libramont, soit 200 kilomètres ; il serait à Libramont le 10⁰ jour.

Le IX⁰ corps se servirait de la ligne Aix-la-Chapelle, Saint-With, Reuland, Clervaux, Bastogne, soit 175 kilomètres, il serait concentré à Bastogne le 11⁰ jour.

Le IV⁰ corps se servirait de la ligne Stadtkyll, Gérolstein, Trèves, Luxembourg, Arlon, Virton, soit 200 kilomètres ; il serait arrivé le 12⁰ jour.

Le VII⁰ corps aurait encore 2 journées de marche pour se porter sur la Semoy, aux environs de Bouillon ; il y serait le 11⁰ jour.

Le X⁰ corps aurait un jour de marche pour se porter vers Aubry, sur la Semoy, à gauche du VII⁰ corps ; il y serait le 11⁰ jour également.

Le IV⁰ corps aurait une journée de marche pour se porter à Chiny, sur la Semoy, à gauche du X⁰ corps ; il y serait le 13⁰ jour.

Enfin, le IX⁰ corps aurait deux journées de marche pour

se porter vers Palizeul, au nord de la Semoy, couvrant ainsi l'aile droite de l'armée ; il y serait le 13e jour.

Les troupes de landwehr arriveraient elles-mêmes du 15e au 17e jour ; elles se concentreraient probablement à proximité des corps déjà établis, sauf le IXe corps qui couvrirait vraisemblablement la gauche de l'armée, vers Saint-Médard.

La concentration de l'armée allemande sur cette partie de la frontière lui ferait donc gagner 2 à 3 jours, pour la portion active, tandis que la landwehr, déjà avantagée dans l'hypothèse précédente par l'emploi des chemins de fer jusqu'au point terminus de son transport, n'y gagnerait absolument rien.

L'armée allemande trouverait en outre l'avantage appréciable d'éviter les forteresses belges et peut-être de supprimer des complications, après tout possibles.

Quelle pourrait-être à ce moment la situation de l'armée française du nord ?

Le 1er corps qui se concentre par routes pourrait toujours se rassembler à Maubeuge ; nous avons vu qu'il y serait en entier le 8e jour au plus tard.

C'est à ce moment que les premiers trains allemands pénétreraient en Belgique. Il n'y aurait, dès lors, qu'à diriger de suite le 1er corps sur Givet.

Deux routes y conduisent : l'une par Beaumont, Froidchapelle et Cerfontaine, d'une longueur de 75 kilomètres ; l'autre par Erqueline, Beaumont, Philippeville, Hastière ; la distance est aussi de 75 kilomètres. Des chemins un peu plus longs pourraient-être utilisés par la cavalerie.

La distance serait franchie en 2 et 3 étapes ; le 1er corps serait sur ses positions les 10e et 11e jours de la mobilisation, la droite appuyée à la Semoy.

Les 3 autres corps au lieu de se diriger sur Maubeuge appuiraient sur Mézières. Ce serait un allongement de parcours de 100 à 200 kilomètres.

Le 3e corps pourrait être à Carignan le 9e jour et derrière la Semoy, vers Chiny, le 10e.

Le 4e corps serait à Sedan le 10e jour et derrière la Semoy, vers Aubry, le 11e.

Le 10e corps serait à Mézières le 11e jour et derrière la Semoy, vers Bouillon, le 12e.

Les 4e et 10e corps de réserve, qui pourraient être affectés à cette armée, seraient arrivés eux-mêmes ; le

4ᵉ à Carignan le 14ᵉ jour, pour se trouver le 15ᵉ sur la Semoy, vers Issel, couvrant la droite de l'armée ; le 10ᵉ à Mézières le 15ᵉ jour, pour se trouver le 16ᵉ dans l'angle rentrant de Gespunsart, à proximité de la Semoy, prêt à appuyer la gauche de la défense de la Semoy ou la droite du 1ᵉʳ corps, formant un crochet offensif dans la direction de Givet.

Il se trouve donc que dans cette combinaison nos corps d'armée arriveraient encore à temps pour prendre leurs positions de combat.

Nous aurions cependant, après l'arrivée de la landwehr, une infériorité numérique puisque devant 8 corps allemands nous ne présenterions que 6 corps français.

Mais le dispositif en équerre de notre armée (de la Semoy à Givet pour la branche ascendante, la ligne de la Semoy pour l'autre branche), nous mettrait dans d'excellentes conditions pour combattre.

Au sommet de la branche ascendante de l'équerre, la place de Givet (fort de Charlemont) donnerait à la position une importance considérable. Sur l'autre branche, le cours de la Semoy donnerait aussi une valeur sérieuse à la ligne de défense.

Nous pourrions disposer en outre, comme corps d'observation, des 1ᵉʳ et 3ᵉ corps de réserve, que je suppose devoir être affectés à la défense de la région du nord-est de la France.

Le 1ᵉʳ corps de réserve, dont la concentration serait complète dès le 8ᵉ jour, pourrait être rassemblé dès le 11ᵉ ou 12ᵉ jour à Dinant, à 20 kilomètres au nord de Givet et à 80 kilomètres à l'est de Maubeuge.

Le 3ᵉ corps de réserve, qui serait concentré dès le 10ᵉ jour, pourrait être dès le 12ᵉ jour à Philippeville, à 35 kilomètres de notre frontière et à une journée de marche à l'ouest de Dinant.

Tout en couvrant nos places fortes, sur lesquelles ils pourraient au besoin se replier, ces corps seraient une menace permanente pour l'ennemi, sur lequel ils pourraient se rabattre.

Ceci obligerait les Allemands à dégarnir les lignes de la Semoy pour opposer des troupes à ces corps, qui menaceraient leur flanc et leurs derrières, ce qui rétablirait l'équilibre des forces.

La défense de nos places fortes du nord serait quand

même assurée, d'abord par les 4ᵉ bataillons et les batteries d'artillerie à pied, ensuite par les corps territoriaux.

Le 1ᵉʳ corps territorial occuperait ses positions dès le 12ᵉ jour et sa réserve dès le 16ᵉ.

Le 3ᵉ corps territorial serait dans les places du nord dès le 14ᵉ jour et sa réserve dès le 18ᵉ.

Le 4ᵉ corps territorial serait à son poste dès le 15ᵉ jour, (sa réserve ferait probablement partie de la défense de Paris).

Le 10ᵉ corps territorial serait arrivé le 17ᵉ jour (sa réserve ferait probablement partie de la défense de Paris).

Ainsi, le 18ᵉ jour de la mobilisation toutes les troupes de défense de la région seraient réunies dans les places fortes auxquelles elles seraient affectées.

L'ennemi ne pourrait se présenter devant notre frontière nord-est (Dunkerque à Hirson) qu'après avoir refoulé notre armée. Il faudrait sans doute pour cela plusieurs grandes batailles, pendant lesquelles les 1ᵉʳ et 3ᵉ corps de réserve devraient éviter avec soin de se laisser couper des places du nord.

L'armée ennemie ne serait complètement rassemblée que le 17ᵉ jour ; étant donnés les combats nécessaires pour s'ouvrir le chemin, étant donnée la distance à parcourir, il est à peu près certain que, même si nous subissions un échec sérieux ou plutôt une série d'échecs, l'ennemi ne pourrait être devant nos places du nord que vers le 25ᵉ jour de la mobilisation.

Nous avons vu que les garnisons de ces places seraient complètes dès le 18ᵉ jour, elles seraient donc en état de recevoir l'ennemi.

Mais il faut espérer que nos corps d'armée retiendraient suffisamment longtemps l'armée allemande sur la ligne de la Semoy et que nos places fortes du nord n'auront pas à prendre part à la lutte.

Il serait même possible que les Allemands subissent un échec sérieux sur ces positions et se trouvent ensuite dans un état d'infériorité notoire.

Quoi qu'il en soit, on peut considérer dès maintenant la ligne de la Semoy comme l'un des points de concentration de l'armée allemande du nord, et l'on peut s'attendre à voir ces positions fortement disputées dès le début d'une guerre future.

SUR LA MEUSE

Les corps d'armée qui pourraient entrer dans la composition d'une armée allemande destinée à opérer dans la trouée de la Meuse seraient probablement les suivants :
XVIe corps, quartier général Metz ;
VIIIe corps, quartier général Coblence ;
XI° corps, quartier général Cassel ;
IIe corps bavarois, quartier général Wurtzbourg.
La brigade bavaroise détachée à Metz paraît devoir former le noyau de la défense de ce camp retranché, avec 2 bataillons d'artillerie à pied et 1 bataillon de pionniers.

Le XVIe corps qui est à effectifs renforcés pourrait se mettre en marche quelques heures après la réception de l'ordre de mobilisation ; il formerait sans doute l'avant-garde de l'armée allemande de la Meuse.

Les troupes stationnées à Metz et à Thionville n'auraient aucun avantage à se servir des voies ferrées, le restant du XVIe corps et les 3 autres devraient être transportés en chemin de fer.

Elles pourraient se porter sur la Meuse, dès le premier jour de la mobilisation, en 4 colonnes.

1° La colonne du nord formée par les troupes de Thionville comprendrait : 1 régiment de cavalerie, 1 régiment d'infanterie, elle pourrait être rejointe en route par un groupe de 3 batteries venant de Metz.

Cette colonne mettrait 3 jours pour atteindre Marville. 1re étape, Audun-le-Roman (27 kilomètres) ; 2e étape, Rouvrois-sur-Othain (25 kilomètres) ; 3e étape, Marville, 20 kilomètres. Ensemble 72 kilomètres.

La 2e colonne couverte par la 33e brigade de cavalerie, accompagnée de 2 batteries à cheval, serait formée par la 66e brigade d'infanterie et un groupe de 3 batteries d'artillerie, le tout stationné à Metz ; un groupe de 3 batteries, stationné à Saint-Avold (40 kilomètres à l'est de Metz) rejoindrait cette colonne en cours de route.

Cette colonne mettrait 3 jours pour atteindre Saint-Laurent-sur-Othain. 1re étape, Briey (27 kilomètres); 2e étape, Spincourt (27 kilomètres); 3e étape, Saint-Laurent (20 kilomètres). Ensemble 74 kilomètres.

La 3e colonne formée par la 67e brigade d'infanterie et 1 groupe de 3 batteries serait rejointe en route par 1 groupe de 3 batteries et par le régiment de uhlans, stationnés à Saint-Avold.

Cette colonne mettrait 3 jours pour atteindre Mangiennes. 1re étape, Conflans (par Lorry et Vernéville) (30 kilomètres); 2e étape, Baroncourt (25 kilomètres); 3e étape, Mangiennes (25 kilomètres). Ensemble 80 kilomètres.

La 4e colonne, couverte par la 5e brigade de cavalerie bavaroise, serait formée de 1 régiment d'infanterie, 1 bataillon de pionniers, 1 groupe de 3 batteries d'artillerie, 2 bataillons d'artillerie à pied, tous stationnés à Metz. Elle serait rejointe en route par la 65e brigade d'infanterie, et 1 groupe de 3 batteries, stationnés à Morhange, qui rejoindraient par chemin de fer dans la direction de Mars-la-Tour, Conflans.

Cette colonne mettrait 3 jours pour atteindre Romagne-sous-les-Côtes. 1re étape, Mars-la-Tour (25 kilomètres); 2e étape, Rouvres (30 kilomètres); 3e étape, Romagne (30 kilomètres). Ensemble 85 kilomètres.

Ces 4 colonnes se resserreraient sur le centre pendant la marche en avant et arrivées au lieu de concentration ne seraient plus éloignées les unes des autres que : de Marville à Saint-Laurent, 10 kilomètres ; de Saint-Laurent à Mangiennes, 7 kilomètres ; de Mangiennes à Romagne 7 kilomètres.

Le XVIe corps serait donc réuni au plus tard le 4e jour de la mobilisation entre Romagne-sous-les-Côtes et Marville, formant un dispositif concave, avec un front de 15 kilomètres, couvert par deux massifs boisés et possédant des voies de communications suffisantes et faciles.

Le VIIIe corps commencerait son mouvement de concentration le 5e jour.

Il a à sa disposition 5 lignes de chemins de fer.

1° Trèves, Thionville, Longuyon (125 kilomètres;
2° Sarrelouis, Thionville, Longuyon (125 kilomètres);
3° Aix-la-Chapelle, Saint-With, Ettelbruck, Arlon,

Virton (300 kilomètres); 4° Cologne, Neuwied, Trèves, Luxembourg, Arlon, Virton (350 kilomètre)s; 5° Coblence, Trèves, Luxembourg, Arlon, Virton (200 kilomètres).

Une partie du corps d'armée débarquerait à Longuyon le 6ᵉ jour au matin et serait aux environs de Marville dans la même journée; l'autre partie débarquerait à Virton les 6ᵉ et 7ᵉ jours et serait aux environs de Marville les 7ᵉ et 8ᵉ jours.

Le 8ᵉ jour tout le corps d'armée serait rassemblé et soudé au XVIᵉ corps, arrivé également sur ses positions les 7ᵉ et 8ᵉ jours de la mobilisation.

Le XIᵉ corps pourrait utiliser les lignes suivantes :

1° Cassel, Giessen, Coblence, Trèves (double voie), Luxembourg avec bifurcation à cet endroit d'une part sur Arlon, Virton (425 kilomètres), d'autre part sur Longwy (400 kilomètres).

2° Cassel, Fulda, Francfort, Mayence (double voie), Bingen, Sarrebruck, Thionville, Longuyon (500 kilomètres.

Ce corps d'armée arriverait le 7ᵉ jour au soir et pourrait être réuni le 8ᵉ et le 9ᵉ jour à la gauche du XVIᵉ.

Le IIᵉ corps bavarois prendrait les voies ferrées de Nuremberg, Wurtzbourg, Darmstadt, Mayence, Bingen, pour bifurquer d'une part sur Coblence, Trèves, Luxembourg, Virton (650 kilomètres) et d'autre part sur Sarrebruck, Thionville, Longuyon (675 kilomètres).

Il serait arrivé le 9ᵉ jour et massé à la gauche du XIᵉ corps les 10ᵉ et 11ᵉ jours.

Les corps d'armée de landwehr (VIIIᵉ, XIᵉ et IIᵉ bavarois) sauf sans doute le XVIᵉ corps, qui serait probablement laissé à la garde du territoire lorrain, arriveraient sucessivement et seraient à leurs postes de combat les 12ᵉ, 13ᵉ et 15ᵉ jours.

Quelles seraient à ce moment les positions occupées par l'armée française de la Meuse ?

De même que le XVIᵉ corps allemand, notre 6ᵉ corps est à effectifs renforcés, il pourrait se mettre en route quelques heures après la réception de l'ordre de mobilisation ; il aurait peu à se servir des voies ferrées.

La 4ᵉ division de cavalerie indépendante, dont les régiments sont à Vouziers, Sainte-Menehould, Sedan et Verdun, se porterait de suite à l'est de la Meuse.

La brigade de dragons de Sedan aurait 64 kilomètres à

parcourir, le régiment de cuirassiers de Vouziers, 68 kilomètres; ils seraient aux environs de Marville le 2ᵉ jour de la mobilisation.

Le régiment de cuirassiers de Sainte-Menehould aurait 67 kilomètres à franchir et pourrait être le 2ᵉ jour aux environs de Damvillers. La brigade de hussards de Verdun pourrait être à Billy-sous-Mangiennes le 1ᵉʳ jour (36 kilomètres), pour, de là, opérer suivant les instructions qu'elle aurait reçues.

Les 2 batteries à cheval de la division de cavalerie, stationnées à Stenay, arriveraient le 1ᵉʳ jour à Damvillers (30 kilomètres) elles seraient appuyées quelques heures après par le bataillon de chasseurs de Stenay.

Le bataillon de chasseurs de Verdun pourrait être à Damvillers le 1ᵉʳ jour (28 kilomètres) et la brigade d'infanterie de Verdun (qui fait partie du 2ᵉ corps) serait à Ornes le 1ᵉʳ jour (18 kilomètres).

La 12ᵉ division d'infanterie pourrait se concentrer de la manière suivante :

Le bataillon de chasseurs de Longwy se replierait sur Marville (30 kilomètres), où il arriverait le 2ᵉ jour.

Le régiment d'infanterie de Mézières serait transporté par chemin de fer à Montmédy (75 kilomètres), où il serait le 1ᵉʳ jour, pour se porter le lendemain matin à Marville (12 kilomètres). De même pour le régiment d'infanterie de Reims qui arriverait à Montmédy dans la nuit du 1ᵉʳ jour (170 kilomètres) et qui serait le 2ᵉ jour à Marville.

Le régiment d'infanterie de Sedan irait par route à Jametz (60 kilomètres), il s'y trouverait le 3ᵉ jour au matin. Le régiment d'infanterie de Givet serait transporté par chemin de fer à Montmédy (140 kilomètres) il y serait le 1ᵉʳ jour et le lendemain se trouverait à Jametz.

L'artillerie partant de Châlons en chemin de fer pourrait utiliser 3 lignes.

Le 1ᵉʳ groupe passant par Reims et Mézières pourrait débarquer à Stenay (210 kilomètres), il arriverait dans la nuit du 1ᵉʳ jour et serait le 2ᵉ jour à Marville. Le 2ᵉ groupe passant par Sainte-Menehould, Challerange, débarquerait le 1ᵉʳ jour à Apremont (125 kilomètres) et serait à Damvillers (45 kilomètres) le 2ᵉ jour. Le 3ᵉ groupe, passant par Verdun, débarquerait le 1ᵉʳ jour à Charny (120 kilomètres) et serait le 2ᵉ jour à Ornes (12 kilomètres).

Ces troupes seraient donc concentrées le 2⁰ jour au soir entre Ornes et Marville sur un front de 20 à 25 kilomètres, avec une journée d'avance sur le XVIᵉ corps.

Cette journée pourrait être utilisée à mettre en état de défense les côtes d'Ornes et de Damvillers, distantes l'une de l'autre de 7 kilomètres, et les hauteurs de Marville, éloignées de 10 kilomètres des côtes de Damvillers.

Les deux cavaleries auraient pris le contact dès le 2ᵉ jour.

Un parc de siège, venant de Châlons, pourrait être arrivé dès le 3ᵉ jour, ce qui permettrait de garnir aussitôt les travaux de défense.

Les autres corps destinés à faire partie de l'armée de la Meuse seraient sans doute le 2ᵉ corps, Amiens; le 5ᵉ corps, Orléans; le 9ᵉ corps, Tours.

Le 2ᵉ corps, dont une brigade se trouve déjà à Verdun, disposerait pour se concentrer de 2 lignes à double voie, avec une distance moyenne de 250 kilomètres à parcourir; il pourrait être concentré le 7ᵉ jour au soir vers Marville.

Le 5ᵉ corps disposerait de 3 lignes, dont 2 à double voie et une à simple voie.

Il aurait à parcourir une distance moyenne de 400 kilomètres et débarquerait le 7ᵉ jour, pour être à Damvillers le 8ᵉ jour.

Le 9ᵉ corps disposerait de 3 lignes, dont 2 à double voie et une à simple voie, avec un parcours moyen de 600 kilomètres. Il pourrait débarquer le 8ᵉ jour, ayant encore 2 journées de marche à faire pour être massé vers Damvillers, où il serait le 10ᵉ jour.

Nous conserverions donc une journée d'avance pour la concentration complète de l'armée.

Mais la nécessité de jeter rapidement dans les places fortes de la région les troupes nécessaires à leur défense ne permettrait probablement pas de renforcer de suite cette armée par d'autres corps d'armée.

Nous serions donc, par suite de l'arrivée des corps de landwehr les 12ᵉ, 13ᵉ et 15ᵉ jours de la mobilisation, dans un état d'infériorité numérique.

La valeur des positions et les travaux de défense que l'on aurait pu établir permettraient cependant de tenir l'ennemi en respect.

Il ne faut pas oublier non plus que les deux ailes de notre armée de la Meuse seraient solidement appuyées, à droite par le camp retranché de Verdun, à gauche par la place de Montmédy, place dont la valeur serait décuplée par la présence de l'armée et par les batteries de position dont l'établissement, dans ces circonstances, semble tout indiqué.

Ce qui permettrait d'attendre des renforts ultérieurs, en se maintenant provisoirement dans une défensive vigoureuse.

SUR LA MOSELLE

Une troisième armée allemande opérerait certainement dans la trouée de la Moselle.

Les corps d'armée qui pourraient en faire partie seraient probablement les suivants :

XVe corps, quartier général Strasbourg ;
XIVe corps, quartier général Carlsruhe ;
XIIIe corps, quartier général Stuttgart ;
Ier corps bavarois, quartier général Munich.

Le XVe corps, ainsi que la partie du XIVe stationnée en Alsace, sont à effectifs renforcés ; ils se mettraient en marche quelques heures après la réception de l'ordre de mobilisation, et se rendraient à leurs points de concentration, partie par route, mais pour la plupart en chemin de fer.

Voici dans quels délais la concentration de l'armée allemande de la Moselle pourrait être effectuée.

Les 2 régiments de cavalerie stationnés à Sarrebourg (à 60 kilomètres de Lunéville) pourraient se trouver le 1er jour à Blâmont (30 kilomètres) ; ils seraient rejoints le même jour par le régiment d'infanterie de Sarrebourg.

Les 2 batteries à cheval de Bischwiller, transportées en chemin de fer, seraient débarquées, aussi le 1er jour, à Blâmont (110 kilomètres).

Le régiment d'infanterie de Saverne, voyageant par route, serait à Blâmont (60 kilomètres) le 2e jour, et le régiment d'infanterie de Dieuze serait aussi à Blâmont (40 kilomètres) le 2e jour, mais dans la matinée.

Le régiment d'infanterie de Wissembourg, transporté par chemin de fer, serait à Réchicourt-le-Château (125 kilomètres), à 10 kilomètres au nord de Blâmont, le 1er jour.

Les troupes de Haguenau (1 régiment de cavalerie, 1 régiment d'infanterie et 9 batteries d'artillerie), transportées en chemin de fer, seraient à Réchicourt (100 kilomètres) le 1er et le 2e jour de la mobilisation.

Les troupes de Strasbourg (1 régiment de cavalerie, 3 régiments d'infanterie, 2 batteries d'artillerie à cheval, 9 batteries d'artillerie, 3 bataillons de pionniers, dont 1 détaché du XIVe corps, et 2 bataillons d'artillerie à pied, détachés du XIVe corps), pourraient être transportées de la façon suivante : le régiment de cavalerie, 1 régiment d'infanterie et les 2 batteries à cheval débarqueraient à Schirmeck (50 kilomètres) le 1er jour, et se trouveraient le 2e jour à Badonviller (30 kilomètres), à 12 kilomètres au sud de Blâmont; les 2 autres régiments d'infanterie seraient transportés jusqu'à Saales, point terminus de la ligne (75 kilomètres), ils y seraient le 1er jour et auraient 25 kilomètres à faire sur route pour se trouver le 2e jour à Raon-l'Etape, à 15 kilomètres au sud de Badonviller.

Les 9 batteries seraient embarquées en chemin de fer le 2e jour, elles arriveraient le même jour, partie à Schirmeck, partie à Saales, et seraient le 3e jour à Badonviller et à Raon-l'Etape.

Les 3 bataillons de pionniers pourraient débarquer aussi le 2e jour, l'un à Réchicourt (100 kilomètres), l'autre à Schirmeck et le 3e à Saales. Le premier serait à son poste dès l'arrivée, les deux autres, après avoir effectué une étape, seraient le 3e jour seulement à Badonviller et à Saint-Dié.

Enfin, les 2 bataillons d'artillerie à pied, seraient transportés en chemin de fer dans la nuit du 2e jour et débarqueraient : l'un à Réchicourt le 3e jour au matin, il serait à son poste; l'autre à Schirmeck le 3e jour au matin et serait à Badonviller le soir du même jour.

Le XVe corps serait donc complétement concentré le 3e jour au soir.

Le XIVe corps a une partie de ses troupes à effectifs renforcés, qui serait également embarquée en chemin de fer dès le 1er jour de la mobilisation.

Le régiment de cavalerie de Colmar, voyageant par étapes, serait à Saint-Dié (60 kilomètres) le 2e jour.

Le bataillon de chasseurs à pied de Schlestadt, transporté en chemin de fer à Sainte-Marie-aux-Mines (30 kilomètres) y serait le 1er jour et arriverait le 2e jour au matin à Saint-Dié (28 kilomètres), précédant la cavalerie.

Les 3 bataillons de chasseurs à pied de Colmar, seraient à Sainte-Marie-aux-Mines (45 kilomètres) le 1er jour et à Saint-Dié le 2e jour, en même temps que la cavalerie.

Les 3 batteries d'artillerie de Neuf-Brisach débarqueraient à Sainte-Marie-aux-Mines (70 kilomètres) dans la nuit du 1er jour et seraient aussi à Saint-Dié le 2e jour.

Enfin, le régiment de cavalerie et les 2 régiments d'infanterie de Mulhouse débarqueraient à Sainte-Marie-aux-Mines le 2e jour et seraient à Saint-Dié, la cavalerie le 2e jour au soir et l'infanterie le 3e jour au matin.

Le front occupé par l'armée allemande de la Moselle serait de 45 à 50 kilomètres, de Réchicourt-le-Château à Saint-Dié. Cette armée occuperait la vallée de la Meurthe et se préparerait à se précipiter sur la Moselle, pour la franchir.

La seconde partie du XIVe corps ne pourrait se mettre en mouvement que le 5e jour de la mobilisation.

Le régiment d'infanterie stationné à Fribourg serait transporté en chemin de fer à Sainte-Marie-aux-Mines (100 kilomètres); il y arriverait le même jour et serait à Saint-Dié le 6e jour.

Le restant du corps d'armée, stationné partie à Rastatt, emprunterait la voie ferrée Strasbourg, Saales (120 kilomètres) et arriverait à Saales le soir du 5e jour, il serait à Raon-l'Etape le 6e; l'autre partie, stationnée à Carlsruhe prendrait la voie ferrée Rastatt, Kehl, Strasbourg, Schlestadt, Sainte-Marie-aux-Mines (160 kilomètres) et y serait aussi le 5e jour dans la nuit, pour être le 6e jour à Saint-Dié.

Le XIIIe corps aurait à sa disposition 4 lignes de chemins de fer.

1° Une ligne à double voie de Neckar, Neustadt, Sarrebruck, Remilly à Benestroff (250 kilomètres).

2° Une ligne à double voie de Stuttgart, Landau, Sarreguemines à Benestroff (250 kilomètres).

3° Une ligne à double voie d'Ulm, Stuttgart, Carlsruhe, Strasbourg à Benestroff (375 kilomètres).

4° Une ligne à simple voie d'Ulm à Offenbourg (300 kilomètres) et à double voie d'Offenbourg, Strasbourg à Benestroff (150 kilomètres). Ensemble 450 kilomètres.

Le XIIIe corps partant le 5e jour au matin serait à Benestroff le même jour, au plus tard dans la nuit de ce jour.

Le Ier corps bavarois disposerait des lignes suivantes :

1° Une ligne à double voie d'Ingolstadt, Bretten, Landau, Sarreguemines à Benestroff (550 kilomètres).

2° Une ligne à simple voie d'Augsbourg, Stuttgart à Appenweier (300 kilomètres) et à double voie d'Appenweier, Strasbourg à Benestroff (150 kilomètres). Ensemble 450 kilomètres.

3° Une ligne à double voie d'Augsbourg, Stuttgart, Landau, Sarreguemines à Benestroff (450 kilomètres).

4° Une ligne à simple voie de Munich, Aulendorf à Offenbourg (450 kilomètres) et à double voie d'Offenbourg, Strasbourg à Benestroff (150 kilomètres). Ensemble 600 kilomètres.

5° Les troupes de Munich pourraient se servir concurremment des lignes d'Ingolstadt, Landau, Benestroff (650 kilomètres), et d'Augsbourg, Ulm, Stuttgart, Strasbourg, Benestroff (600 kilomètres), toutes deux à double voie, utilisées déjà pour d'autres transports.

Le Ier corps bavarois, embarqué en chemin de fer le 5e jour au matin, ne serait à destination que dans la soirée et même dans la nuit du 6e jour.

L'armée allemande de la Moselle serait donc complétement concentrée sur sa base d'opérations le 7e jour au matin.

Les corps de landwehr pourraient être rendus au point de concentration dans les délais suivants :

Le XVe corps de landwehr resterait probablement à la garde des places fortes de l'Alsace.

Le XIVe corps de landwehr partant le 9e jour de la mobilisation serait à son poste le 11e.

Le XIIIe corps de landwehr partant aussi le 9e jour serait arrivé le 10e jour au matin.

Le Ier corps bavarois de landwehr partant le 9e jour serait rendu au point de rassemblement le 12e jour au matin.

L'armée forte de 7 corps serait donc concentrée dès le 12e jour.

Quelle serait à ce moment la situation de l'armée française de la Moselle ?

La plus grande partie du 6e corps paraît, d'après les garnisons occupées en temps de paix, devoir faire partie de cette armée.

La division de cavalerie de Lunéville, dont 4 régiments sont groupés, pourrait se porter sur Réchicourt-le-Château et Blâmont (30 à 35 kilomètres), accompagnée de ses 2 batteries d'artillerie et suivie à courte distance par le bataillon de chasseurs de Lunéville. Le bataillon de chasseurs de Baccarat se porterait aussi, rapidement, sur Blâmont (25 kilomètres).

Ces troupes seraient à leur poste le 1ᵉʳ jour; elles prendraient, dès leur arrivée, le contact avec les Allemands venant de Sarrebourg et de Bischwiller, mais auraient sur ces derniers la supériorité de 2 régiments de cavalerie.

La division d'infanterie de Nancy serait à Réchicourt et à Blâmont (environ 60 kilomètres) le 2ᵉ jour, en même temps que l'avant-garde ennemie.

Les 2 autres régiments de la division de cavalerie de Lunéville arriveraient : celui d'Epinal, à Raon-l'Etape (50 kilomètres), le 2ᵉ jour; celui de Neufchâteau, transporté en chemin de fer, à Baccarat (200 kilomètres), le 1ᵉʳ jour de la mobilisation.

Le régiment de cavalerie de Nancy serait à Moyenvic (40 kilomètres) le 1ᵉʳ jour, et celui de Pont-à-Mousson à Château-Salins (40 kilomètres), aussi le 1ᵉʳ jour.

La division des Vosges pourrait occuper les positions suivantes :

Les 2 bataillons de chasseurs de Saint-Dié défendraient les routes de Saales et de Schirmeck, vers Provenchères (15 kilomètres) et les hauteurs de Senones (20 kilomètres). Le bataillon de chasseurs de Rambervillers irait garder la route nord de Schirmeck, vers Raon-l'Etape (28 kilomètres). Les 2 bataillons de chasseurs de Remiremont, transportés en chemins de fer à Saint-Dié (80 kilomètres), défendraient la route de Sainte-Marie-aux-Mines, vers Wisembach, à 20 kilomètres à l'est de Saint-Dié.

Tous ces bataillons seraient à leurs postes le 1ᵉʳ jour, avec une avance d'au moins 24 heures sur l'ennemi.

Les 2 régiments d'infanterie d'Epinal seraient le 2ᵉ jour, l'un à Raon-l'Etape (50 kilomètres), l'autre à Saint-Dié (60 kilomètres).

Le reste du corps d'armée serait transporté en chemin de fer.

La division de Commercy arriverait : les 2 régiments d'infanterie de Toul, à Réchicourt (100 kilomètres), le 1ᵉʳ jour; le régiment de Commercy et celui de Lérouville (150 kilomètres), à Badonviller, aussi le 1ᵉʳ jour.

La division de Saint-Mihiel suivrait rapidement.

Les 2 régiments d'infanterie et les 2 bataillons de chasseurs de Saint-Mihiel seraient à Raon-l'Etape le

2ᵉ jour ; le régiment d'infanterie de Bar-le-Duc et celui de Châlons arriveraient à Saint-Dié, celui de Bar-le-Duc (240 kilomètres), le 1ᵉʳ jour et celui de Châlons (325 kilomètres), quelques heures après.

L'artillerie de ces divisions, stationnée à Nancy, Toul, et Saint-Mihiel, aurait suivi de près les troupes d'infanterie.

Enfin, 2 régiments d'infanterie, stationnés à Toul, et le bataillon de chasseurs de Saint-Nicolas, formant ce que l'on est convenu d'appeler la brigade de Nancy, pourraient être chargés plus spécialement de couvrir les positions de Nancy et occuperaient dès le 1ᵉʳ jour le plateau de Lanfroicourt, entre la Seille et la Moselle.

Les autres corps d'armée, pouvant entrer dans la composition de l'armée de la Moselle, paraissent devoir être les suivants : 8ᵉ, 13ᵉ et 12ᵉ corps.

Le 8ᵉ corps pourrait disposer de 6 lignes de chemins de fer, dont 4 à double voie et 2 partie à double voie, partie à simple voie, d'un parcours moyen de 400 à 450 kilomètres.

Le nombre de lignes dont dispose le 8ᵉ corps paraît énorme, même exagéré, et l'on peut se demander comment il se fait que ce corps soit si bien partagé.

Il ne faut pas oublier que Bourges, le grand magasin central de l'artillerie française, fait partie du 8ᵉ corps et qu'il a besoin, pour pourvoir aux besoins des armées, de lignes nombreuses et à grand rendement.

Le 8ᵉ corps partant le 5ᵉ jour arriverait le même jour, ayant encore 2 étapes à faire, et serait à son poste le 7ᵉ jour.

Le 13ᵉ corps dispose de 3 lignes de chemins de fer dont 1 à double voie et 2 partie à double voie, partie à simple voie, avec une longueur moyenne de 675 kilomètres.

Ce corps partant le 5ᵉ jour arriverait les 6ᵉ et 7ᵉ jours, ayant encore 2 étapes à faire, il serait à son poste les 8ᵉ et 9ᵉ jours.

Le 12ᵉ corps dispose de 3 lignes, dont 2 à double voie et 1 à simple voie, distance moyenne 750 kilomètres.

Ce corps partant le 5ᵉ jour arriverait le 7ᵉ, ayant encore 2 étapes à faire et serait à son poste le 9ᵉ jour de la mobilisation.

Nous éprouverions donc, pour la concentration de l'armée de la Moselle, un retard de 2 jours sur l'ennemi.

Mais il ne faut pas oublier que notre avant-garde (6e corps) aurait au contraire de l'avance sur l'avant-garde allemande, ce qui permettrait l'occupation solide de la ligne de la Vezouze et des massifs montagneux des Vosges.

Cette occupation obligerait l'armée allemande à se concentrer plus à l'est, au moins à une journée de marche de nos avant-postes, afin de n'être pas exposée à des attaques pendant sa concentration.

D'où un jour au moins de retard pour l'ennemi, ce qui permettrait à nos corps d'armée d'arriver à temps pour le combat.

La nécessité de former les garnisons de nos places fortes de Lorraine occasionnerait un mouvement considérable de troupes, ce qui ne permettrait pas, sans doute, de faire suivre immédiatement un second échelon de corps d'armée.

Dans ces conditions nous aurions devant nous, dès le 12e jour, 7 corps d'armée allemands auxquels nous ne pourrions en opposer que 5 (en comprenant dans ce nombre le 6e corps français pour 2 corps, puisqu'il en aurait les effectifs).

Etant donné la solidité des lignes de défense, solidité accrue par des travaux de fortification passagère, l'armée de la Moselle serait quand même dans de bonnes conditions.

De même que l'armée de la Meuse, l'armée de la Moselle pourrait retenir l'ennemi sur son front suffisamment longtemps pour permettre aux renforts d'arriver enfin.

LA LIGNE DE MEUSE-MOSELLE

L'importance des camps retranchés de Verdun et de Toul, des fortifications des côtes de Meuse, et la création, au début des hostilités, des défenses de la position de Nancy, nous obligeraient à diriger, le plus rapidement possible, des forces considérables sur cette région.

Les 4es bataillons et les batteries d'artillerie à pied, répartis dans les places, en formeraient les garnisons de sûreté. Le 6e corps de réserve, le 6e corps territorial et sa réserve augmenteraient dans un délai assez court la puissance de ces garnisons.

Mais il y aurait lieu de transporter, aussi vite que possible, d'autres corps de troupes sur les postes qui leur sont affectés.

De la mobilisation des troupes de réserves et territoriales du 6e corps je ne dirai rien. Qu'il suffise de savoir qu'elles seront prêtes à temps pour remplir le rôle qui leur est dévolu.

Les autres corps d'armée susceptibles d'être affectés à la défense de cette région seraient probablement les 2e et 5e de réserve, 2e et 5e territoriaux et leurs réserves.

Malgré l'utilité de faire arriver le plus rapidement possible ces troupes sur les points qu'elles doivent défendre, la nécessité de pourvoir aux autres transports stratégiques ne permet pas d'espérer qu'il puisse leur être affecté plus d'une seule ligne par corps d'armée.

Les corps de réserve ne seraient mis en route que le 9e jour, les corps territoriaux que le 13e jour et les réserves territoriales que le 17e jour de la mobilisation.

Dans ces conditions, les 2e et 5e corps de réserve seraient sur leurs positions le 13e jour, les 2e et 5e corps territoriaux le 17e jour ; les 2e et 5e corps territoriaux de réserve occuperaient sans doute les places et camps retranchés de seconde ligne et pourraient être à leurs postes le 20e jour de la mobilisation.

Dans les hypothèses que j'ai présentées, les armées

actives allemandes et leurs réserves chercheraient à nous gagner de vitesse et à franchir les trouées de la Meuse et de la Moselle et à gagner la vallée de l'Oise par la Belgique.

En un mot leur but semble être de s'enfoncer en France le plus rapidement possible, pour s'ouvrir l'accès des vallées qui pénètrent au cœur du pays et tourner les fortifications qui barrent en partie le passage.

Mais l'ennemi ne peut laisser derrière lui des groupes de camps retranchés aussi importants que le trilatère Verdun-Toul-Nancy, ni les garnisons considérables qu'ils exigent.

Les investir est impossible, le périmètre est trop grand, il faudrait trop de monde, les armées ennemies s'affaibliraient outre mesure en cherchant à le faire.

Une seule chose s'impose, faire tomber la résistance, c'est-à-dire attaquer avec la plus grande énergie, avec les moyens les plus puissants, ne reculer devant rien pour obtenir des résultats.

Et, si le morceau est trop dur pour être broyé, se contenter de le disloquer en emportant quelques-uns des forts de la ligne de défense des côtes de Meuse, de façon à établir une trouée dans l'ensemble de la fortification et à isoler l'un des camps retranchés, dont l'investissement serait dès lors possible et dont l'attaque pourrait se poursuivre dans des conditions normales.

Cette mission serait sans doute confiée à des corps de landsturm.

Mais, de même que nos troupes chargées de la défense des places ne pourront utiliser qu'une seule voie ferrée par chaque corps d'armée, de même les corps de landsturm, pour les mêmes motifs, ne seront pas mieux partagés.

Les corps d'armée de landsturm qui pourraient entrer dans la composition d'une armée chargée d'attaquer notre système de fortification pourraient bien être les suivants :

VIIe, VIIIe, IXe, X^e, XIe IVe corps et IIe bavarois. Ensemble 7 corps d'armée.

Partant le 13e jour de la mobilisation, c'est-à-dire après l'armée active et la landwehr, ils pourraient être rendus sur une ligne Audun-le-Roman, Briey, Conflans, Mars-la-Tour, Chambley, Thiaucourt, mesurant un front de 60 kilomètres, les 17e et 18e jours de la mobilisation.

Le VII⁰ corps de landsturm pourrait être à Audun-le-Roman le 17ᵉ jour; le VIII⁰ à Briey le 17ᵉ jour; le IV⁰ à Conflans le 17ᵉ jour; le IX⁰ à Conflans le 18ᵉ jour; le X⁰ à Mars-la-Tour le 18ᵉ jour; le XI⁰ à Chambley le 17ᵉ jour et le II⁰ bavarois à Thiaucourt le 17ᵉ jour.

Ces troupes auraient encore une ou deux journées de marche pour prendre le contact. Ce n'est donc que vers le 20ᵉ jour de la mobilisation que cette armée pourrait commencer ses opérations.

Nos troupes ayant 7 jours d'avance pour les corps de réserve, 3 jours d'avance pour les corps territoriaux, auraient eu le temps de mettre en état de défense les avant-lignes des côtes de Meuse et seraient prêtes à recevoir l'ennemi.

LA LIGNE DES VOSGES

La division des Vosges paraissant devoir être spécialement affectée à la défense de la trouée de la Moselle, il y aurait lieu de compléter, dans le plus bref délai possible, les garnisons d'Epinal et de la ligne des forts, réduites à un état rudimentaire.

Le 8ᵉ corps de réserve pourrait fournir à la région d'Epinal une de ses divisions, l'autre division étant dirigée sur Nancy. Le 8ᵉ corps territorial compléterait la défense, qui serait alors forte de 3 divisions d'infanterie, avec leur artillerie et leurs services accessoires, et des garnisons de sûreté composées des 4ᵉˢ bataillons d'infanterie et des batteries d'artillerie à pied affectés au camp retranché d'Epinal et de la ligne des forts.

La réserve de ce corps d'armée territorial servirait probablement à garnir les places de seconde ligne.

La division du 8ᵉ corps de réserve affectée à Nancy pourrait être arrivée le 10ᵉ jour, celle affectée à Epinal n'y serait probablement que le 11ᵉ. Le 8ᵉ corps territorial pourrait être sur ses positions les 14ᵉ et 15ᵉ jours. Quant à la réserve territoriale, elle pourrait être dans les places de seconde ligne le 18ᵉ jour.

Du côté des Allemands, le XIIᵉ corps de landwehr, les XIIᵉ XIIIᵉ XIVᵉ corps et Iᵉʳ corps bavarois de landsturm pourraient former une armée chargée d'agir sur le flanc droit de l'armée française de la Moselle ou, si cette armée était déjà refoulée sur la Mortagne, de s'ouvrir de vive force un passage à travers la ligne fortifiée des Vosges, en s'emparant d'un ou de deux forts de cette ligne, et d'aller prendre de flanc et à revers notre ligne de défense de la Moselle.

Ces corps pourraient être concentrés sur notre frontière dans les délais suivants :

Le XIIᵉ corps de landwehr, partant de Dresde le 9ᵉ jour, aurait un parcours de 900 kilomètres à effectuer pour débarquer ses têtes de colonnes à Colmar le 11ᵉ jour et se trouver complétement rassemblé le 13ᵉ.

Ce corps d'armée chercherait sans doute à s'assurer la possession des cols des Vosges, ce qui lui demanderait 48 heures de marche et le mènerait au 15ᵉ jour de la mobilisation.

Le XIVᵉ corps de landsturm, venant de Carlsruhe et partant le 13ᵉ jour, serait à Colmar (200 kilomètres), le 15ᵉ jour. Il marcherait sans doute sur Fraize (environ 50 kilomètres), par le col du Bonhomme, et serait concentré le 17ᵉ jour.

Le XIIIᵉ corps de landsturm, venant de Stuttgart, serait réuni à Munster (300 kilomètres), le 15ᵉ jour, et pourrait être à Gérardmer (environ 40 kilomètres), en franchissant le col de la Schlucht, le 17ᵉ jour.

Le Iᵉʳ corps de landsturm bavarois, partant de Munich, pourrait être à Vesserling (450 kilomètres), le 16ᵉ jour, et à Saulxures (30 kilomètres), par le col du mont Oderen, le 18ᵉ jour.

Enfin, le XIIᵉ corps de landsturm, partant de Dresde aussi le 13ᵉ jour, serait à Vesserling (900 kilomètres), le 17ᵉ jour, et au Thillot (environ 30 kilomètres), par le col de Bussang, le 19ᵉ jour.

Cette armée ne serait donc complétement constituée et prête à marcher avec tous ses moyens d'action que le 19ᵉ jour de la mobilisation.

Cette menace pourrait être déjouée par la constitution d'une armée française d'Alsace, dont l'objectif serait : d'abord de fournir des attaques sur le flanc de l'armée d'invasion de la Moselle et ensuite de s'opposer au déploiement des corps de landsturm chargés de percer la ligne fortifiée des Vosges.

Cette armée pourrait être constituée par les 7ᵉ et 14ᵉ corps actifs, les 9ᵉ et 11ᵉ corps de réserve, les 9ᵉ et 11ᵉ corps territoriaux.

Elle pourrait se trouver rassemblée devant Belfort dans les délais suivants :

Le 7ᵉ corps actif, venant de Besançon, aurait une moyenne de 250 kilomètres à effectuer en chemin de fer. Il pourrait être à son poste le 8ᵉ jour.

Le 14ᵉ corps actif, venant de Lyon et Grenoble, aurait un parcours moyen de 400 kilomètres. Il pourrait être devant Belfort les 9ᵉ et 10ᵉ jours.

Le 9ᵉ corps de réserve, venant de Tours, pourrait partir le 9ᵉ jour, il aurait 700 kilomètres à franchir. Il serait arrivé le 13ᵉ jour. Le 11ᵉ corps de réserve, venant de Nantes (900 kilomètres), serait arrivé le 15ᵉ jour.

Le 9ᵉ corps territorial serait à son poste le 17ᵉ jour et le 11ᵉ corps territorial y serait le 18ᵉ jour de la mobilisation.

Les deux corps actifs auraient donc une grande avance sur les corps de landsturm, ils arriveraient encore à temps pour tomber sur les flancs des corps de landwehr pendant leur concentration sur la ligne d'attaque de la trouée de la Moselle.

Les deux corps de réserve arriveraient de même à temps pour se jeter sur les flancs de l'armée chargée de crever notre ligne de défense des Vosges, tandis que la défense mobile de la région des Vosges attaquerait cette armée sur son front. Ces corps de réserve seraient eux-mêmes soutenus en temps utile par les deux corps territoriaux.

Dans cette région encore, nous n'éprouvons pas de mécomptes; notre concentration est suffisamment rapide pour nous permettre d'arriver à temps et parfois même avec une avance sérieuse sur la concentration allemande.

DEUXIÈME ÉCHELON

La nécessité pour l'Allemagne de venir à bout de la résistance de la France, avant que la Russie soit en état de prendre une part prépondérante à la lutte, l'obligera à lancer contre notre frontière toutes ses troupes actives et la majeure partie de ses réserves.

L'éloignement de certains corps d'armée, d'une part, l'encombrement des chemins de fer, d'autre part, ne permettront pas de mettre en ligne en même temps toutes les forces actives, aussi bien en Allemagne qu'en France.

Du côté de l'Allemagne, les troupes actives encore disponibles et pouvant faire partie d'un second échelon sont : les Ier, IIe, IIIe, V^e, VIe, XIIe, XVIIe corps actifs et la garde.

Où devront se concentrer ces troupes ? Il est dès à présent impossible de le prévoir. Cela dépendra des besoins des armées engagées, cela dépendra des combinaisons de l'état-major, combinaisons qui seront motivées par les résultats des premières batailles.

Ces corps d'armée du second échelon pourront aller, en bloc, renforcer une armée et lui donner l'élan nécessaire pour briser la résistance, pour écraser l'adversaire.

Ils pourront aussi être scindés et agir de leur puissance près de deux ou de plusieurs armées.

Ce sont les évènements seuls qui pourront donner des indications utiles, ce sont eux qui permettront de régler l'emploi de ce deuxième échelon et de l'envoyer, en tout ou en partie, sur tel ou tel point du théâtre de la guerre, soit pour bousculer l'ennemi, soit pour établir une supériorité non encore acquise, soit aussi pour rétablir l'équilibre des forces ou pour éviter un désastre.

Nous ne pouvons donc avoir, dès à présent, aucun renseignement qui permette d'indiquer la concentration de ce deuxième échelon ici plutôt que là.

Dans ces conditions il y a lieu, pour cette étude, de choisir une position centrale, en arrière de l'armée, d'où il soit possible d'envoyer les renforts aussi bien avant qu'à droite ou à gauche.

Cette position centrale pourrait être, pour l'armée allemande, la ligne de Thionville, Metz, Faulquemont.

Dans quelles conditions pourrait se faire la concentration du deuxième échelon allemand ?

Etant donné l'encombrement des voies ferrées, chaque corps d'armée ne pourrait sans doute utiliser qu'une ligne de chemin de fer et même deux corps d'armée pourraient être contraints de se servir d'une seule ligne.

De là un retard forcé, bien difficile à éviter.

Le II° corps d'armée, quartier général Stettin, pourrait se concentrer à Thionville; partant le 5° jour, il utiliserait la ligne Stettin, Berlin, Hanovre, Hamm, Cologne, Thionville (environ 900 kilomètres), et serait à Thionville le 11° jour.

Le V° corps d'armée, quartier général Posen, pourrait aussi se concentrer à Thionville; il utiliserait la ligne Posen, Torgau, Leipzig, Cobourg, Giessen, Coblence, Trèves et Thionville (environ 1200 kilomètres); il pourrait être arrivé le 12° jour.

Le I° corps d'armée, quartier général Kœnigsberg, pourrait également se concentrer à Thionville; il se servirait de la ligne Kœnigsberg, Stettin, Berlin, Hanovre, Hamm, Cologne, Thionville (utilisée déjà en partie par le II° corps) (1500 kilomètres); il pourrait être à Thionville le 13° jour.

La garde, quartier général Berlin, se concentrerait à Metz; elle utiliserait la ligne Berlin, Cassel, Coblence, Creuznach, Metz (900 kilomètres); elle pourrait être arrivée le 10° jour.

Le III° corps, quartier général Berlin, pourrait se servir de la ligne Berlin, Halle, Francfort-sur-le-Mein, Mayence, Sarrebruck, Metz (900 kilomètres); il serait à Metz le 10° jour.

Le XVII° corps, quartier général Dantzig, se concentrerait aussi à Metz, il emprunterait la ligne Dantzig, Berlin, Halle, Francfort-sur-le-Mein, Mayence, Sarrebruck, Metz (suivie déjà en partie par le III° corps) (1400 kilomètres); il serait rendu le 13° jour.

Le VI° corps, quartier général Breslau, pourrait se concentrer à Remilly (près Metz); il utiliserait la ligne

Breslau, Dresde, Mayence, Neustadt, Remilly (1100 kilomètres) ; il serait à Remilly le 11ᵉ jour.

Le XIIᵉ corps, quartier général Dresde, prendrait la ligne Dresde, Nuremberg, Carlsruhe, Sarralbe, Sarreguemines, Faulquemont (950 kilomètres) ; il serait arrivé le 10ᵉ jour.

Ces corps concentrés sur le front Thionville, Metz, Faulquemont, qui mesure à vol d'oiseau 60 kilomètres, seraient au centre du théâtre de la guerre, il leur faudrait de 3 à 5 jours de marche pour être rassemblés sur les positions qui leur seraient indiquées, où ils pourraient se trouver du 13ᵉ au 18ᵉ jour.

De notre côté, le second échelon se composerait des 11ᵉ, 15ᵉ, 16ᵉ, 17ᵉ, 18ᵉ et 19ᵉ corps actifs ; ils ne pourraient non plus disposer que d'une seule ligne par corps d'armée.

Le 11ᵉ corps aurait environ 800 kilomètres à parcourir, partant le 5ᵉ jour, il pourrait être à Verdun le 10ᵉ jour.

Le 18ᵉ corps aurait 1000 kilomètres à franchir, il pourrait être à Verdun le 11ᵉ jour.

Le 17ᵉ corps aurait 900 kilomètres de parcours, il pourrait être à Sorcy le 10ᵉ jour.

Le 16ᵉ corps aurait 900 kilomètres à franchir, il serait à Toul le 10ᵉ jour.

Le 15ᵉ corps, aurait 900 kilomètres pour rejoindre Pont-Saint-Vincent, où il pourrait être aussi le 10ᵉ jour.

Ces corps auraient encore 3 ou 4 jours de marche pour se trouver sur leurs positions, ils y seraient du 13ᵉ au 15ᵉ jour, ayant plutôt de l'avance sur le 2ᵉ échelon allemand.

Enfin, le 19ᵉ corps ne pourrait guère arriver avant le 20ᵉ jour et ne serait à son poste que du 23ᵉ au 25ᵉ jour de la mobilisation.

A ces 6 corps d'armée du 2ᵉ échelon, il y a lieu d'ajouter les corps de réserve et territoriaux disponibles qui seraient les 12ᵉ, 13ᵉ, 16ᵉ, 17ᵉ et 18ᵉ de réserve ; les 12ᵉ, 13ᵉ, 17ᵉ et 18ᵉ territoriaux.

Ces corps pourraient être rendus sur la frontière dans les délais suivants :

Le 12ᵉ corps de réserve aurait 700 kilomètres à effectuer pour se trouver à Verdun ; partant le 9ᵉ jour, il serait arrivé le 14ᵉ.

Le 13ᵉ corps de réserve aurait 600 kilomètres à franchir pour débarquer à Sorcy ; il y serait le 14ᵉ jour.

Le 17ᵉ corps de réserve aurait 900 kilomètres à parcourir pour arriver aussi à Sorcy ; il y serait le 16ᵉ jour.

Le 16ᵉ corps de réserve aurait 900 kilomètres à franchir pour arriver à Toul ; il y serait le 15ᵉ jour.

Le 18ᵉ corps de réserve aurait 1000 kilomètres à effectuer pour se trouver à Pont-Saint-Vincent ; il y serait le 16ᵉ jour.

Ces corps pourraient être sur leurs positions du 16ᵉ au 20ᵉ jour de la mobilisation.

Le 12ᵉ corps territorial, partant le 13ᵉ jour serait arrivé à Verdun le 18ᵉ.

Le 13ᵉ corps territorial serait à Sorcy le 19ᵉ jour.

Le 17ᵉ corps territorial serait à Toul le 19ᵉ jour.

Le 18ᵉ corps territorial serait à Pont-Saint-Vincent le 19ᵉ jour.

Ces corps seraient sur leurs positions du 21ᵉ au 24ᵉ jour de la mobilisation.

Au 2ᵉ échelon allemand, composé de 8 corps d'armée actifs, qui pourraient entrer en ligne du 13ᵉ au 18ᵉ jour, nous pourrions opposer aussi un 2ᵉ échelon, composé de 3 groupes.

Le 1ᵉʳ groupe, fort de 5 corps d'armée actifs, entrerait en ligne du 13ᵉ au 15ᵉ jour, compensant l'infériorité de 3 corps d'armée par la rapidité du mouvement.

Le 2ᵉ groupe, fort de 5 corps de réserve, entrerait en ligne du 16ᵉ au 19ᵉ jour, c'est-à-dire sensiblement en même temps que les corps allemands, ce qui nous donnerait dès lors un excédant de 2 corps d'armée.

Le 3ᵉ groupe, fort d'un corps actif et de 4 corps territoriaux serait en ligne du 21ᵉ au 24ᵉ jour de la mobilisation.

En somme, le 2ᵉ échelon, sur lequel on doit compter soit pour rétablir des opérations compromises, soit pour compléter un succès en frappant un grand coup, serait fort : chez les Allemands de 8 corps d'armée actifs et, de notre côté, de 5 corps actifs et 5 corps de réserve arrivant en même temps que les troupes allemandes et même plus tôt.

En outre, avec quelques jours de retard, 1 corps actif et 4 corps territoriaux.

Ce qui donnerait à ces troupes de choc un excédant de 7 corps d'armée sur le 2ᵉ échelon allemand.

Cette énorme différence provient de ce que les Allemands ne pourront pas dégarnir leurs frontières du côté de la Russie.

C'est déjà un premier résultat de l'alliance Franco-Russe.

FACE A L'ITALIE

Sur ses frontières est et sud-est, la France aurait à défendre les massifs montagneux du Jura et des Alpes contre les attaques de l'Italie.

Les territoires de 3 corps d'armée : 7e, 14e et 15e, bordent ces frontières.

La portion du territoire du 7e corps comprise entre Belfort et le fort de l'Ecluse, en face Genève, ne paraît pas devoir être assaillie, protégée qu'elle est par la neutralité armée de la Suisse.

Cependant, par mesure de prudence, il y aurait lieu d'occuper les points de pénétration et de conserver provisoirement dans cette région les troupes de défense : 7e corps de réserve, 7e corps territorial et sa réserve.

Ces corps devraient en outre fournir d'importantes garnisons à Belfort et à la ligne fortifiée de Pont-de-Roide, ils devraient aussi former les garnisons des places et forts de la région, à l'exception du camp retranché de Langres, situé en 2e ligne, dont la garnison pourrait être assurée par les troupes de réserve territoriale dirigées sur le 6e corps.

Si, comme il est probable, aucune attaque ne semblait devoir être dirigée par l'ennemi contre cette frontière, tout en continuant à avoir des garnisons de sûreté aux points utiles, on pourrait disposer d'une partie des troupes pour renforcer encore la défense de la frontière franco-italienne. Au bout de quelques jours on serait fixé.

C'est sans doute dans les Alpes, entre le Petit-Saint-Bernard et Menton, sur les territoires des 14e et 15e corps, que se produiront les attaques de l'Italie.

J'ai parlé sommairement de la topographie de ce pays, je n'y reviendrai pas. Mais je crois devoir insister sur les moyens de communication par chemin de fer, qui permettront à nos troupes de se porter rapidement à leurs postes de combat.

Ces voies de communications sont les suivantes :

1º Les lignes de Besançon à Morteau (60 kilomètres); de Besançon à Pontarlier, empruntant une partie de celle de Morteau (75 kilomètres), avec prolongement sur le fort Saint-Antoine et la frontière (tunnel de Jougné) (100 kilomètres); de Besançon à Pontarlier, par la ligne qui envoie une branche à Salins (100 kilomètres); de Besançon à Saint-Laurent (100 kilomètres), aboutissant à 25 kilomètres du fort des Rousses.

2º La ligne de Lyon à Saint-Claude (150 kilomètres), avec bifurcation sur le fort de l'Ecluse (aussi 150 kilomètres); une autre ligne partant de Lyon, se dirigeant plus au sud, et aboutissant au fort de l'Ecluse (150 kilomètres; une ligne du fort de l'Ecluse à Chamonix, par Bonneville (125 kilomètres) (275 kilomètres de Lyon); une ligne de Lyon à Chamonix, par Annecy et Bonneville (325 kilomètres).

3° Une ligne de Lyon à Moutiers (225 kilomètres); une ligne de Lyon à Modane (225 kilomètres); une ligne de Grenoble à Modane (150 kilomètres), avec bifurcation sur Moutiers (120 kilomètres).

Telles sont les voies qui permettraient de hâter la concentration de nos troupes sur la frontière d'Italie.

Il est bon de répéter encore, une fois pour toutes, que les grands déploiements de troupes seront impossibles dans ces montagnes. Il suffira d'avoir des postes, plus ou moins importants, suivant la nature du pays, bien retranchés, occupant tous les défilés des montagnes, se flanquant autant que possible, évitant toujours d'être dominés par des positions que l'ennemi pourrait occuper et d'où il pourrait rendre les postes intenables.

Ces postes devront avoir leur ligne de retraite assurée, suivant un plan d'ensemble, de façon à ne pas risquer de voir tourner une partie de la ligne de défense, par suite de l'évacuation imprévue d'un ou de plusieurs postes.

Avec cela une défense mobile et des réserves assez fortes et assez rapprochées, pour pouvoir parer à toute éventualité dans le secteur confié à leur garde. Enfin, plus en arrière, dans des positions centrales qui permettent de porter rapidement des renforts dans toutes les directions, des réserves générales suffisamment importantes pour pouvoir rétablir le combat et refouler l'ennemi.

Il faut pour cela, pour les premiers échelons surtout, des troupes connaissant parfaitement la montagne, sachant s'orienter dans le dédale enchevêtré qui la constitue ; il faut des troupes qui en connaissent les points forts et les points faibles, les lignes successives de défense, les crêtes accessibles par où l'ennemi pourrait tourner les positions, celles par où, soi-même, on peut tourner l'adversaire. Il faut en un mot que ces troupes aient étudié la montagne au point de vue stratégique et tactique, il faut que la montagne n'ait pas de secrets pour ses défenseurs.

Il faut en outre des troupes habituées à la fatigue, très résistantes, ayant dès longtemps pratiqué la marche en montagne, en un mot des troupes infatigables.

Ces troupes, nous les avons, ce sont nos chasseurs alpins.

Mais il faut aussi être à temps sur les positions, il faut ne pas se laisser devancer.

Nos chasseurs alpins sont dans la montagne dès les premiers beaux jours, c'est-à-dire dès que les sentiers sont praticables, nous ne risquons donc pas d'être surpris, nos bataillons qui se trouvent ainsi sur place fourniront le premier rideau de résistance.

Quelles seraient nos ressources pour la défense des Alpes ?

Dans la 14º région nous avons en permanence dans la montagne 7 bataillons de chasseurs alpins, dans la 15º région nous en avons 5. Ensemble 12 bataillons formant 72 compagnies.

Chaque bataillon de chasseurs étant doublé d'un bataillon de réserve, dont la mobilisation sera très-rapide, notre première ligne serait renforcée du 8º au 10º jour au plus tard par 12 nouveaux bataillons alpins.

Enfin 7 bataillons de chasseurs territoriaux les auraient rejoints dans la montagne du 12º au 15º jour.

Ensemble 31 bataillons de chasseurs alpins, avec leur artillerie.

Nous disposerions en outre des 14º et 15º corps de réserve qui seraient aussi à leurs postes du 10º au 12º jour ; enfin les 14º et 15º corps territoriaux, pouvant former les réserves générales, qui seraient en mesure de prendre part à la lutte du 14º au 16º jour de la mobilisation.

Ensemble 5 corps d'armée (les bataillons de chasseurs représentant au moins l'effectif d'un corps d'armée). Ce serait, je crois, largement suffisant.

Les places fortes de cette région seraient garnies par

les troupes territoriales de réserve des 14e et 15e corps, avec le concours d'une brigade active à Lyon.

Le littoral de la Méditerranée serait défendu par le 16e corps territorial et par sa réserve, par les troupes disponibles de la marine et par les navires affectés à ce rôle.

Du côté de l'Italie, nous nous trouverions en présence de 7 régiments alpins, formant 22 bataillons (88 compagnies), 7 bataillons alpins de milice mobile et 22 bataillons alpins de milice territoriale.

Ensemble 51 bataillons.

Mais il ne faut pas oublier que si les 22 bataillons actifs et les 7 bataillons de milice mobile (29 bataillons) peuvent arriver sur leurs positions à peu près en même temps que nos bataillons actifs et de réserve (24 bataillons), les 22 bataillons de milice territoriale arriveraient avec un retard appréciable.

Ces troupes pourraient être appuyées par 2 armées italiennes, fortes chacune de 4 corps d'armée.

La 1re armée, dont l'objectif serait sans doute la portion de notre territoire comprise entre Briançon et la frontière suisse, pourrait être formée par : le 1er corps, Turin; le 2e corps, Alexandrie; le 9e corps, Rome ; le 10e corps, Naples.

La mobilisation plus lente de l'Italie ne permettrait pas probablement de mettre les troupes actives en marche avant le 6e jour de la mobilisation.

Le 1er corps partant de Turin, se rendrait par chemin de fer à Aoste (150 kilomètres), il aurait encore à faire par route 60 kilomètres environ, pour se trouver au col du Mont-Cenis. Une seule route, des sentiers peut-être, ne lui permettraient pas de faire plus de 20 kilomètres par jour (il en serait de même pour les autres corps d'armée). Ce corps ne serait sur notre frontière que le 12e jour.

Le 2e corps partant d'Alexandrie, passerait à Turin et débarquerait à Suze (150 kilomètres) le 9e jour, il aurait encore 50 kilomètres de marche pour atteindre le col de l'Echelle, où il ne serait que le 12e jour.

Le 9e corps partant de Rome, passant par Pise, La Spezia, Gênes, Alexandrie, Montcalieri, Pignerol, Fenestrelle (850 kilomètres) serait arrivé le 11e jour; il lui resterait environ 50 kilomètres à effectuer pour gagner le col du Mont-Genèvre, où il ne serait que le 14e jour.

Le 10ᵉ corps partant de Naples, passerait par Rome, Florence, La Spezia, Turin (1000 kilomètres), il y serait le 10ᵉ jour. De là il pourrait continuer en chemin de fer, soit sur Aoste, pour doubler le 1ᵉʳ corps, et s'y trouverait le 11ᵉ jour, ayant encore au moins 3 jours de marche ; soit vers Suze où il serait aussi le 11ᵉ jour, ayant également un minimum de 3 jours de marche à effectuer.

Dans l'un ou l'autre cas, ce corps d'armée ne serait sur notre frontière que le 14ᵉ jour.

La première armée serait donc arrivée du 12ᵉ au 14ᵉ jour. Mais il lui faudrait plusieurs jours encore de marche en montagne avant d'avoir déployé ses troupes et d'être prête à livrer combat.

La 2ᵉ armée, dont l'objectif pourrait être la portion de notre territoire comprise entre Briançon et la Méditerranée pourrait être formée par : le 3ᵉ corps, Milan ; le 4ᵉ corps, Plaisance ; le 5ᵉ corps, Vérone ; le 6ᵉ corps, Bologne.

Le 3ᵉ corps, partant de Milan, se rendrait par chemin de fer à Moretta, en passant par Asti, Trofarello, Cavallermaggiore (250 kilomètres) ; ce corps aurait encore 50 kilomètres à franchir à pied pour gagner les cols nombreux, dont j'ai parlé dans un précédent chapitre, qui, seuls dans cette région, donnent accès sur notre territoire. Ce corps d'armée serait à Moretta le 9ᵉ jour et sur la frontière le 13ᵉ.

Le 4ᵉ corps, partant de Plaisance, passerait à Alexandrie et débarquerait à Saluzzo (200 kilomètres) ; il y serait le 9ᵉ jour, ayant encore à franchir par route 70 kilomètres pour se présenter devant les cols de Longet et de Lautaret, qui donnent accès dans la vallée de l'Ubaye, où passe une route rejoignant celle de Coni à Gap, par le col de l'Argentière. Ce corps d'armée ne serait sur notre frontière que le 14ᵉ jour.

Le 5ᵉ corps, partant de Vérone, passerait à Mantoue, Crémone, Plaisance, Novi, Mondovi et débarquerait à Coni (400 kilomètres) le 10ᵉ jour, ayant encore 80 kilomètres à faire pour se trouver au col de l'Argentière, où il ne serait que le 14ᵉ jour.

Le 6ᵉ corps, partant de Bologne, passerait par Modène, La Spezia, Gênes, San-Remo (450 kilomètres), où il serait le 10ᵉ jour, à proximité de notre frontière et menaçant le camp retranché de Nice.

Les 3 autres corps de la 2ᵉ armée ne pourraient avoir pris leurs positions de combat que quelques jours après leur arrivée.

Les corps d'armée italiens concentrés du 12ᵉ au 14ᵉ jour auraient encore à marcher pour se déployer et prendre leurs positions pour le combat, ce serait encore 2 ou 3 jours, ce qui fait que les opérations sérieuses ne pourraient guère commencer dans les Alpes que du 14ᵉ au 17ᵉ jour de la mobilisation.

Nous avons vu que nos troupes de défense seraient en mesure de répondre aux attaques du 14ᵉ au 16ᵉ jour. L'ennemi ne pourrait donc avoir une supériorité de ce chef.

Quant à la supériorité numérique qu'il présenterait : 51 bataillons de chasseurs et 8 corps d'armée italiens contre 31 bataillons de chasseurs et 5 corps d'armée français, ce n'est qu'une supériorité relative, nécessitée par le rôle d'assaillant contre des positions très-solides ; il serait du reste impossible à l'ennemi de déployer et de faire donner en masse toutes ces troupes, mais il faut une réserve importante pour remplacer les pertes nombreuses qu'il subira dans ses attaques.

Du côté des Alpes aussi la position est bonne pour nous.

Voyons maintenant quel rôle pourrait jouer le reste de l'armée italienne.

Concentrer la 3ᵉ armée et les divisions de milice mobile sur la frontière des Alpes, avec l'espoir d'envahir la région sud-est de la France et de marcher sur Lyon, aussitôt le passage forcé, serait vraisemblablement condamner ces troupes à rester l'arme au pied pendant toute la campagne.

Opérer un débarquement en Tunisie et en Algérie ? Mais il restera suffisamment de troupes dans ces régions pour que l'invasion ne soit pas chose facile.

Et puis, qu'y gagnerait l'Italie ?

Ce n'est ni dans les colonies, ni sur mer, que se décidera le sort des nations ; c'est en Europe, c'est sur le terrain compris entre Châlons-sur-Marne et Varsovie, entre la mer Baltique et la Méditerranée que ce sort se décidera.

C'est là qu'il faudra vaincre, le reste n'aura qu'une valeur secondaire ; ce que l'on aurait pris, il faudrait le rendre si l'on était vaincu sur le continent.

Que l'Italie fasse des démonstrations sur nos côtes, qu'elle cherche à jeter à terre un corps de débarquement, cela se comprend ; mais cela n'irait pas tout seul, cela est aléatoire.

Qu'elle agisse de même en Corse et en Algérie, elle aura trouvé de suite l'emploi de ses troupes disponibles.

Il est plus probable qu'au lieu de diverger, tous ses efforts convergeront contre la France et qu'elle cherchera à donner la main à l'armée allemande.

Gagner les bords du lac de Genève, puis marcher sur Lyon par le pays de Gex, serait une conception bien séduisante ; mais la route et le chemin de fer de la vallée supérieure du Rhône sont maîtrisés, en Suisse, par les forts de Saint-Maurice.

Se rejeter sur la ligne de Milan à Belfort, par le Saint-Gothard, Zurich et Bâle (500 kilomètres), pourrait paraître une idée pratique ; mais le groupe de fortification du Saint-Gothard commande le passage.

Les Suisses qui ont élevé ces ouvrages sauraient les défendre.

Le passage à travers la Suisse, peu pratique déjà pour l'Allemagne, serait d'une réalisation presqu'impossible pour l'Italie.

Il ne resterait donc à cette puissance qu'une seule ressource : contourner le territoire de la république helvétique en empruntant la voie ferrée Milan et Bologne à Vérone, Brenner, Innsbruck, Munich, Memmengen, Sigmarengen, Offenbourg et Colmar (1200 à 1300 kilomètres) ; empruntant les territoires de l'Autriche et de l'Allemagne, ses alliées.

Les forces dont l'Italie pourrait disposer pour une invasion en Alsace seraient : ses 3 divisions de cavalerie indépendante, sa 3ᵉ armée et une 4ᵉ armée composée de divisions de milices mobiles.

Il resterait pour la défense du territoire, ou pour courir d'autres aventures : 4 divisions de milices mobiles, les troupes de districts et de forteresses et la milice territoriale.

Dans les calculs de concentration je n'ai parlé jusqu'à présent ni des divisions de cavalerie indépendante, ni des parcs de siège. C'est que de nombreux tronçons de voies ferrées, doublant sur certaines parties des parcours les lignes de concentration, permettront de gagner quelques délais et offriront la possibilité de transporter ces unités, tout en n'employant que le même laps de temps.

Ici il n'en est pas de même.

L'Italie aura à sa disposition une seule ligne, à une voie, dont la plus grande partie du parcours est en montagne, qui offre des pentes très-fortes et des courbes exagérées. (*)

La façon dont cette ligne est construite ne permettrait pas l'emploi de trains de plus de 25 voitures, remorqués par 2 machines. Encore est-ce là un maximum qui ne sera peut-être pas atteint.

La vitesse, arrêts compris, ne serait sans doute pas supérieure à 20 kilomètres à l'heure, et le débit de la ligne serait tout au plus de 15 trains par 24 heures; mais, pour ne pas être taxé d'exagération, je calculerai les délais de transport sur un maximum de 20 trains par jour.

Dans ces conditions, le nombre des trains nécessaires pour le transport d'un corps d'armée devrait être doublé; il serait au moins de 200.

Chaque division de cavalerie indépendante emploierait de son côté un minimum de 20 trains.

Il faudrait donc 800 trains pour chaque armée, 60 trains pour la cavalerie indépendante; au total 1660 trains.

Les parcs de siège prendraient sans doute la queue des transports et arriveraient quand ils pourraient.

Il résulte de ceci : que les premières troupes arriveraient à Colmar le 9e jour et les dernières le 90e jour de la mobilisation, laissant encore derrière elles les parcs de siège !

Voici du reste comment ces transports pourraient être effectués.

La 1re division de cavalerie indépendante pourrait s'embarquer la première. Partant de Milan le 7e jour au matin elle serait à Colmar le 9e jour.

La 3e armée, formée du 8e corps, Florence (350 kilomètres de Milan); 7e corps, Ancône (450 kilomètres de

---

(*) Elle escalade les pentes jusqu'au col du Brenner (1'370 mètres), par une série de rampes, de viaducs et de petits tunnels, dont quelques-uns sont demi-circulaires.

Cette ligne a des courbes qui n'ont pas 70 mètres de rayon et des pentes qui atteignent 23 millimètres par mètre sur le versant sud et 25 millimètres par mètre sur le versant nord.

Capitaine Pinget. — *Les lignes de concentration des armées de la triple alliance.*

Milan); 11ᵉ corps, Bari (850 kilomètres de Milan); 12ᵉ corps, Palerme (1700 kilomètres de Milan), pourrait commencer son embarquement en chemin de fer dans le courant de la 8ᵉ journée.

Le 1ᵉʳ train arriverait à Colmar le 9ᵉ jour au matin, et le dernier dans la 48ᵉ journée de la mobilisation.

Les deux autres divisions de cavalerie indépendante suivraient immédiatement et arriveraient 2 jours après, c'est-à-dire au matin du 50ᵉ jour.

La 4ᵉ armée, formée de divisions des milices mobiles arriverait du 51ᵉ au 90ᵉ jour.

Serait-il encore temps ? C'est peu probable.

Dans ces conditions l'Italie devrait renoncer à l'envoi en Alsace de troupes aussi nombreuses.

Elle serait obligée, pour utiliser sa 4ᵉ armée, soit de tenter un débarquement sur les côtes de Provence, soit de la diriger sur l'Algérie et la Tunisie.

Dans tous les cas, l'impossibilité d'arriver à temps pour ce groupe de 120.000 combattants, serait un soulagement pour la défense de notre frontière de l'est.

LES COTES ET PARIS

Dans le précédent chapitre, j'ai indiqué incidemment quelles troupes pourraient être immobilisées sur les côtes de Provence, pour parer de concert avec la flotte à des tentatives de débarquement d'une armée italienne.

Il me reste à parler des côtes de l'Océan, de celles de la Manche et de Paris.

Ce sera l'affaire de quelques lignes.

Sur l'Océan, les 11e et 18e corps territoriaux de réserve, renforcés des troupes de la marine et des défenses fixes et mobiles maritimes, pourraient probablement suffir à ce rôle.

Sur la Manche, le 10e corps territorial de réserve, renforcé par les mêmes éléments serait chargé de la défense.

Des 4es bataillons, les inscrits maritimes en excédent et non employés pourraient être armés et être aussi affectés à la défense des côtes.

Enfin, Paris recevrait comme garnison de sûreté : outre la division d'infanterie de marine et un certain nombre de 4es bataillons, les 4e, 12e, 13e et 17e corps territoriaux de réserve.

Une partie de ces troupes pourrait même, en cas de besoin, être dirigée sur les points des côtes qui seraient menacés.

Quant à la garnison de défense de Paris, il n'y aurait lieu de la former, en augmentant le nombre des unités, que si des revers nous obligeaient à couvrir la capitale.

Il en est de même des camps retranchés et places fortes de 2e ligne.

On trouverait les éléments nécessaires dans une partie des troupes de la première ligne, en retraite, dont l'emploi serait forcément modifié par suite des évènements.

SUR LA VISTULE

La considérable puissance militaire de la Russie ne permettrait pas à l'Allemagne de dégarnir ses frontières de l'est.

Bien que la plus lourde charge paraisse devoir être portée au début par l'Autriche, il faudra bien que l'Allemagne laisse sur place les corps de landwehr qui avoisinent la frontière russe.

Ce sont les Ier, IIe, IIIe, V^e, VIe et XVIIe, soit 6 corps d'armée, que la Russie attire fatalement à elle par son intervention.

Les corps de landsturm des mêmes numéros devront eux-mêmes concourir à la formation de l'armée allemande opposée à la Russie et former en même temps, avec l'appoint du 2e ban de landsturm, les garnisons de défense de la frontière est de l'empire allemand.

En outre, étant donné le nombre et la valeur de la cavalerie russe, il ne paraîtra pas exagéré de supposer que l'Allemagne doive laisser sur cette frontière au moins 2 divisions de cavalerie indépendante; ce qui fait qu'elle ne pourrait plus en diriger que 5 contre la France.

Ces corps d'armée, en admettant qu'ils soient organisés le 4e jour pour la landwehr, le 8e jour pour le Ier ban du landsturm et le 12e jour pour le 2e ban, seraient à leur poste à temps pour recevoir le choc de l'avant-garde russe.

La landwehr pourrait être sur la frontière le 8e jour, les corps du landsturm, qui seraient adjoints à l'armée chargée des opérations actives, pourraient s'y trouver le 12e jour. Les places fortes auraient leurs garnisons de sûreté du 6e au 8e jour et le complet de leur défense du 10e au 12e jour.

Ce qui donnerait à l'Allemagne une armée d'opérations d'environ 150.000 hommes de troupes de landwehr, renforcée d'environ 6 divisions de landsturm, environ 50.000 hommes et pour la cavalerie indépendante 8.750 hommes; ensemble 210.000 hommes.

Tel paraît être l'effort maximum possible pour l'Allemagne vers la frontière russe, étant donné que l'action principale, vers la France, obligerait l'empire allemand à jeter sur nos frontières la majeure et la meilleure partie de ses forces militaires.

EN AUTRICHE

L'Autriche, abstraction faite du 15ᵉ corps d'armée laissé à Serajewo pour maintenir son autorité en Bosnie, met au service de la triple alliance 14 corps d'armée à 3 divisions et 8 divisions de cavalerie indépendante.

Les lignes de concentration de l'empire d'Autriche sont les suivantes :

1° De Vienne à Cracovie par Prerau, se reliant à celles de Bohême et de Moravie (double voie).

2° Vienne, Presbourg, Trentein, Sillein, Cracovie.

3° Buda-Pest, Esperies, Neu-Sandec, Tarnov, ayant à la traversée des Karpathes des pentes très-fortes et des courbes de moins de 200 mètres de rayon.

4° Buda-Pest, Miscolez, Przemyls, par la passe de Lupkov (double voie).

5° Buda-Pest, Munckacz, Stryj, Lemberg, par le col de Véreck.

6° Buda-Pest, Debreczin, Szigeth, avec prolongement sur Stanislau.

Trois voies de manœuvre relient ces lignes près de la frontière russe.

La 1ʳᵉ, Cracovie à Sokal, est très-exposée aux attaques de la cavalerie russe.

La 2ᵉ, Cracovie, Neu-Sandec, Przemyls, Lemberg, moins exposée, protégée qu'elle est par les camps retranchés de Przemyls et de Lemberg, et aussi par l'éloignement plus grand de la frontière russe, double la 1ʳᵉ.

La 3ᵉ au sud des Karpathes, va de Sillein à Kaschau et à Szigeth.

La concentration de l'armée autrichienne demanderait de 18 à 20 jours.

Mais les troupes suivantes sont réunies dès le temps de paix près de la frontière russe, ce qui permettrait d'en faire une puissante avant-garde ou d'assurer sérieusement la défense, si l'Autriche renonçait momentanément à l'offensive.

Ce sont : le 1ᵉʳ corps à Cracovie et à Olmütz; le 10ᵉ corps à Jaroslav et à Przemyls; le 11ᵉ corps à Lemberg. En outre, une division de cavalerie à Cracovie, une seconde à Jaroslav, une troisième à Lemberg, et une quatrième à Stanislau.

Soit 3 corps d'armée, représentant 150.000 hommes et 4 divisions de cavalerie indépendante, d'un effectif de 15.000 hommes. Ensemble 165.000 combattants.

Ces corps pourraient être complétement constitués dès le 8ᵉ jour de la mobilisation.

Ainsi couvertes, les troupes autrichiennes se formeraient vraisemblablement en 3 armées, vers Cracovie, Przemyls et Lemberg. (*)

(*) D'après la revue Allemande *der neue Kurs*, de mars 1893, l'Autriche concentrerait une armée à l'est de Lemberg, une autre à l'ouest de Cracovie et une troisième à Jaroslav.

EN RUSSIE

L'immensité du territoire de la Russie, le peu de densité de sa population, le faible développement de son réseau de voies ferrées occasionneront une certaine lenteur dans la mobilisation et la concentration de l'armée russe.

Pour remédier en partie à cette situation et compenser autant que possible cette infériorité, le gouvernement russe a organisé dès le temps de paix le service militaire des chemins de fer.

Ce service, fortement constitué, se prépare d'une façon effective, par son immixtion dans l'exploitation journalière, au rôle qu'il sera appelé à jouer lors de la mobilisation, pour faire produire aux chemins de fer leur maximum de rendement.

En vue d'accélérer le transport des troupes, les régiments ont été échelonnés le long des voies ferrées, mais la faible densité de la population, les longues distances que les réservistes devront franchir pour rejoindre leurs corps, sont des causes de retard très-appréciables qu'il est impossible de supprimer.

Les lignes de concentration sont au nombre de 5; elles ne présentent nulle part ni fortes rampes, ni courbes exagérées, ce qui leur donne une plus grande puissance de rendement (*).

Ce sont :

1° Saint-Pétersbourg, Dunabourg, Vilna, Varsovie (double voie);

2° Nidji-Novgorod, Moscou, Smolensk, Brest-Litowski (double voie);

3° Seratov, Orel, Gomel, Pinsk, Brest-Litowski (voie unique);

(*) Au mois de septembre 1890, au moment de la dislocation qui suivit les manœuvres Gourko-Dragomirow, les lignes de Pologne et de Podolie ont pu fournir, pendant plusieurs jours, 20 trains par jour sans interrompre le service ordinaire. — *(Commandant J.).*

4° Koursk, Kiew, Rovno, Brest-Litowski (double voie).
5° Odessa, Smerinka, Proscourov (double voie).

Des lignes secondaires pourraient être utilisées par le corps du Caucase.

Les lignes de concentration sont reliées entre elles par des voies de manœuvre qui sont :

1° Ossovetz, Bielostok, Brest-Litowski, Cholm ;
2° Vilna, Baranovitchi, Rovno ;
3° Vilna, Minsk, Gomel, Znamenka ;
4° Dunabourg, Smolensk, Orel.

Les délais nécessités par la mobilisation et la concentration de l'armée russe sont forcément plus longs que ceux nécessaires aux autres puissances. Il ne faut pourtant pas les exagérer.

M. le général Pierron, dont on connait la compétence, estime ces délais à 30 jours (*).

La Russie aurait donc un retard de 15 à 18 jours sur la France et l'Allemagne et de 10 à 12 jours sur l'Autriche.

Cette situation a amené la Russie à prendre des mesures préventives.

Elle a groupé sur sa frontière de l'ouest un nombre considérable de troupes, qui lui permettront d'agir quand même dès le début de la mobilisation.

Ce sont : le 3ᵉ corps à Riga et à Kovno ; le 2ᵉ à Vilna et à Grodno ; le 5ᵉ à Varsovie et à Radom ; le 6ᵉ à Lomja et à Varsovie ; le 15ᵉ à Ostrolenka et à Pulstusk ; le 14ᵉ à Lublin ; le 19ᵉ à Kobrin et à Brest-Litowski ; le 11ᵉ à Loutsk et à Stomes ; le 12ᵉ à Medjiboji et à Ouman ; une division de la garde à Varsovie.

Au total 9 corps d'armée 1/2, soit 304 bataillons d'infanterie.

Il faut encore ajouter : une brigade de chasseurs à pied à Souvalki, une autre à Plotsk, une troisième à Czenstokova et une quatrième à Toultchin.

Ensemble 32 bataillons.

En outre 8 régiments de réserve sont formés dans la

(*) La Russie apporte tous ses soins à améliorer son système de concentration, tant par le groupement toujours plus nombreux de troupes sur la frontière, que par la révision de son plan de concentration et la construction de tronçons secondaires de voies ferrées. Elle est arrivée actuellement à opérer sa concentration en 27 jours et il ne paraît pas douteux que, d'ici quelques années, elle arrive à l'opérer en 25 jours. — *(Note de l'auteur).*

région de Vilna, 12 dans la région de Varsovie, 8 dans la région de Kiew.

Au total 28 régiments de réserve à 2 bataillons, soit 56 bataillons.

Enfin, les divisions de cavalerie suivantes sont stationnées sur cette frontière : la 2ᵉ division à Souvalki, la 3ᵉ à Kovno (région de Vilna) ; la 4ᵉ à Bielostok, la 5ᵉ à Vlothlavsk, la 6ᵉ à Varsovie, la 7ᵉ à Kovel, la 13ᵉ à Varsovie, la 14ᵉ à Kielcki, la 15° à Plotsk, la 1ʳᵉ division de cosaques du Don à Zamosk, une brigade de la garde à Varsovie (région de Varsovie); la 11ᵉ divivion à Doubno, la 12ᵉ à Vinnitza, la 2ᵉ division de cosaques du Don à Kamenetz-Podolsk (région de Kiew).

Ensemble 13 divisions 1/2 de cavalerie ou 54 régiments.

Ceci donnerait, dès les premiers jours de la mobilisation, en admettant même que les effectifs du pied de paix soient de moitié moins forts que ceux de guerre, ce qui, pour la cavalerie surtout, semble une proportion bien faible, étant donné le rôle assigné à ces troupes.

9 corps d'armée à 20.000 hommes	180.000 h.
1 division	10.000
4 brigades de chasseurs	16.000
56 bataillons de réserve et de troupes de frontière	28.000
54 régiments de cavalerie avec leur artillerie.	27.000
Ensemble	261.000 h.

Toutes ces troupes seraient à l'effectif de guerre 8 à 10 jours après la réception de l'ordre de mobilisation, ce qui donnerait pour les corps d'armée et les troupes de frontière.......... 468.000 h.
Et pour la cavalerie indépendante......... 54.000
Ensemble............ 522.000 h.

C'est un très-joli chiffre comme troupes de couverture et de premières opérations.

Mais il faut encore ajouter les troupes de forteresse suivantes :

22 bataillons d'infanterie	11.000 h.
5 bataillons du génie	2.500
21 bataillons d'artillerie	10.500
4 batteries de mortiers	500
Ensemble	24.500 h.

Qui dans les 8 ou 10 jours seraient à l'effectif d'environ 50.000 hommes.

Le total des troupes réunies sur la frontière serait alors porté au chiffre respectable de 566.000 hommes, sur lesquels plus de 400.000 hommes et de 50.000 cavaliers pourraient entrer aussitôt en campagne, laissant à la garde des forteresses et comme défense de la zone frontière plus de 100.000 hommes.

Dans ces conditions la Russie pourrait, 8 à 10 jours après la déclaration de guerre, sans attendre la concentration complète de son armée, commencer d'importantes opérations de guerre, soit contre l'Autriche, soit contre l'Allemagne, soit même contre ces deux puissances, car l'armée ou les armées formées avec ces masses considérables, seraient dès lors renforcées de jour en jour par l'arrivée régulière de nombreux renforts.

VIᵉ PARTIE

190 . ?

LA GUERRE

La guerre est inévitable, elle aura lieu dans un temps plus ou moins rapproché, plus ou moins éloigné, mais elle est fatale.

La France n'a pas oublié ses provinces perdues, elle n'a pas renoncé à les reconquérir.

L'Allemagne, non encore satisfaite de ses conquêtes, aspire à avancer sa frontière vers l'ouest en y englobant de nouvelles provinces françaises.

Il en résulte que la guerre existe à l'état latent, qu'il suffit d'une étincelle pour l'allumer, et, par suite des alliances, produire une conflagration générale.

Quand ces faits se produiront-ils ?

Qui le sait !

Mais la menace est certaine et il est de notre devoir d'être toujours prêts à tous évènements.

CONCENTRATION RETARDÉE

Si bien étudiés, si bien préparés que soient les transports de concentration, ils peuvent être cependant soumis à des à-coups, à des retards inévitables, provenant de causes diverses : accidentelles ou faits de guerre.

L'énormité du matériel qui sera mis en mouvement contribuera à augmenter le nombre de ces légers accidents qui se produisent journellement sur les lignes de chemins de fer et à leur donner plus de gravité.

Mais à l'étranger, aussi bien qu'en France, les résultats seront les mêmes.

Ruptures d'attaches, ruptures d'essieux, accidents aux locomotives, ruptures de bielles, tiges faussées, avaries au tiroir, au régulateur, à la tubulure....; avec cela, parfois difficulté de franchir une rampe, par exemple en temps de brouillard. Il faudra débarrasser la voie des wagons hors de service, réparer séance tenante les légers accidents de machines, et, s'ils sont plus graves, chercher au moins à garer les trains, pour ne pas interrompre les transports, et attendre l'arrivée d'une machine de secours; il faudra aussi couper les trains et les remorquer successivement au delà des passages difficiles à franchir.

En un mot nous retrouverons dans les transports de concentration tous les menus accidents qui se produisent journellement dans l'exploitation régulière des chemins de fer.

Ce sont des choses qu'il est impossible d'éviter, on s'arrangera pour perdre le moins de temps possible, voilà tout.

Ces retards ne seront probablement pas tellement considérables qu'ils puissent compromettre les résultats de la concentration.

Il y aura du reste compensation, car l'ennemi ne sera pas indemne de cet imprévu.

Les retards provenant de faits de guerre seront autrement préjudiciables.

Nos voies ferrées paraissent suffisamment protégées par le cours de la Meuse, les côtes de Meuse, le cours de la Moselle et le massif des Vosges. Le tout renforcé par les troupes de couvertures qui, dès la première heure, se trouveront en avant de ces positions.

Il n'en est rien cependant.

Dès la déclaration de guerre, et pendant toute la durée de l'exode des trop nombreux allemands établis en temps de paix sur notre territoire, nous aurons à redouter des tentatives de destruction de nos voies ferrées : aiguilles brisées, rails enlevés, obstacles sur la voie, fils télégraphiques coupés, etc.... Il est probable même que, dès maintenant, tels et tels de ces sujets allemands, gradés de la landwehr ou du landsturm, qui sont occupés en France à toutes sortes de besognes, dont naturellement l'espionnage, ont déjà leurs instructions à ce sujet.

C'est un grave danger.

On y a paré par l'organisation de la garde des voies ferrées, à l'aide des classes les plus anciennes de la réserve de l'armée territoriale.

Jusqu'à présent, les hommes affectés à ce service n'ont pas eu l'air de se douter de son importance.

C'est pourtant sur eux que repose, d'une façon absolue, la sécurité des transports de concentration.

Si le service de la garde des voies ferrées est bien fait, si la vigilance des sentinelles et des patrouilles est toujours en éveil, si les postes ont conscience de l'importance de leur rôle, nous pouvons être rassurés. Mais s'il en est autrement, nous avons à craindre de nombreuses destructions partielles qui occasionneraient des retards très-préjudiciables.

Il faut espérer que, de ce côté, nous n'éprouverons pas non plus de mécomptes ; mais il faudrait pour cela que des conférences sérieuses fussent faites à ces gardes des voies ferrées, dans lesquelles on leur expliquerait non-seulement leur rôle, mais encore les motifs urgents qui ont obligé à cette organisation. Il faut montrer ce danger qui est réel, peut-être le plus grand qui menace notre concentration. La presse, tant militaire que politique, devrait de son côté traiter cette question, développer ce thème, montrer enfin le péril, ses conséquences terribles et le remède qui réside uniquement dans la vigilance de tous les instants des postes et des sentinelles. Alors, pénétrés de l'importance de ce service, les hommes qui en sont chargés le feraient en soldats, tandis qu'à présent ils le font en gardes nationaux.

Si l'ennemi cherche à retarder notre concentration par des destructions, nous avons le même intérêt à semer des obstacles sur sa route.

Entre nos lignes naturelles de défense et la frontière que nous a donnée le traité de Francfort il n'y aurait sans doute que peu de destructions qui s'imposeraient.

La longueur des tronçons de chemins de fer est trop faible pour que leur mise hors de service puisse procurer des retards appréciables; les routes sont excellentes et pourraient suppléer facilement au défaut de voies ferrées.

Au delà de cette frontière les lignes, pour la plupart, sont à proximité des forteresses qui les protègent.

Ce n'est donc pas de ce côté qu'il serait possible de faire quelque chose d'utile.

Mais, où ces destructions seraient faciles et produiraient de sérieux résultats, c'est dans le Luxembourg et en Belgique.

La petite place de Longwy, dont jusqu'alors je n'ai pas eu l'occasion de parler, semble n'exister que comme un poste permanent devant, aussitôt la déclaration de guerre, détruire les moyens de communications de l'ennemi.

Longwy, complètement isolé, trop près de la frontière pour que ses fortifications aient la moindre utilité au point de vue du renforcement de nos premières lignes de résistance, ne pourra compter non plus sur l'appoint de troupes mobiles qui, tout en ayant un objectif spécial et indépendant, seraient pour la place d'un grand secours, en attirant une partie des assaillants et en retardant d'autant l'attaque sérieuse des ouvrages.

Il est peu probable que ce cas se produise, une troupe mobile serait trop loin de sa base d'opérations et se trouverait dans le centre de rassemblement de l'armée ennemie.

Lorsque l'armée française elle-même, allant enfin de l'avant, pourra se trouver dans les parages de la place, il y a bien des probabilités pour qu'elle soit déjà tombée aux mains de l'ennemi.

Si les Allemands voulaient se contenter de faire de simples démonstrations devant Longwy, profitant du passage de colonnes, nul doute que la place pourrait résister. Mais si Longwy fait sentir son action d'une façon vraiment utile, par la destruction des moyens de communications, il est probable que la gêne et le retard qu'elle aura imposés à l'ennemi obligeront celui-ci à faire tomber au plus vite cette menace permanente.

Alors, s'il se décide à amener un parc de siège, s'il réunit les troupes nécessaires à une action prompte et énergique, la place n'aura ni le développement nécessaire, malgré l'appoint de la fortification passagère, ni surtout le nombre considérable de troupes qu'il lui faudrait pour résister à cette attaque.

Est-ce à dire que cette place est inutile ?

Le bataillon de chasseurs, stationné à Longwy, qui, d'après mes hypothèses, doit rejoindre l'armée à Marville, pourrait détruire, pendant sa marche, les tunnels utiles à l'ennemi.

Ce sont : entre Longwy et Longuyon, les deux tunnels de La Roche ; il suffirait d'en détruire un seul pour intercepter le passage. Entre Pierrepont et Montmédy : le tunnel de Longuyon et les 2 tunnels de Colmey. Il y aurait lieu de détruire le tunnel de Longuyon, mais, comme au bout de quelques jours l'ennemi aurait pu établir un raccordement facile de la ligne de Pierrepont à celle de Conflans-Longuyon, il faudrait également faire sauter l'un des tunnels de Colmey.

Ce serait aussi l'œuvre du bataillon de chasseurs, qui serait ainsi chargé des destructions au sud de Longwy, tout en se rendant à son poste.

Le reste devrait incomber à la garnison de Longwy.

Ce serait d'abord, dans le grand-duché de Luxembourg, la destruction de la voie ferrée et de ses accessoires, ainsi que des travaux d'art, à Luxembourg même, et, au retour, au nœud de voies ferrées de Bettembourg ; une compagnie embarquée dans un train spécial, avec le matériel de destruction nécessaire, devrait suffire à cette tâche. Une autre compagnie irait dans les mêmes conditions détruire le nœud de communication de voies ferrées de Sterpenich.

Cela devrait être exécuté dès les premières heures de la déclaration de guerre, afin de n'être pas devancé sur ces points par les Allemands.

Pendant ce temps, la garnison de sûreté de Longwy se

compléterait par l'arrivée des premiers éléments de l'armée territoriale.

Dès que l'on apprendrait que des trains allemands paraissent se diriger vers la Belgique, il y aurait lieu de lancer à toute vitesse des trains, déjà préparés et maintenus sous vapeur dès la première heure, qui emporteraient chacun une compagnie d'infanterie et le matériel de destruction. Ces trains se dirigeraient sur Bastogne et sur Libramont, pour permettre la destruction de ces deux nœuds de voies ferrées.

Le résultat obtenu serait 2 ou 3 jours de retard pour la concentration de l'armée allemande.

Si la place de Longwy vient à bout de cette mission elle aura, je crois, rempli son but principal. Si elle doit alors succomber quelques jours plus tard, sous les coups d'un ennemi irrité, pourvu qu'elle tombe vaillamment on n'aura rien à lui reprocher, car elle aura accompli son devoir, tout son devoir.

De Longuyon aux Vosges, il y aurait peut-être peu de choses à faire comme destruction.

Dans les Vosges c'est autre chose. Nous avons vu que les bataillons de chasseurs arriveraient probablement avec une avance sérieuse sur l'ennemi. Il serait dès lors facile de barrer les routes et chemins, qui passent par des cols et des gorges.

Pendant que quelques compagnies de ces bataillons exécuteraient des travaux de défense sur les points de résistance principale, les autres compagnies obstrueraient les routes par des abatis et des éboulements de rocs, ce qui leur permettrait de défendre pied à pied les passages et de retarder, autant qu'il serait possible, l'arrivée de l'ennemi sur les lignes de défense.

Car ce qu'il faudra surtout à la France ce n'est pas aller vite en besogne, mais au contraire gagner du temps, pour permettre d'attendre l'entrée en ligne de la Russie avant de frapper le coup décisif.

LE TRILATÈRE DE L'EST

La ligne fortifiée de Meuse-Moselle (Verdun-Toul-Pont-Saint-Vincent) affecte un caractère absolument défensif.

Interdire l'accès de la vallée de la Meuse entre Verdun et Toul, l'accès de la vallée de la Moselle entre Toul et Pont-Saint-Vincent, tel est le rôle, le seul rôle de cette ligne fortifiée dont Verdun et Toul forment les points de résistance.

Etant donnée la distance relativement faible qui sépare ces places, elles peuvent se donner la main, par leurs troupes mobiles, sur un point quelconque de la ligne de défense.

La facilité des communications, tant par routes que par chemin de fer, communications absolument assurées jusqu'à ce que l'ennemi ait tourné les positions; la proximité de ces deux grosses garnisons donneront à la résistance une force considérable, tant que l'ennemi ne se trouvera pas à l'ouest de la Meuse ou de la Moselle et ne sera pas ainsi en mesure de prendre cette zone fortifiée à revers.

Les emplacements probables de nos armées, au début des opérations, ne permettront pas à l'ennemi, du moins pour un temps sans doute assez long, de franchir ces rivières.

Dès lors cette ligne de défense pourra remplir le rôle qui lui est assigné.

Les deux grands centres fortifiés, Verdun et Toul, servant de points d'appui aux ailes des armées qui opéreront dans leurs zones d'influence, augmenteront considérablement leur force défensive.

Il est bon, toutefois, de faire remarquer que si les places fortes peuvent avoir une utilité incontestable pour des armées qui manœuvrent momentanément autour d'elles, suivant les besoins du moment, elles ne doivent jamais être pour ces armées un refuge, ni même la cause d'une hésitation quelconque pour le choix des moyens à employer; en un mot, les armées ne doivent jamais subir l'attraction des places fortes, mais au contraire s'en éloigner aussitôt que possible.

Les camps retranchés ont exercé de tout temps et exerceront sans doute toujours une attraction désastreuse sur les armées battues et aussi sur celles qui, trop faibles, craignent un échec.

Il n'y a pas d'exemple qu'un camp retranché ait sauvé une armée qui s'était réfugiée sous sa protection, il est peu probable qu'il en soit autrement à l'avenir.

Il faut demander aux places fortes et aux camps retranchés ce qu'ils peuvent donner : la protection des voies de communications, la sécurité pour des magasins où des armées de passage pourront se refaire en vivres et en munitions.

On peut et on doit aussi leur demander d'être des points d'appui, des pivots de manœuvre, un renforcement momentané de la puissance d'une armée, mais à la condition absolue que le contact de l'armée et de la place soit absolument éphémère, à la condition que cette armée rompe rapidement ce contact et que, victorieuse ou battue, elle cherche dans des évolutions rapides [: victorieuse, le moyen de compléter sa victoire; battue, le moyen d'échapper à l'ennemi pour prendre de nouvelles formations tactiques et recommencer la lutte.

L'histoire nous a donné ces enseignements qui n'ont jamais varié, et si l'on peut opposer quelques démentis à ces assertions, c'est que la libération est venue du dehors.

C'est là le grand danger des camps retranchés et des régions fortifiées.

C'est surtout par l'attraction qu'ils exercent trop souvent sur les armées, battues ou non, qu'ils sont nuisibles, car trop souvent des armées risquent de se faire prendre ou engluer dans la sécurité dangereuse qu'ils leur offrent.

Par sa nature même, la fortification est condamnée à une défense passive. Les troupes de défense mobile ne sont pas assez nombreuses pour aller au loin donner de l'air à la place qu'elles défendent, elles ne peuvent rechercher l'ennemi, qui peut, lorsqu'il le veut, éviter l'obstacle et poursuivre ailleurs une œuvre plus utile que l'attaque des retranchements.

Les camps retranchés, comme toutes les autres places, sont fatalement voués à l'immobilité dans la défense ; il faut que l'ennemi vienne à eux, ils ne peuvent pas aller à lui.

L'ennemi négligera toujours les places fortes quand il pourra assurer, autrement que par leur chute, la sécurité de ses derrières, sa ligne de retraite et ses approvisionnements.

Demandons donc à la fortification ce qu'elle peut donner : commander les lignes de chemins de fer, ces grandes voies d'invasion et de réapprovisionnement, défendre des points stratégiques, que l'on a intérêt à conserver à tout prix, demandons-lui aussi de servir à l'occasion de point d'appui, fixe et immuable, qu'une armée sera sûre de trouver quand elle en aura besoin, soit pour se refaire en vivres ou en munitions, soit pour obtenir une force plus grande pour le combat, soit pour se réorganiser après une défaite, mais alors, et dans tous les cas, il faudra faire vite et repartir aussitôt.

La ligne fortifiée de Meuse-Moselle ne peut remplir un rôle différent, elle possède les défauts et les qualités de toute fortification, mais à un degré plus grand, étant donné son plus grand développement.

La construction d'ouvrages sur les positions situées au nord et à l'est de Nancy, tout en protégeant la ville, établirait un couloir étroit entre Epinal et Nancy, couloir dans lequel l'armée ennemie perdrait toute liberté de manœuvre et, attaquée de front, maîtrisée sur ses deux flancs, serait en mauvaise situation pour combattre.

La position en équerre des places principales Verdun, Toul, Nancy, donnerait à ce triangle fortifié la possibilité de jouer un rôle offensif et la facilité de jeter, sur les flancs d'une armée d'invasion se dirigeant vers la Meuse, des attaques dangereuses pour l'ennemi.

Les troupes qui pourraient dès le début des opérations former la garnison de sûreté des positions de Nancy, seraient, nous l'avons déjà vu, 2 régiments d'infanterie, venant de Toul, 1 bataillon de chasseurs, venant de Saint-Nicolas, ensemble 7 bataillons, renforcés par des batteries d'artillerie à pied et des troupes du génie, venant de Toul, qui tous seraient à leur poste, devant Nancy, le soir du 1er jour.

Les 4es bataillons des régiments de Nancy auraient rejoint dès le 1ᵉʳ jour. La place de Toul, qui serait couverte par les positions de Nancy dont elle deviendrait le réduit, pourrait envoyer de suite 2 de ses 4ᵐˢ bataillons.

Ce qui porterait les troupes de défense rassemblées en avant de Nancy à 13 bataillons d'infanterie, un certain nombre de batteries d'artillerie à pied et des troupes du génie.

Des troupes de réserve et territoriales, provenant du 6ᵉ corps, renforceraient très-rapidement ces premiers éléments.

Il ne m'appartient pas de donner à ce sujet quelques indications ou quelques renseignements, ni sur le nombre, ni sur les délais nécessaires pour leur réunion, le lecteur voudra bien m'excuser de ne pas chercher à commettre une indiscrétion.

La défense serait suffisamment assurée.

Il ne faut pas oublier que, dans l'hypothèse qui nous occupe, l'attaque sur Nancy ne serait qu'une opération secondaire, liée à l'opération principale sur la Moselle, et que le flanc droit de la position de Nancy ne pourrait être menacé sérieusement tant que l'armée française de la Moselle occuperait la ligne du Sanon.

En admettant même que notre avant-garde, formée de la plus grande partie du 6ᵉ corps, soit refoulée, elle ne pourrait vraisemblablement l'être qu'au bout de 2 ou 3 jours de combats, ce qui, avec les délais nécessaires pour la concentration des troupes ennemies, nous mènerait au 6ᵉ jour de la mobilisation.

Pendant ce temps, la position de Nancy ne pourrait guère être attaquée sérieusement que par le nord.

Nous aurions donc à construire dès les premiers moments : 4 batteries sur les hauteurs de Custines, au nord du bois de Faulx, 1 batterie à l'ouest de ce bois (cote 302) pour battre la vallée de la Moselle et flanquer la gauche de la position ; 3 batteries sur les hauteurs à l'est du bois de Faulx, entre la pointe nord-est du bois et le point culminant du plateau (cote 405) ; 1 batterie à la pointe nord du Grand-Mont, 2 batteries sur le Grand-Mont, face à l'est ; 1 batterie à la côte d'Amance, face au nord ; enfin 1 batterie au Pain-de-Sucre, face au nord-est. Ensemble 13 batteries.

Le fort de Frouard, au sud de Custines, sur la rive

gauche de la Moselle, les batteries permanentes de Laneuveville, sur le flanc droit de Nancy, et surtout la présence d'une armée française sur le même flanc, compléteraient provisoirement le système défensif.

Serait-il possible de construire à temps ces 13 batteries?

La construction rapide d'une batterie de position demande environ 500 travailleurs, qui forment plusieurs relais et se rechangent de quart d'heure en quart d'heure. Dans ces conditions, le temps nécessaire pour achever la batterie varie de 24 à 48 heures, suivant la nature du sol et la facilité ou la difficulté plus ou moins grande du transport des pièces.

Il faudrait donc, pour construire simultanément 13 batteries, environ 7.000 travailleurs. Il ne semble pas qu'il soit impossible de les trouver dans l'agglomération ouvrière de la région de Nancy, parmi les terrassiers, les tâcherons, les ouvriers mineurs et même parmi les ouvriers des champs, habitués eux aussi à remuer la terre.

On pourrait les trouver en suffisance parmi les hommes âgés de plus de 45 ans, et, sous la direction de l'artillerie, ils exécuteraient rapidement les travaux nécessaires.

Un simple appel à son de caisse, suffirait probablement pour réunir dans chaque commune les hommes dont on aurait besoin; s'il le fallait on emploierait la réquisition, mais il est peu probable qu'on soit obligé d'y avoir recours, puisqu'en exécutant ces travaux ils protégeraient leurs familles et leurs foyers.

Ils pourraient être rendus sur leurs chantiers, pour la plupart, dès l'aube du 2e jour; le travail demandant de 24 à 48 heures, les premières batteries, celles où le terrain serait le plus facile, où des routes permettraient d'amener les pièces sans travaux préparatoires, ce qui serait le cas des batteries du bois de Faulx, pourraient être armées dans la matinée du 3e jour.

L'achèvement des travaux et l'armement des autres batteries se continueraient sans désemparer et le soir du 3e jour, le 4e jour au matin au plus tard, toutes ces batteries seraient terminées, armées, prêtes à répondre à une attaque.

Les autres batteries nécessaires à l'organisation complète des positions seraient aussitôt entreprises, ensuite les batteries de 2e ligne.

On pourrait même, si les résultats des opérations actives le permettaient, construire des batteries plus avancées, celles déjà terminées formant alors une 2ᵉ ligne de résistance.

Les positions de Nancy seraient donc organisées à temps et le trilatère, dès lors constitué, pourrait remplir son rôle offensif.

Il lui faudra de grosses garnisons qui, cependant, seraient trop faibles pour mener à bien une action offensive, si le peu d'éloignement des camps retranchés formant le trilatère et la facilité des communications ne permettaient pas aux troupes de défense mobile de se réunir au moment voulu, en un groupe compacte sur un point donné, formant ainsi une véritable armée de manœuvre.

Les 3 camps retranchés et la ligne des forts pourraient recevoir au début chacun une division de réserve qui, devenant disponible aussitôt l'arrivée des troupes territoriales, pourraient se grouper par une marche concentrique en avant et se porter soit au devant d'une armée venant de Metz, soit contre le flanc gauche d'une armée ennemie opérant sur la Meuse, soit contre le flanc droit d'une armée qui attaquerait Nancy et chercherait à forcer en même temps le passage de la Moselle.

En cas d'échec, cette petite armée serait toujours certaine de trouver la protection de puissantes fortifications et aussi le secours des troupes de défense mobile de deux au moins des camps retranchés, ce qui peut-être lui permettrait de reprendre l'offensive.

Le cul-de-sac Nancy, Toul, Saint-Mihiel, offrirait un abri momentané, où cette petite armée ne pourrait être ni forcée, ni bloquée, d'où elle s'échapperait rapidement par Toul et la vallée de la Meuse, pour de là se porter sur un autre point de sa base d'opérations.

Le trilatère rendrait encore ce service, en cas de revers, alors que l'ennemi franchirait la Meuse ou la Moselle, de permettre à cette petite armée, qui jusqu'alors aurait opéré sur le front de la ligne de défense, de se porter avec une extrême rapidité sur les derrières de cette ligne et de tomber à temps sur le flanc de l'ennemi et, par là, compromettre peut-être son succès.

Dans tous les cas, elle ne devrait pas rester rivée à la fortification. Si ses efforts combinés avec ceux des autres armées étaient impuissants à arrêter l'ennemi, il lui faudrait prendre aussitôt la campagne, emmenant avec elle tous les éléments qui ne seraient pas absolument indispensables à la défense vigoureuse des trois camps retranchés.

ATTAQUE BRUSQUÉE

Dans cette étude j'ai considéré le cas normal d'une déclaration de guerre.

C'est-à-dire que d'abord des difficultés surgissent entre les deux nations, la diplomatie ne parvient pas à les résoudre et à rétablir l'accord, il en résulte une période de tension politique pendant laquelle les futurs adversaires prennent des mesures de prudence : mobilisation et au besoin concentration des armées.

Les délais de concentration ne comptent donc pas de la déclaration de guerre, mais bien de l'heure à laquelle la mobilisation aura été ordonnée, ce qui arrivera dès que les probabilités d'un accord deviendront aléatoires.

Il est très-possible que nos voisins de l'est prennent l'avance à ce sujet, mais ils ne pourraient gagner que quelques heures, car, en temps de paix, nous serions renseignés aussitôt sur la décision prise en Allemagne, et, à moins de vouloir mettre volontairement la France en état d'infériorité, le gouvernement serait obligé de décréter aussi la mobilisation, sans plus tarder.

Si les évènements suivent un cours régulier, je me refuse à croire qu'une attaque principale et rapide soit exécutée par les troupes de couverture de l'Allemagne, XVIe, XVe et XIVe corps, sur Nancy et la trouée de la Moselle.

Car en admettant que l'ennemi puisse, ce qui n'est pas prouvé, enlever rapidement Nancy et nos premières lignes de résistance, grâce à une poussée subite, il lui resterait encore à forcer la ligne de la Moselle et à passer la rivière.

Ce n'est, en effet, que lorsqu'il aurait pris pied à l'ouest de la Moselle qu'il aurait accompli une œuvre vraiment utile.

Le reste, bien que douloureux pour nous, ne saurait peser d'une façon suffisante sur la marche des évènements.

La ligne de la Moselle, fortement défendue de front, énergiquement protégée sur les ailes par les fortifications d'Epinal et de Pont-Saint-Vincent, ne serait pas facile à enlever. Notre armée de la Moselle serait certainement renforcée par l'arrivée de nouveaux corps, avant que les Allemands fussent venus à bout de notre résistance.

Je persiste à croire que si la déclaration de guerre suit une marche à peu près régulière, les troupes allemandes de couverture se diviseront en deux groupes, formant les puissantes avant-gardes des armées de la Meuse et de la Moselle.

Mais on prête aux Allemands l'intention d'attaquer par surprise, c'est-à-dire de pénétrer sur notre territoire avant la déclaration de guerre, qui serait faite seulement à l'heure où les hostilités seraient déjà commencées.

Ce serait un acte de piraterie, mais il répond bien au caractère allemand; il faut donc tenir compte de cette indication.

Cette manière d'opérer paraît même probable, si l'on se reporte aux conversations des officiers allemands, qui déclarent que ce moyen a toutes leurs préférences et qui se vantent d'aller un jour cueillir dans leurs lits les cavaliers du régiment de dragons stationné à Pont-à-Mousson.

Il y a là un danger imminent, dont il faut se souvenir et dont il faudra tenir compte.

Dans ce cas, on peut s'attendre à voir les positions de Nancy vivement attaquées, en même temps que les lignes de défense de la trouée de la Moselle.

L'armée chargée de cette opération se composerait très-probablement des XVIe, XVe et XIVe corps et serait renforcée aussitôt que possible par les premiers corps disponibles; les opérations sur la Meuse et dans le Nord devant sans doute aussi se poursuivre, mais ne pouvant se trouver sensiblement avancées du fait de cette attaque brusquée.

Pour que cette attaque par surprise puisse donner les résultats qu'on en espère en Allemagne, il faudrait que le secret fût absolument rigoureux et que rien ne transpirât des intentions de nos ennemis. Il faudrait que l'invasion subite du XVIe corps trouvât nos régiments dans une quiétude absolue.

C'est bien difficile.

De deux choses l'une, ou bien il y aurait entre l'Allemagne et la France un conflit, peut-être sans gravité, mais comme avec ces gens-là tout est grave, nos troupes de la frontière se tiendraient sur leurs gardes. Ou bien sans que rien ne fût venu assombrir l'horizon politique, l'empereur d'Allemagne, jugeant l'heure favorable, lancerait sur nous, sans aucun motif, sa puissante armée, de façon à nous trouver sans résistance, à écraser nos troupes de couverture et à prendre pied sans grandes difficultés sur la Moselle même, établissant dès lors sur notre territoire sa première base d'opérations.

Comme projet c'est assez joli, mais comme exécution ce serait sans doute plus difficile.

On ne mobilise pas une armée, ni même un corps d'armée, sans qu'il se produise des indices sérieux qu'il est impossible d'éviter et surtout de cacher.

Les réservistes ne pourraient être appelés avant l'heure où le mouvement serait déjà commencé, autrement le secret serait éventé.

Pour la même raison les corps d'armée d'Alsace et de Lorraine devraient être en marche avant que l'ordre de mobilisation fût communiqué aux autres corps de l'Allemagne.

Serait-il donc possible de mettre en mouvement les 3 corps de Lorraine et d'Alsace sans que nous en soyons avisés, et si cela par impossible pouvait se produire, ces troupes pourraient-elles être devant Nancy et dans la trouée de la Moselle avant que nous soyions renseignés sur leurs mouvements?

Voyons ce qui se passerait.

L'ordre de mobilisation arrive dans les garnisons de Lorraine et d'Alsace, avec les instructions pour la concentration et les premières opérations.

Immédiatement les troupes sont consignées dans leurs quartiers.

Pas un soldat en ville, sauf les ordonnances qui circulent affairés. Les officiers courent chez eux boucler leurs cantines et repartent aussitôt, en tenue de campagne, pour rejoindre leurs troupes dans les casernes.

Les femmes d'officiers sont en pleurs, les bonnes jasent (le fait s'est déjà produit au moment des affaires Schnœbelé) ; de suite on est fixé.

Ce n'est pas tout.

En admettant que, pour aller plus vite, les troupes partent sans leurs impedimenta, et que l'on fasse suivre seulement le lendemain les trains régimentaires et les convois, il faudrait pourtant constituer les trains de combat.

Il faudra atteler les ambulances, il faudra sortir les voitures et charger les munitions, ce sera le branle-bas de combat, avec son bruit et son mouvement inusités, qui suffiraient à eux seuls à donner l'éveil.

Dans les gares il faudra former les trains militaires, car pour aller plus vite une partie des troupes devrait s'embarquer en chemin de fer.

Nous n'en saurons rien, dira-t-on. Mais pourquoi? Il se trouvera bien quelques Alsaciens ou quelques Lorrains, au cœur toujours français, qui trouveront moyen de nous apporter rapidement la nouvelle.

Car si, en France, nous avons à craindre pour la sécurité de nos voies ferrées, en Lorraine et en Alsace, les Allemands ont à craindre les renseignements que nos frères de là-bas seront heureux de nous donner.

Pour éviter ces indiscrétions, les Allemands opéreront sans doute de nuit, de façon à avoir une forte avant-garde au petit jour sur les positions choisies.

Mais la circulation des voitures, le bruit inusité mettraient sur pied pas mal de monde, et les renseignements nous parviendraient quand même. Par ce temps de bicyclette il est si facile de faire du chemin.

En admettant même que, sur cette grande étendue de la frontière d'Alsace-Lorraine, personne ne puisse s'échapper pour porter la nouvelle, nous la connaîtrions quand même, mais un peu plus tardivement.

La cavalerie et l'artillerie filant par routes, à grandes allures, seraient rejointes vers la frontière par les premiers trains qui emporteraient l'infanterie.

Le premier train militaire remplacerait un train régulier et le personnel des gares, surpris, serait fait prisonnier, l'ennemi s'emparerait du télégraphe, le tour serait joué.

Mais il n'est pas prouvé qu'aucun agent, qu'aucun douanier ne puisse réussir à s'échapper. La mainmise sur les gares et sur leurs personnels se ferait sans doute sans résistance, mais pas sans bruit ; il suffirait qu'un seul agent, momentanément hors des quais, entende ce tumulte pour qu'il accoure ; il verrait de suite la situation, et, au lieu de venir se faire pincer par les Allemands, il se sauverait au plus vite, donnant l'alarme, et bientôt sur les routes, par les chemins de traverse, par les bois, des bicyclistes, des cavaliers et même des piétons, courraient un peu dans toutes les directions, vers les bureaux télégraphiques les plus voisins, surtout en dehors de la route présumée de l'ennemi, et de suite dans nos garnisons, dans nos places fortes tout le monde serait sur pied, les régiments partiraient rapidement pour leurs postes de combat, tandis que la nouvelle transmise au corps d'armée et au ministère de la guerre provoquerait des ordres complémentaires.

De même le passage des troupes sur les routes serait éventé dès la frontière par les postes de douanes qui trouveraient bien le moyen de donner l'alarme.

Tous les émissaires n'arriveraient pas, sans doute, mais comme ils partiraient de tous les points de notre frontière, il y en aurait forcément un certain nombre qui arriverait et les mêmes indications parviendraient de points bien différents.

A l'heure où l'ennemi serait devant nos positions, probablement vers Nancy, il les trouverait occupées par des troupes prêtes à combattre.

Les troupes du XVIe corps pourraient être rendues devant Nancy les 1er et 2e jours; mais notre 6e corps, transporté en chemin de fer, arriverait dans les mêmes délais, la 11e division de Nancy et la brigade de Nancy, n'en seraient que l'avant-garde; les XVe et XIVe corps, ayant le même itinéraire que dans l'hypothèse précédente, ne gagneraient que quelques heures.

Quand les 3 corps d'armée de Lorraine et d'Alsace seraient rassemblés, nous serions dans un état d'infériorité numérique si des renforts suffisants n'étaient pas envoyés.

Mais les 3 divisions d'infanterie et la brigade d'infanterie de marine, stationnées à Paris, des troupes empruntées aux 7e et 8e corps, toutes bien desservies par les chemins de fer, pourraient arriver à temps et rétablir l'équilibre des forces.

Ce serait le moment de prendre une offensive énergique, avant que des renforts puissent arriver aux Allemands; ce serait le moment de refouler leurs bataillons, de déblayer le terrain et de chercher un succès sérieux, qui mette l'ennemi tout au moins dans un état d'infériorité marquée.

Pendant ce temps les travaux de défense de Nancy pourraient être exécutés, et si par suite de l'arrivée de nouveaux corps allemands, nos troupes étaient obligées, après plusieurs jours de bataille, de se replier sur les lignes de la Meurthe ou même de la Moselle, elles trouveraient les positions de Nancy fortifiées, armées, en état de défense.

Dès lors, elles pourraient repousser toutes les attaques, jusqu'au moment où l'entrée en ligne de la Russie permettrait enfin de passer à l'offensive générale.

Et quand je parle de défensive, je n'entends pas parler d'une défensive absolue et passive; mais, ainsi que je l'ai toujours fait au cours de cette étude, je ne veux escompter que ce qui est pour ainsi dire certain, laissant à l'ennemi, sur le papier, le bénéfice de ce qui peut être douteux.

Il est possible en effet que les évènements nous permettent plus tôt de prendre une sérieuse offensive et alors on n'y manquera pas.

Et même dans la défensive nous saurons, chaque fois que cela sera possible, aller de l'avant et garder sans doute le bénéfice de quelques-uns des résultats acquis.

L'OFFENSIVE RUSSE

En Pologne, la frontière russe forme un demi-cercle de 300 kilomètres de diamètre, qui pourrait permettre aux armées combinées d'Allemagne et d'Autriche une attaque concentrique sur la région fortifiée dont le centre est le camp retranché de Novo-Georgiewsk.

Mais la ligne fortifiée Ivangorod, Ossovetz, prolongée au nord jusqu'à Kovno, présente des obstacles infranchissables tant que la fortification ne sera pas tombée aux mains de l'ennemi.

Etant donnée l'importance des places fortes et des camps retranchés de la région et les troupes nombreuses chargées de leur défense, ce serait une œuvre de longue haleine, et, pour la mener à bien, il faudrait de puissants moyens d'attaque dont les alliés austro-allemands ne pourraient disposer dès le début des opérations.

D'un autre côté, les lignes de chemins de fer qui existent dans la région permettraient à l'armée russe de manœuvrer et de se trouver toujours en force sur le ou sur les points menacés.

L'avantage procuré à l'ennemi par le tracé de la frontière se trouverait donc annihilé : 1° par une fortification nombreuse, solide et largement pourvue de défenseurs ; 2° par la présence dans la région d'une forte armée de manœuvre ; 3° par la facilité que cette armée posséderait, grâce aux lignes de chemins de fer, de se déplacer rapidement et de se trouver toujours en nombre là où l'ennemi voudrait attaquer.

Du côté de l'ennemi, il n'en serait pas de même, car si le réseau de chemins de fer peut lui permettre les mêmes avantages sur ses territoires, il lui faudrait, une fois entré dans la Pologne russe, faire tous ses mouvements à pied, car la ligne de chemin de fer Czentokova, Vlostslavsk, qui pourrait lui être utile, serait couverte par l'armée russe ou détruite.

De part et d'autre, les premières opérations ne pourraient guère avoir lieu avant le 8ᵉ ou le 10ᵉ jour de la mobilisation.

A ce moment, outre les garnisons laissées dans les places fortes, les belligérants pourraient mettre en ligne :

L'Allemagne, sur les fronts nord et ouest de la Pologne russe :

6 corps d'armée de landwehr	150.000 h.
6 divisions de landsturm	60.000
2 divisions de cavalerie indépendante	8.500

L'Autriche, sur le front sud :

3 corps d'armée actifs	150.000
4 divisions de cavalerie indépendante	15.000
Ensemble	383.500 h.

La Russie pourrait opposer à ces troupes les formations suivantes :

9 corps d'armée, 1 division et 4 brigades de chasseurs à pied	412.000 h.
56 bataillons de réserve et de troupes de frontière	56.000
13 divisions 1/2 de cavalerie indépendante	48.000
Ensemble	516.000 h.

Chiffre auquel il faudrait ajouter, puisque nous prévoyons pour la Russie une situation momentanément défensive, les troupes spéciales de forteresse, soit.................. 50.000

Au total........ 566.000 h.

On voit que la Russie a su parer aux lenteurs de sa mobilisation et qu'elle est en mesure de tenir tête à ses adversaires, dès la première heure.

Si au contraire la Russie veut profiter de la supériorité de ses effectifs pour entamer une action offensive, ce qui paraît probable, la situation pourrait être la suivante :

Elle pourrait disposer contre l'Autriche de 6 corps d'armée, soit	240.000 h.
2 brigades de chasseurs	16.000
10 divisions de cavalerie indépendante	40.000
Ensemble	296.000 h.

auxquels l'Autriche ne pourrait répondre, ainsi que nous venons de le voir, que par un effectif de 165.000 hommes.

D'où une différence, en faveur de la Russie, de 131.000 hommes.

Il serait donc facile à la Russie d'attaquer l'Autriche aussitôt, c'est-à-dire vers le 8e ou 10 jour de la mobilisation.

Elle pourrait en outre disposer contre l'Allemagne de :

3 corps d'armée	120.000 h.
1 division d'infanterie	20.000
2 brigades de chasseurs	16.000
3 divisions 1/2 de cavalerie indépendante	14.000
Ensemble	170.000 h.

auxquels l'Allemagne pourrait opposer 218.750 hommes.

D'où une différence, au profit de l'Allemagne, de 50.000 hommes, en chiffres ronds.

La Russie se contenterait sans doute de harceler les Allemands, sans livrer de grands combats, sauf pourtant au cas où, momentanément, elle aurait la supériorité du nombre sur un point, ce qui lui serait facile. Mais elle ne pourrait entreprendre contre l'Allemagne une campagne sérieuse qu'après l'arrivée d'une partie de ses corps d'armée de l'intérieur.

Du côté de l'Autriche il n'en serait pas ainsi et, de suite, la Russie pourrait attaquer avec des forces supérieures. Grâce à sa nombreuse cavalerie, elle pourrait rayonner au loin et entraver la mobilisation et la concentration de l'armée autrichienne.

La supériorité numérique qu'elle s'est ménagée pour le début des opérations lui permettrait d'attaquer de front et de flanc; de front, sur la frontière nord de l'Autriche, mais il lui faudrait compter sur les sérieux points d'appui constitués par les forteresses de Jaroslav, Przemyls et Lemberg, renforcés encore en seconde ligne par l'important camp retranché d'Epéries.

Ces places seraient une force considérable pour les opérations des 3 corps d'armée autrichiens qui pourraient seuls, au début de la campagne, répondre à l'attaque de la Russie.

Mais les mailles du filet sont trop larges, la frontière est trop étendue et l'armée russe pourrait quand même glisser entre ces obstacles et prendre possession de certains cols des monts Karpathes.

En cas d'insuccès, peu probables du reste, la Russie

aurait d'excellentes lignes de retraite soit sur le trilatère Ivangorod, Varsovie, Brest-Litowski, soit sur le triangle fortifié Doubno, Loustk, Rovno.

La supériorité numérique de l'armée russe sur ce front, dès le début des opérations, ne permet pas du reste de prévoir un insuccès.

En même temps qu'elle attaquerait le front nord des Karpathes, la Russie pourrait jeter sur la frontière est de l'Autriche une partie de sa cavalerie, soutenue par les 2 brigades de chasseurs, appuyées peu après par les premières divisions disponibles, qui prendraient à revers le massif des Karpathes et formeraient aussi l'avant-garde d'une armée qui menacerait Buda-Pest et Vienne.

Les places de Khotin, Kamenets-Podol, Proscourov, situées à proximité de la frontière est de l'Autriche, feraient une excellente base d'opérations, assurant en même temps la sécurité d'une armée russe en retraite.

Sur tous les points les renforts, provenant des progrès de la concentration, arriveraient facilement. Les troupes venant du sud formeraient l'armée qui attaquerait le flanc des positions autrichiennes, elle aurait pour objectif Buda-Pest et Vienne et menacerait la ligne de retraite de l'armée autrichienne engagée au nord des Karpathes.

Les troupes venant du centre de la Russie augmenteraient la puissance de l'armée qui combattrait déjà au nord des Karpathes, tandis que les renforts venant du nord prendraient comme objectif les troupes allemandes opérant sans doute entre la Wartha et la Vistule.

20 jours après la déclaration de guerre, c'est-à-dire au moment où l'Autriche aurait achevé sa concentration et pourrait opposer à la Russie toutes ses forces actives (8 divisions de cavalerie et 14 corps d'armée, formant un ensemble de 760.000 hommes), la Russie aurait déjà pu amener sur ses frontières une grande partie des troupes actives stationnées à l'intérieur de l'empire, ce qui procurerait à l'armée engagée contre l'Autriche, un renfort de plus de 200.000 hommes.

Cette armée serait alors forte au minimum de 500.000 hommes.

L'avantage, au profit de l'Autriche, peut paraître énorme, mais il ne faut pas oublier que, du côté de la Russie, l'arrivée successive des renforts comblera largement et rapidement cette différence d'effectifs et qu'il suffit, en somme, que l'armée russe soit prudente, que, de l'offensive qu'elle aura pratiquée jusqu'alors, elle passe momentanément à la défensive, et au bout de peu de jours elle pourra attaquer de nouveau.

Il ne faut pas oublier non plus que pendant la période de 10 jours qui se serait écoulée entre l'ouverture des hostilités et la concentration complète de l'armée autrichienne, la Russie, grâce à sa prépondérance numérique, aurait pu sans doute battre les 3 corps autrichiens qui lui auraient été opposés au début, prendre position dans les Karpathes, occuper des cols nécessaires au passage des troupes autrichiennes et s'y fortifier.

Il ne faut pas oublier qu'une grande partie de la cavalerie russe aurait tourné au début la chaîne des Karpathes, et, renforcée par les brigades de chasseurs et les premières divisions d'infanterie venant du sud, aurait pu troubler et retarder la mobilisation de certains corps d'armée autrichiens; que la présence d'une armée au sud des Karpathes, menaçant Buda-Pest et Vienne, n'aurait pas permis à l'Autriche de porter la totalité de ses forces sur les Karpathes, d'où pour l'armée principale une diminution forcée des effectifs.

Il est probable que des résultats sérieux seraient déjà acquis au profit de la Russie et que, dès lors, les forces divisées de l'Autriche ne lui permettraient même plus cette prépondérance numérique sur le front principal, prépondérance qui seule pourrait enrayer les progrès de la Russie.

En admettant même, ce qui n'est pas prouvé, que les Russes soient obligés à ce moment de se replier sur leurs bases d'opérations, d'une part Ivangorod, Varsovie, Brest-Litowski, d'autre part Doubno, Loustk, Rovno, le tout au nord des Karpathes, et sur la base d'opération Khotin, Kamenets-Podol, Proscourov, à l'est de l'Autriche, cette marche en retraite demanderait de 8 à 10 jours, pour franchir les 200 ou 250 kilomètres qui sépareraient alors les points occupés par l'armée russe de ses bases d'opérations.

Au moment où les armées russes refoulées, mais non battues, arriveraient dans la zone d'influence de ces groupes de places fortes, elles y trouveraient toutes les forces actives enfin concentrées. On serait en effet vers le 27e ou le 30e jour de la mobilisation.

Toute l'armée active serait dès lors en ligne, soit au minimum 1.150.000 hommes.

Cette force militaire aurait devant elle :

Du côté de l'Allemagne 218.000 hommes, renforcés sans doute à ce moment par 6 corps de landsturm d'un effectif de 150.000 hommes; ensemble 370.000 hommes en chiffres ronds.

Du côté de l'Autriche toute l'armée active forte de 760.000 hommes.

Ce qui formerait un total de 1.130.000 hommes.

Les forces en présence seraient donc équivalentes.

Mais la Russie combattrait sur un terrain éminemment favorable, ses armées seraient appuyées par des forteresses très-importantes, renfermant de puissantes garnisons dont une partie, les troupes de défense mobile, pourrait coopérer aux opérations actives, ce qui augmenterait considérablement les effectifs des armées russes et romprait l'équilibre des forces en leur faveur.

Si on ajoute à cela la facilité d'utiliser les lignes de chemins de fer pour le transport des troupes et du matériel de guerre sur les points menacés, on pourra se convaincre que la Russie ne serait pas en peine alors de livrer bataille avec des effectifs supérieurs à ceux de ses adversaires, puisqu'elle aurait la ressource d'éviter le combat, quand elle le jugerait à propos, en se retirant derrière la ligne de ses fortifications, soit de provoquer le combat quand elle y verrait un avantage certain.

Dans cette période, l'armée russe serait insaisissable et aurait toutes facilités pour choisir ses champs de bataille, à l'heure qu'elle jugerait utile. Elle pourrait de la sorte infliger rapidement à ses ennemis de ces échecs qui mettent les armées en mauvaise posture.

L'armée russe aurait en outre, sur le front des Karpathes, la facilité, grâce à ses deux triangles fortifiés et aux lignes de chemins de fer qu'ils couvrent absolument, de se dérober en partie et, tout en masquant son front, d'envoyer un nombre plus ou moins considérable de corps d'armée sur les flancs de l'armée autrichienne et même sur ses derrières, en Galicie, d'où elle pourrait prendre à revers les troupes autrichiennes.

La Russie a donc la faculté d'attaquer l'Autriche : de front, de flanc et à revers; elle se trouve dans d'excellentes conditions pour combattre.

Comme effectifs, l'Autriche, outre les troupes spéciales à la défense de son territoire, ne pourrait plus compter que sur 4 corps d'armée de 2ᵉ ligne, soit 150.000 hommes.

L'Allemagne ne pourrait plus mettre grand monde en ligne, à moins de dégarnir son front d'attaque vers la France.

Quant à la Russie, ses réserves commenceraient seulement à arriver. De jour en jour ses effectifs s'accroîtraient.

Ce n'est en effet qu'entre le 30ᵉ et le 45ᵉ jour de la mobilisation, c'est-à-dire pendant une nouvelle période de 15 jours, qu'elle pourrait achever la concentration de ses réserves.

Mais ce serait encore 828.000 combattants qui arriveraient à raison d'une moyenne de 60.000 hommes par chaque jour, à partir du 30ᵉ.

Et, en admettant que la Russie n'ait pas réussi jusqu'alors à faire une diversion sur Buda-Pest et Vienne, menaçant en même temps le front sud des Karpathes, une partie de ces troupes de réserve pourrait être chargée de cette mission, tandis que l'autre partie se porterait contre l'armée allemande.

Les Allemands auraient sans doute appuyé de toutes leurs forces disponibles les opérations de l'armée autrichienne, en tentant l'attaque du flanc droit de l'armée russe, ce serait alors pour eux le moment de se défendre.

On peut présumer que du 30ᵉ au 45ᵉ jour de la mobilisation, au plus tard, la Russie aura mis l'armée autrichienne dans un état de réelle infériorité et que cette armée ne sera plus en mesure de s'opposer aux opérations de l'armée russe.

C'est à ce moment que la Russie pourra tourner contre l'Allemagne la majeure partie de ses forces, peut-être les deux tiers de son armée, c'est-à-dire 1.200.000 hommes au minimum.

L'Allemagne ne pouvant lui opposer que 400.000 hommes environ, non compris les troupes de forteresses, sera forcée de rappeler en toute hâte une partie des troupes dirigées contre la France au début des opérations.

LA DÉFENSIVE

L'intérêt de la France ne paraît pas être de prendre l'offensive dès le début des opérations.

Nos armées auront alors à supporter tout le poids de la force militaire allemande, et l'Italie, dont les attaques sont peu à craindre du reste, retiendra cependant un certain nombre de nos troupes actives, de nos corps de réserve et de nos corps territoriaux dans les Alpes, ainsi que nous l'avons vu précédemment. Ce sera sans doute là le plus grand service que l'Italie puisse rendre à la triple alliance.

Quoiqu'il en soit, à moins d'évènements imprévus, nous ne pourrons passer sérieusement à l'offensive qu'au moment même où l'entrée en ligne de la Russie obligera l'Allemagne à retirer de notre frontière des forces considérables pour les opposer au nouvel assaillant.

Ce qui ne veut pas dire que notre défense sera absolument passive, mais nous ne pourrons pas toujours retirer tout le fruit d'une victoire et marcher en avant, car, en abandonnant les lignes de résistance que nous aurons organisées, nous risquerions de nous laisser entraîner à la suite d'une armée allemande battue, et comme la ligne de retraite de cette armée aboutira sans doute aux fortifications de la Lorraine, l'ennemi y puiserait une force nouvelle; il n'est pas prouvé que nous pourrions continuer alors la série de nos succès.

Pendant la période du début, où nous aurons devant nous presque toutes les forces allemandes, la plus grande prudence s'imposera à nos armées.

Au nord, l'armée active allemande serait sur la ligne de la Semoy du 11e au 13e jour, les troupes de landwehr du 15e au 17e jour.

Sur la Meuse, l'armée allemande serait arrivée : l'avant-garde (XVIe corps) dès le 3e jour, le gros des forces du 7e au 11e jour, les corps de landwehr du 12e au 15e jour.

Sur la Moselle, l'avant-garde, formée du XVe corps

et d'une partie du XIV⁰, arriverait du 1ᵉʳ au 3ᵉ jour, le gros des forces, les 6ᵉ et 7ᵉ jours; les corps de landwehr du 10ᵉ au 12ᵉ jour.

Sur la ligne fortifiée de Meuse-Moselle, les corps de landsturm arriveraient les 17ᵉ et 18ᵉ jours.

Sur la ligne des Vosges, les corps de landsturm arriveraient du 15ᵉ au 19ᵉ jour.

Enfin le 2ᵉ échelon allemand serait sur ses positions du 13ᵉ au 18ᵉ jour de la mobilisation.

Nous avons vu que nos troupes arriveraient dans les mêmes délais.

C'est donc du 10ᵉ au 15ᵉ jour de la mobilisation que les grandes opérations de guerre battront leur plein, sauf dans la trouée de la Moselle où, du 4ᵉ au 10ᵉ jour, il y aura déjà eu sans doute de grandes batailles livrées, et dans la trouée de la Meuse où, du 7ᵉ au 10ᵉ jour, de grandes batailles sont aussi probables.

Nous avons vu que la Russie serait en mesure, du 30ᵉ au 40ᵉ jour de la mobilisation, de lancer contre l'Allemagne la force redoutable de 1.200.000 combattants.

Pour n'être pas taxé d'exagération je prendrai la date du 40ᵉ jour, et, partant de ce délai, sans doute un peu allongé, sinon pour la concentration complète de l'armée russe, du moins pour la possibilité d'une action déjà énergique de la part de cette armée, je vais rechercher pendant combien de temps nous aurons à lutter contre toute la masse des troupes allemandes.

L'Allemagne prétend pouvoir transporter en chemin de fer son armée, des rives de la Meuse et de la Moselle aux frontières de la Russie, en 6 jours.

C'est peut-être se targuer un peu de vitesse, mais en somme il vaut mieux admettre la possibilité de ce transport dans un délai aussi court et laisser à l'ennemi les mécomptes qu'il pourrait éprouver.

Les troupes venant de France devraient donc être en ligne, devant les forces russes, le 40ᵉ jour de la mobilisation.

L'état-major allemand demande 6 jours pour le transport, mais il faudra que les corps allemands opèrent des marches, au départ, pour se trouver aux quais d'embarquement, à l'arrivée, pour prendre leurs places sur l'échiquier stratégique.

En réduisant la durée de ces marches à un délai minimum, qui sera certainement dépassé, d'une journée au départ et d'une autre journée à l'arrivée, cela fera un total de 8 jours.

C'est donc le 32ᵉ jour que les troupes allemandes, appelées à combattre contre les Russes, devront rompre le contact et prendre leurs dispositions pour le départ, afin de se trouver face à l'armée russe, prêtes à combattre le 40ᵉ jour de la mobilisation.

Les grandes opérations combinées ne pourront commencer sur notre frontière que le 10ᵉ jour, elles ne battront leur plein qu'à partir du 15ᵉ ; c'est donc entre le 15ᵉ jour et le 32ᵉ que l'Allemagne devrait avoir acquis des résultats décisifs, qui lui permettraient de dégarnir sans risques ses lignes d'attaque.

C'est donc dans un délai de 17 jours que les Allemands devraient avoir battu d'une façon irrémédiable les armées françaises.

Les Allemands l'espèrent, mais n'avons-nous pas le droit de taxer cette espérance de folie ?

Non, mille fois non, notre armée ne sera pas et ne peut pas être réduite à l'impuissance dans ce court délai !

En admettant même que l'état-major allemand ne commette aucune faute, en admettant que notre état-major en commette de nombreuses, même dans ce cas improbable, nos armées ne seraient ni détruites, ni débandées, ni hors d'état de combattre.

La triste expérience de 1870-1871 nous en est un sûr garant.

Quoiqu'il arrive, en mettant les choses au pis, nos armées, même refoulées, même obligées d'abandonner successivement leurs avant-lignes et leurs premières lignes de défense, occuperaient encore solidement les lignes principales de résistance.

C'est de là qu'elles repartiraient alors pour se porter en avant.

Il est peu probable que nous soyons réduits à cette extrémité, mais du moins, c'est tout, absolument tout ce que l'on peut considérer comme le succès maximum pouvant être obtenu par les Allemands dans cette période critique de 17 jours.

Jetons un coup d'œil sur chacun des grands secteurs occupés par les armées et nous nous convaincrons qu'il n'est pas possible aux Allemands de franchir en si peu de temps nos grandes lignes de résistance.

AU NORD

En admettant la marche de l'armée allemande par Liège et Namur, nous avons vu que les Allemands ne pourraient arriver sur notre frontière que le 14e jour au plus tôt. Il leur faudrait encore 2 jours au moins pour refouler notre armée sur la ligne principale de défense, formée d'importants camps retranchés ; ils n'y parviendraient donc que le 16e jour.

Notre armée du nord qui aurait à combattre dans les trouées de la ligne fortifiée, appuyée sur ses ailes par des ouvrages, ne pouvant être tournée qu'après de longues marches de l'ennemi dans la région de Rocroi, Vervins, Guise, cet ennemi aurait sûrement son flanc gauche attaqué par les troupes de défense mobile de Laon et de La Fère, dont 2 étapes seulement le sépareraient.

De leur côté les camps retranchés de Valenciennes et Maubeuge, l'important fort d'Hirson opposeraient des obstacles insurmontables tant que notre armée tiendrait la campagne sur leurs flancs ; les troupes de défense mobile de Lille, Valenciennes et Maubeuge réunies vers Lille pourraient en même temps attaquer le flanc droit de l'ennemi et peut-être même ses derrières, tandis que les troupes de défense mobile de Laon et La Fère inquiéteraient son flanc gauche.

Il faudrait beaucoup de temps à l'ennemi pour venir à bout de cette résistance, d'autant plus que, même obligée à reculer, l'armée française utiliserait toutes les positions successives, mises en état de défense pendant le combat précédent, et l'ennemi devrait recommencer toujours sur de nouveaux frais une lutte acharnée et ininterrompue dans laquelle nous aurions pour nous l'avantage du nombre, puisque, pour franchir les passes entre les camps retranchés, l'ennemi serait obligé de masquer ces places largement pourvues de défenseurs, car, en cas d'insuccès, les troupes de défense mobile auraient dû rompre rapidement le combat et, se repliant derrière la ligne fortifiée, rejoindre leurs postes respectifs.

Le succès même aurait affaibli l'armée ennemie et, en s'avançant trop rapidement vers l'intérieur, elle risquerait d'être écrasée par nos forces désormais supérieures.

Il est donc probable que l'ennemi serait plus circonspect, pour lui la prudence semble s'imposer.

Si au contraire l'ennemi faisant un à-gauche voulait, pour éviter les camps retranchés du Nord, passer entre Rocroi et Givet, il se heurterait à une région plus montagneuse et d'une défense plus facile, avec, en arrière, les camps retranchés de Reims, Laon et la Fère.

Les camps retranchés du Nord n'étant plus menacés pourraient détacher momentanément leurs troupes de défense mobile, qui formeraient une petite armée opérant sur le flanc droit de l'ennemi, dans la direction de Hirson.

De toutes façons, il ne paraît pas probable que les Allemands puissent mener à bien, dans un délai aussi court, le plan d'opération qui leur aurait été tracé.

Quant à songer à se rabattre sur la Meuse pour prendre notre armée de la Meuse à revers, cela paraît impraticable avec une armée intacte sur les flancs et sur les derrières, ils risqueraient un nouveau Sedan, mais cette fois à notre profit.

SUR LA SEMOY

Les Allemands pourraient attaquer la ligne de la Semoy dès le 13ᵉ jour, ils auraient donc 20 jours pour mener à bien leurs opérations.

Mais la position en équerre de notre armée et la démonstration probable de deux corps d'armée de réserve sur le flanc droit de l'ennemi nous mettraient en excellente position pour combattre.

La proximité de la place de Montmédy, renforcée par de fortes batteries de position, empêcherait l'ennemi de tenter un mouvement tournant par sa gauche.

Nous ne pourrions donc être attaqués que de front, notre dispositif obligeant l'ennemi à se présenter devant nous dans une formation défavorable, soit en nous présentant un angle saillant, soit en nous prêtant le flanc.

Nous aurions bien des chances de succès.

Dans tous les cas, les Allemands n'emporteraient pas facilement le cours de la Semoy, cela demanderait du temps, pendant lequel les côtes fortement boisées de la rive droite de la Meuse et celles de la rive droite de la Chiers seraient mises en état de défense.

La colline située entre la Chiers et la Meuse (entre

Sedan et Stenay) formerait elle-même sur ce point une 3ᵉ ligne de défense.

Sans compter les retours offensifs de notre armée et la possibilité d'un échec, toujours à craindre pour l'ennemi, l'enlèvement de ces nouvelles positions appuyées par la droite sur Montmédy, demanderait de longs et et vigoureux efforts.

Les Allemands trouveraient ensuite notre 3ᵉ ligne de défense (la 4ᵉ dans la région de la Chiers) formée des hauteurs de la rive gauche de la Meuse, dont les points importants seraient alors couverts de fortes batteries.

A gauche de la ligne de défense, le fort des Ayvelles formerait le noyau d'un groupe de batteries qui avec l'aide de deux corps de réserve, toujours détachés des camps retranchés du Nord, puisque ceux-ci ne seraient pas alors menacés, garderaient les vallées de la Meuse et de la Sermonne, tout en conservant leurs lignes de retraite par Hirson, et opéreraient dans le massif montagneux et boisé de Mézières, Monthermé et Fumay, menaçant encore le flanc droit des Allemands et conservant à notre dispositif de combat sa formation en équerre.

Il n'est guère possible qu'en 20 jours l'ennemi ait enlevé toutes ces lignes de résistance, franchi la Meuse et mis notre armée dans un état d'infériorité tel qu'il puisse, sans danger pour lui, retirer de la lutte quelques-uns de ses corps d'armée pour les envoyer combattre en Russie.

Du reste, en s'éloignant de leurs quais d'embarquement les Allemands raccourciraient le délai au bout duquel il leur faudra fatalement dégarnir leurs lignes d'attaques.

Dans le cas présent, les Allemands se trouvant sur la Meuse auraient 2 journées au moins de marche supplémentaire à opérer; ce n'est donc plus le 32ᵉ jour qu'ils devraient se mettre en route vers la Russie, mais bien le 30ᵉ au plus tard, n'ayant par le fait que 18 jours pour accomplir leur mission.

Il est permis d'espérer que, dans ces conditions, ils ne pourraient en venir à bout.

VERS LA MEUSE

L'avant-garde de l'armée allemande (XVIᵉ corps) se heurterait le 3ᵉ jour de la mobilisation à l'avant-garde de l'armée française; les deux cavaleries auraient déjà combattu la veille.

Mais ces combats d'avant-garde ne pourraient donner d'autres résultats que la conquête des premières positions convoitées tant par l'assaillant que par le défenseur.

Nous avons vu que nos troupes d'avant-garde arriveraient largement à temps pour occuper le terrain que nous jugeons utile à notre défense, ce serait déjà un premier résultat obtenu sur l'ennemi.

Les autres corps allemands arriveraient du 7e au 11e jour, les corps de landwehr du 12e au 15e jour.

Notre armée serait sur ses positions du 7e au 10e jour, avantage qui nous permettrait d'attaquer l'armée allemande avant qu'elle soit entièrement concentrée.

Dès l'arrivée des corps de landwehr, nous nous trouverons dans une situation numériquement inférieure et, dès lors, la défensive s'imposera à notre armée.

Pourtant, cette infériorité sera en partie compensée par la valeur des positions et par la protection que donneront à nos lignes de défense le camp retranché de Verdun sur notre aile droite et la forteresse renforcée de Montmédy sur notre aile gauche.

Le renforcement de la forteresse de Montmédy par des batteries de position s'imposerait pour deux raisons principales : 1° besoin de garantir vigoureusement le flanc gauche de notre armée de la Meuse, trop inférieure en nombre, et de rendre plus difficile un mouvement tournant de l'adversaire; 2° de séparer par un groupe d'ouvrages d'une force considérable nos armées du Nord et de la Meuse, dont les ailes formeraient un angle saillant qui favoriserait les attaques de l'ennemi et lui permettrait sans doute, après avoir refoulé les défenseurs de ce saillant, de faire tomber rapidement tout ou partie de notre première ligne de défense, tant sur la Semoy que sur la Meuse.

Le groupe de Montmédy, transformant ce point faible en point fort, supprimerait le saillant dangereux et, séparant les deux armées, leur rendrait la liberté de leurs mouvements et leur indépendance.

Sur le front de Meuse, les Allemands disposeraient de 17 jours pour réduire l'armée française à l'impuissance, résultat qui leur permettrait de distraire un certain nombre de corps d'armée pour les envoyer en Russie.

Il est peu probable que les Allemands réussissent à nous refouler sur la rive gauche de la Meuse.

Qu'ils puissent enlever notre avant-ligne pourtant si forte, soit, mais il leur faudra du temps et il ne leur en restera sans doute pas suffisamment pour faire tomber nos positions de la rive droite.

En admettant même que les Allemands prennent pied dans la vallée de la Meuse, ils ne pourraient franchir le fleuve qu'après avoir anéanti notre défense ; mais dans ce cas, le délai total dont ils pourraient disposer pour l'ensemble de ces opérations ne serait plus que de 16 jours, puisque la conquête du terrain les aurait fait avancer d'une étape et que dès lors aux 8 journées prévues, pour les transports vers la Russie, il faudrait ajouter une nouvelle journée de marche.

VERS LA MOSELLE

L'avant-garde de l'armée allemande (XVe corps et partie du XIVe), arrivée du 1er au 3e jour sur la frontière française, trouverait devant elle, dans les mêmes délais, la plupart des troupes stationnées sur le territoire de notre 6e corps, formant des effectifs à peu près équivalents.

Comme dans la trouée de la Meuse, ces avant-gardes combattraient surtout pour la possession des premières lignes : d'attaque pour les Allemands, de résistance pour nous.

Mais les résultats acquis au début ne prouveraient rien encore, puisque l'arrivée des masses pourrait, de part et d'autre, modifier la situation (*).

Les autres corps allemands arriveraient les 6e et 7e jours ; ceux de la landwehr rejoindraient du 10e au 12e jour de la mobilisation.

(*) Dans le cas d'une attaque brusquée les conditions ne seraient pas sensiblement changées ; ainsi que nous l'avons déjà vu, les effectifs seraient beaucoup plus considérables dès le début, l'ennemi aurait gagné quelques heures et nous serions peut-être forcés de renoncer à défendre la ligne de la Vezouse, mais nous pourrions toujours défendre la vallée de la Meurthe.

En somme, le succès acquis par les Allemands, par une manœuvre déloyale, ne serait sans doute pas aussi grand que généralement on peut le craindre.

(*Note de l'auteur*).

Nos corps d'armée ne seraient eux-mêmes à leurs postes que du 7ᵉ au 9ᵉ jour.

Nous éprouverions sur ce point, ainsi que je l'ai déjà constaté, 2 journées de retard sur l'ennemi, mais l'occupation à peu près certaine de la ligne de la Vezouse, du massif montagneux de la région de Senones et de Provenchères, d'une part, l'occupation des positions de Nancy et de la forêt de Paroy, d'autre part, par notre 6ᵉ corps, obligeraient l'ennemi à se concentrer à une journée de marche plus en arrière. Nous n'aurions donc en somme qu'une journée de retard.

De même que l'armée de la Meuse, l'armée de la Moselle ne pourrait probablement pas être renforcée à temps par des corps de réserve ou du second échelon et serait, de même, fatalement condamnée à un rôle défensif, du moins au début des opérations.

Mais aussi, de même que sur la Meuse, nous aurions dans la trouée de la Moselle d'excellentes lignes successives de résistance.

Ce seraient : 1° l'avant-ligne formée par les positions de Nancy, la forêt de Paroy, le cours de la Vezouse et le massif des Vosges, avec, au centre, le fort important de Manonviller.

Cette avant-ligne, énergiquement défendue, serait de nature à retenir l'ennemi plusieurs jours au moins, quel que fût son nombre et quelle que fût la vigueur de son attaque ; 2° la ligne de la Meurthe avec, en avant vers le centre, le fort de Manonviller, qui ne serait pas encore tombé aux mains de l'ennemi et qui, tout en divisant le front de l'assaillant, gênerait considérablement ses mouvements, serait une cause de faiblesse pour lui, et nous procurerait un avantage marqué au cas très-possible où nous pourrions reconquérir le terrain perdu ; 3° la ligne de la Mortagne ; 4° la ligne de la Moselle ; 5° la ligne du Madon.

Les Allemands disposeraient de 25 jours pour forcer ces 5 lignes de résistance ; mais, c'est surtout dans cette zone que la nature a le mieux préparé les obstacles successifs, que la fortification est encore venue renforcer et qu'elle a rendu redoutable.

Le camp retranché d'Epinal sur notre droite, le fort de Pont-Saint-Vincent, le camp retranché de Toul et les ouvrages de fortification passagère de Nancy sur notre gauche, donneraient à l'armée chargée de la défense de la trouée de la Moselle une force énorme, supérieure même à celle que l'armée de la Meuse pourra recevoir du camp retranché de Verdun et du groupe de fortifications passagères de Montmédy.

Au fur et à mesure de sa marche en avant, l'armée allemande serait obligée de se resserrer sur son centre pour pénétrer dans le couloir formé par le camp retranché d'Epinal et la région fortifiée de Nancy, Pont-Saint-Vincent, Toul.

Dès lors, l'armée allemande ne serait plus maîtresse de ses opérations; les ailes seraient endiguées et le centre manquerait de place pour manœuvrer.

Elle combattrait donc dans de mauvaises conditions, droit devant elle, sans pouvoir adopter d'autres formations d'attaque.

Tout le génie des généraux allemands se briserait devant cette fatalité inéluctable qui pousserait l'armée allemande droit devant elle, vers des positions formidables, vaillamment défendues, et le résultat de ces attaques ne pourrait être autre que celui obtenu par la garde allemande à Saint-Privat, dans sa première attaque, c'est-à-dire désastreux.

L'impossibilité de déborder les ailes, de tourner les positions, enlèverait aux Allemands le bénéfice de la supériorité du nombre, ils ne pourraient en effet mettre en ligne qu'un homme par mètre courant, le surplus servirait à boucher les nombreux vides formés par nos balles et nos projectiles, et aussi à former les colonnes compactes d'assaut; mais avant qu'un assaut réussisse combien seraient repoussés, et les défenseurs, abrités dans des tranchées, derrière des épaulements, auraient fait subir des pertes énormes à l'ennemi.

Ce serait bien réellement une nouvelle édition de la mémorable résistance de Saint-Privat et du carnage que nos soldats ont alors fait de la garde allemande.

Dans ces conditions, nos lignes successives de défense pourraient tenir bien longtemps, et chaque ligne enlevée par l'ennemi ne le serait qu'au prix de douloureux sacrifices qui bientôt le mettraient dans une situation de réelle infériorité et nous permettraient de prendre enfin l'offensive, si ses pertes n'étaient rapidement comblées par l'envoi de nombreux renforts.

On peut considérer que les positions de Nancy, fortifiées par des ouvrages du moment, défendues par une nombreuse et vaillante garnison, ne pourront être enlevées facilement.

L'ennemi, avec le temps, pourrait peut-être se rendre maître de la première ligne, mais il se trouverait aussitôt en présence d'une deuxième, puis s'il enlevait cette deuxième ligne, il en trouverait encore une troisième, construite elle aussi pendant les opérations.

L'enlèvement de ces lignes de résistance lui demanderait trop de temps pour qu'il puisse arriver à occuper Nancy avant la date fatale du 25e jour de l'attaque, mais alors, ou bien les Allemands voudraient poursuivre leur œuvre sur notre frontière et seraient obligés de subir sans grande résistance l'invasion russe, ou bien voulant éviter les progrès de l'armée russe, ils dégarniraient leurs lignes sur notre frontière et seraient trop faibles pour continuer leur attaque et même pour empêcher notre marche en avant.

Il ne paraît donc guère probable que l'attaque de l'armée allemande dans la trouée de la Moselle puisse donner à l'ennemi des résultats satisfaisants.

Là, comme dans les autres secteurs de notre défense, nous devrons faire preuve d'énergie et de ténacité, nous devrons nous cramponner au sol. Vaillants, nous le serons. Nous pourrons passer les quelques jours critiques, nous pourrons déjouer toutes les combinaisons de l'ennemi, et, dans l'énervement fatal de cette défense plus ou moins passive, nous verrons luire à l'horizon comme un astre, comme l'étoile de la France, l'heure inéluctable de l'offensive, et, dans la marche en avant de tout un peuple armé pour sa défense, l'âme de la France planant au-dessus de nos armées, nous guidera vers le Rhin.

LES LIGNES FORTIFIÉES

Sur le front de Meuse-Moselle, entre Verdun et Toul, les corps d'armée de landwehr arriveraient vers le 20e jour. Ils n'auraient donc que 12 jours à leur disposition pour opérer une trouée dans la ligne de défense, en s'emparant d'un ou de plusieurs des forts qui la constituent.

Mais, en dehors des troupes spéciales de la défense, la présence dans cette zone de deux corps d'armée de réserve serait de nature à déjouer leurs combinaisons, en donnant à la défense une force offensive qui serait considérablement accrue par la mise en état de défense des différentes lignes avancées, dont j'ai parlé dans un précédent chapitre.

Il ne paraît pas probable qu'en si peu de temps, malgré la puissance de ses effectifs, l'ennemi puisse faire autre chose que d'arriver sous le canon même des forts.

La situation serait la même devant la ligne fortifiée des Vosges, entre Epinal et Belfort, où les corps de landwehr arriveraient du 15ᵉ au 19ᵉ jour, n'ayant que 13 jours pour mener à bien leur attaque.

DEUXIÈME ÉCHELON

Du côté des Allemands, le deuxième échelon serait vraisemblablement formé de 8 corps, dont la garde, qui arriveraient sur le front de bataille du 13° au 18° jour.

Nous pourrions, de notre côté, opposer un deuxième échelon formé : 1° de 6 corps actifs qui pourraient être en ligne du 13° au 15° jour, sauf pourtant le 19° corps qui n'arriverait probablement que le 20° jour; 2° 5 corps de réserve qui seraient rendus à leurs postes du 16° au 20° jour.

C'est-à-dire que le 20° jour nous aurions en ligne 11 corps d'armée du second échelon contre 8 amenés par les Allemands.

Nous pourrions en outre opposer un troisième échelon, formé de 4 corps territoriaux, auquel les Allemands ne pourraient sans doute pas répondre, car il deviendrait nécessaire pour eux de garnir fortement les places fortes de Lorraine et d'Alsace et de se créer dans ces régions des armées de manœuvre pour faire face à l'invasion française désormais probable.

Ces 4 corps d'armée territoriaux seraient arrivés du 21° au 24° jour.

Nos armées se trouveraient donc à ce moment renforcées de 15 corps d'armée contre 8 reçus par les Allemands, ce qui déjà pourrait nous permettre de prendre l'offensive, sans attendre le départ des premières troupes allemandes vers la Russie.

Les délais prévus précédemment pour la possibilité d'une offensive vigoureuse de notre part seraient donc, de ce fait, avancés de 8 jours et ce serait le 24° jour et non plus le 32° que nous pourrions enfin essayer de bousculer les armées allemandes.

La moyenne du temps de la supériorité numérique allemande se trouvant être, d'après les précédents calculs, de 20 jours, retomberait donc à 12 jours; et c'est pendant ce faible laps de temps de 12 jours qu'il faudrait que les Allemands se soient emparé de nos lignes de résistance, aient ensuite anéanti nos armées, pour pouvoir se tourner vers la Russie, libres de tous soucis vis-à-vis de la France!

Ceci est impossible, n'est-pas, et je ne crois pas devoir pousser plus loin cette démonstration.

EN AVANT!

L'arrivée des seconds échelons produirait les groupements suivants :

L'Allemagne aurait sur notre territoire 5 divisions de cavalerie et 41 corps d'armée, représentant un effectif d'environ 1.300.000 hommes.

La France aurait en ligne 7 divisions de cavalerie et 41 corps d'armée, d'un effectif sensiblement égal, soit 1.300.000 hommes, non comprises les garnisons nombreuses de nos camps retranchés et celles des places fortes de notre ligne de résistance.

Nous serions donc en mesure, vers le 24° ou le 25° jour, par suite de l'arrivée des derniers éléments de notre deuxième échelon, de prendre hardiment l'offensive.

J'ai admis, pour faire largement la part des possibilités et pour mettre les choses au pis, que nos armées pourraient, peut-être, être refoulées dans la première période de la guerre jusque sur les dernières lignes de défense de nos positions du début; mais il n'est pas prouvé que l'ennemi obtienne ce résultat.

Avec les effectifs désormais en présence il nous serait certainement possible de reprendre à l'ennemi les positions conquises, et de nous retrouver tout au moins sur nos positions initiales le jour où l'Allemagne serait obligée de faire face à la Russie.

Sans doute on pourrait escompter des succès plus grands, mais à quoi bon? Ne vaut-il pas mieux serrer de près les questions, étudier froidement les situations, accorder à l'ennemi les succès que, peut-être, il pourrait obtenir et voir quelle serait, dans ce cas, notre position et ce qu'alors il conviendrait de faire.

Dans tous les cas, les avantages que je n'ai pas ménagés à l'ennemi, dans cette étude, seraient vraisemblablement le maximum de ce qu'il pourrait obtenir dans la première partie d'une campagne contre la France.

On peut donc espérer que lorsque l'armée allemande devra vers le 32ᵉ jour, dégarnir ses lignes d'attaque pour porter rapidement des renforts contre la Russie, nous aurons déjà repris le terrain perdu.

Ce serait le prélude de la marche en avant.

A ce moment l'armée russe, forte de 1.200.000 hommes, ne trouverait devant elle que 400.000 Allemands, les garnisons des places fortes non comprises.

Une partie des corps allemands devrait quitter précipitamment notre territoire pour faire face à la Russie.

Quoi qu'elle fasse, l'Allemagne se trouvera alors dans une situation numérique très-inférieure vis-à-vis de la France et de la Russie.

En admettant qu'elle envoie contre la Russie 11 corps d'armée, tant actifs que de landwehr ou de landsturm, d'un effectif moyen de 32.000 hommes, ce serait, en chiffres ronds, de 350.000 hommes que les forces allemandes se trouveraient désormais inférieures aux forces françaises, tandis que cet appoint envoyé contre la Russie, laisserait encore l'armée allemande inférieure de 450.000 hommes à l'armée russe.

Il serait donc bien difficile à l'Allemagne, dans ces conditions, de battre ses ennemis soit de l'est, soit de l'ouest.

Si, pour venir à bout de la Russie, l'Allemagne croyait devoir dégarnir ses lignes d'attaque contre la France des forces nécessaires pour établir l'égalité entre les effectifs russes et les siens, l'armée française serait dans une situation telle qu'elle serait en mesure de faire ce qu'elle voudrait, d'aller où elle voudrait et quand elle voudrait.

Si, au contraire, l'Allemagne croyait plus utile à ses intérêts de maintenir ses effectifs contre la France, notre armée continuerait la marche en avant déjà entamée, tandis que l'armée russe opérerait une marche triomphale à travers l'Allemagne.

Que le succès final soit acquis par les deux armées française et russe, dans le cas du partage des forces allemandes, ou qu'il soit acquis principalement par l'une ou l'autre armée, suivant que les gros effectifs allemands seront à l'est ou à l'ouest, cela ne changera rien au résultat.

Les victoires de la France devant profiter à la Russie, de même que les victoires de la Russie profiteraient à la France.

Que fera l'Allemagne dans cette occurence? Elle sera certainement bien malade, car l'appoint qu'une armée italienne pourrait lui procurer en Alsace, ne modifierait guère la situation, bien critique pour nos ennemis.

Le 32ᵉ jour l'Italie n'aurait encore en Alsace que les forces suivantes : une division de cavalerie débarquée le 9ᵉ jour; 1 corps d'armée débarqué le 12ᵉ jour, 1 corps d'armée débarqué le 24ᵉ jour, un autre corps ne serait complétement arrivé que le 36ᵉ jour et le dernier ne pouvant arriver que le 48ᵉ.

Ce qui donnerait le 32ᵉ jour : 1 division de cavalerie et 2 corps d'armée 1/2, soit un effectif d'environ 86.000 hommes, nous laissant encore une supériorité de 264.000 hommes.

Si cet appoint de l'Italie peut diminuer l'insuffisance des effectifs de l'armée allemande, ce serait en tous cas au détriment de la qualité.

Quoi qu'il en soit, l'heure de l'attaque aurait sonné pour nous, et cette attaque nous la pousserions avec les qualités de notre race, avec la certitude de vaincre, avec la joie de briser enfin les fers de nos frères d'Alsace et de Lorraine, trop longtemps captifs.

A ce moment nous bénéficierons du savoir lentement acquis par le travail du temps de paix.

Nos effectifs instruits des choses de la guerre, longuement préparés à leur rôle, conduits par des officiers en qui ils ont confiance, formeront une masse compacte, disciplinée, à hauteur de la situation, désireuse de venger enfin l'affront qu'en un jour de malheur notre armée et notre pays ont dû supporter, et, aguerrie déjà par la période de combats qui aura précédé la marche en avant, notre armée se lancera brave et résolue contre l'adversaire, brisera en passant les fers de la Lorraine et de l'Alsace et déchirera enfin le voile de deuil qui assombrit notre drapeau.

Et, par delà le Rhin, à travers l'Allemagne, nous irons, victorieux, tendre la main à nos amis de Russie, victorieux comme nous.

CONCLUSION

Je suis arrivé au terme de cette étude.

J'ai voulu détruire l'effet produit, peut-être, par une œuvre que je considère comme néfaste. Y suis-je arrivé ? Je l'espère.

Mais, s'il m'avait été permis de serrer de plus près la question, de donner des preuves plus convaincantes, preuves qui existent, qui sont irréfutables, j'aurais le droit de dire : je suis certain d'avoir atteint mon but.

Il m'a fallu la prudence dont aucun écrivain ne doit se départir lorsqu'il parle des choses qui touchent de si près à la défense nationale.

Il m'a fallu supprimer bien des chiffres, garder bien des renseignements, dénaturer parfois des situations, alors qu'il eût été si facile de faire une lumière éclatante.

Mais, cette lumière qui eût éclairé les patriotes français, cette lumière qui eût porté la joie dans leurs cœurs, cette lumière eût profité surtout à l'ennemi. Elle eût pu lui montrer bien des choses qu'il ignore et le mettre sur la voie de bien des renseignements. C'eût été une indiscrétion coupable.

Que le lecteur ne me chicane donc pas sur certaines lacunes, elles sont voulues ; qu'il ne me reproche pas quelques erreurs, elles sont calculées ; qu'il se rappelle seulement ce que j'ai dit et répété maintes fois : que si les situations présentées au cours de ce travail ne sont pas forcément celles qui se produiront au début d'une campagne, peut-être prochaine, ces situations répondent cependant à des idées stratégiques et tactiques possibles, et que, quels que soient les dispositifs adoptés, ou plutôt imposés par les dispositifs mêmes de l'ennemi, cette étude reste vraie parce que la puissance des effectifs, les délais de concentration ne peuvent être sensiblement modifiés.

Il y aura des déplacements de positions, peut-être ; des modifications dans la composition des armées, c'est possible ; des groupements autres que ceux indiqués dans cet ouvrage, je l'admets ; mais que l'on se rappelle bien que les grandes lignes de cette étude sont et resteront vraies, que les modifications portant sur les effectifs, le temps et les lieux ne pourront rien changer au résultat final, ni même aux résultats du début.

De quelque façon qu'on nous attaque, nous sommes voués à la défensive pendant une période de 15 à 20 jours, mais ce délai écoulé il nous sera possible de passer à l'offensive.

Ce qu'il est possible d'affirmer, dès à présent, c'est que nos lignes de résistance ne seront pas forcées ; c'est que, si nos avant-lignes, si nos premières lignes viennent à tomber après une défense longue et acharnée, aux mains de l'ennemi, il n'en sera pas de même de nos lignes de résistance principale, par la raison bien simple que l'ennemi n'en aura plus le temps.

Du reste, la défense de ces lignes a été étudiée depuis bien longtemps. Ce ne sera pas une défense improvisée, avec ses lacunes, ses points faibles, ses surprises ; non, ce sera une défense dont les détails seront calculés, répondront à une idée d'ensemble, reposant sur la connaissance approfondie des zones de défense.

Cela est une force.

Rien n'est laissé au hasard, rien n'est laissé à l'abandon, 20 années d'étude et de travail ont, on peut le dire, renforcé nos lignes de défense par la connaissance même du terrain.

Ayons donc confiance, soyons sûrs de nous-mêmes, car tant que nous conserverons dans nos cœurs ces nobles idées de patriotisme et de devoir, tant que nous serons ardents à l'étude et au travail, tant que nous serons vaillants et dévoués, tant que nous saurons nous souvenir et espérer, nous n'aurons rien à craindre ; nous pouvons attendre le cœur haut l'heure où la grande lutte recommencera.

Et ce jour-là, où nous combattrons pour l'émancipation de nos frères d'Alsace et de Lorraine, ce jour-là la force ne primera plus le droit, mais la force sera au service du droit, dans un esprit de justice et d'équité.

VIVE LA FRANCE

20 Octobre 1897.

TABLE

	Pages.
Avant-propos	7
Préface	9
Ouvrages consultés	13

Iʳᵉ PARTIE
1870

L'armée avant 1870	17
L'armement	22
Les places fortes	26
Les opérations	31
Résultats	43

IIᵉ PARTIE
1896

Réorganisation	47
L'armement	54
Les forteresses	58
L'instruction et les manœuvres	68
Les réserves	78

IIIᵉ PARTIE
LES ALLIÉS ET LES NEUTRES

La situation	85
La triple alliance : Allemagne	88
Autriche-Hongrie	93
Italie	99

	Pages.
Forces militaires de la triple alliance	104
L'alliance franco-russe : Russie	106
France	114
Forces militaires franco-russes	118
Les forces ennemies	120
Les neutres : Belgique	122
Grand-Duché de Luxembourg	125
Suisse	126

IVᵉ PARTIE

LES FRONTIÈRES

Quelques observations	131
Frontière franco-belge	133
Frontière franco-Luxembourgeoise	137
Frontière d'Alsace-Lorraine : Trouée de la Meuse	140
Les côtes de Meuse	144
Nancy	148
Trouée de la Moselle	154
Les Vosges	158
Frontière franco-suisse : région du Jura	161
région des Alpes	167
Frontière franco-italienne	170
Frontière russo-allemande	177
Frontière austro-russe	181

Vᵉ PARTIE

LA CONCENTRATION

Mobilisation et concentration	187
Au nord	192
A travers le Luxembourg	199
Sur la Meuse	203
Sur la Moselle	209
La ligne de Meuse-Moselle	216

	Pages.
La ligne des Vosges	219
Deuxième échelon	222
Face à l'Italie	227
Les côtes et Paris	236
Sur la Vistule	237
En Autriche	239
En Russie	241

VIe PARTIE

190..?

La guerre	247
Concentration retardée	248
Le trilataire de l'est	253
Attaque brusquée	260
L'offensive russe	266
La défensive	273
Au nord	276
Sur la Semoy	277
Vers la Meuse	278
Vers la Moselle	280
Les lignes fortifiées	283
Deuxième échelon	284
En avant !	268
Conclusion	289
Table des matières	293

Briey. Imprimerie et Librairie E. Branchard.

www.ingramcontent.com/pod-product-compliance
Lightning Source LLC
Chambersburg PA
CBHW071130160426
43196CB00011B/1851